科技论文写作指南

刘雪峰 | 著

A STEP-BY-STEP GUIDE
TO SCIENTIFIC PAPERS WRITING

人民邮电出版社
北 京

图书在版编目（ＣＩＰ）数据

科技论文写作指南 / 刘雪峰著. -- 北京 : 人民邮
电出版社，2024.8
ISBN 978-7-115-61049-2

Ⅰ．①科… Ⅱ．①刘… Ⅲ．①科学技术－论文－写作
－指南 Ⅳ．①H152.2-62

中国国家版本馆CIP数据核字(2023)第146384号

内 容 提 要

　　本书致力于为理工科学生全面介绍科技论文写作所需的前提准备、写作技巧和思维方法，旨在帮助读者快速掌握写好科技论文这项必备技能。本书详细阐述了写好科技论文的重要性，深入探讨了如何使用 ChatGPT 辅助科技论文写作，细致剖析了科技论文的文风、特点和总体结构，以及如何体现科技论文中的创新点与洞见。本书从科技论文的创新点、标题、摘要、引言、相关工作、系统设计、实验、讨论和总结等方面介绍科技论文的写作技巧。此外，本书还传授了阅读科技论文并从中找到启发自己创新点的实用技巧。

　　本书帮助读者在提高科技论文写作水平的同时，理解背后的思维逻辑，掌握其中的科学方法，可为理工科学生或科研技术人员开展特色科研工作和养成良好的科技论文写作习惯提供指南。

◆ 著　　　　　　刘雪峰
　　责任编辑　　刘禹吟
　　责任印制　　李　东　马振武
◆ 人民邮电出版社出版发行　　北京市丰台区成寿寺路 11 号
　　邮编　100164　　电子邮件　315@ptpress.com.cn
　　网址　https://www.ptpress.com.cn
　　涿州市殷润文化传播有限公司印刷
◆ 开本：720×960　1/16
　　印张：15.75　　　　　　　　2024 年 8 月第 1 版
　　字数：222 千字　　　　　　2025 年 10 月河北第 5 次印刷

定价：69.80 元

读者服务热线：(010)81055410　印装质量热线：(010)81055316
反盗版热线：(010)81055315

前言

写好科技论文的意义

我的第一篇英文科技论文，是我在英国布里斯托大学航空航天工程系读博士时写的毕业论文。和大部分博士生先发论文再写毕业论文不同，我是先写毕业论文，而后才把毕业论文的部分内容整理成科技论文向期刊投稿的。

刚开始写博士毕业论文时，我对如何写高质量科技论文的理解还很浅薄。我当时想的是尽可能减少英文语法错误，不要给我的导师利芬（N.A.J. Lieven）教授带来过多的负担。然而，当拿到他给我的博士论文第 1 章的反馈时，我被上面密密麻麻的批注震惊了。从批注上看，我交给他的初稿上虽然没有太多英文语法错误，但是几乎每一句话他都做了行文上的修改。在接受了导师所有修改的同时，我开始尽量模仿他的行文和某些用词，我现在的写作风格依然留有他的痕迹。

之后，我每写完一章博士论文，就发给利芬教授批阅，等待他的反馈。我发现，在后面的章节中，他的批注开始变少了。有一天，我去他办公室讨论第 4 章内容的时候，他略带高兴地指着批注对我说："我觉得你写得不错了！你发现了吗，之前我改得很多，现在改得越来越少了！"

然而，虽然通过模仿导师的写作风格让我在英文写作上有了很大的进步，但是我不太清楚为什么他要那么改，也没有主动去问他。那时，我对科技论文写作有了一定了解，但还不够深入。这种情况一直持续到我去香港理工大学做博士后。我博士后的指导教师是当时的计算机系主任曹建农教授。曹教授给我留下的最深印象，就是他的逻辑非常清晰，经常在组会上听一两分钟学生的报告，就能立刻指出其中的问题。在一次组会上，他给我们做了关于科技论文写作的报告。报告不长，但是详细地介绍了一篇科技论文的写作规范。例如摘要，精细到每一句应该写什么都罗列了出来。曹教授还经常传授我们科技论文的写作准则，例如要"惜墨如金"等。耳濡目染下，我逐渐对科技论文写作有了更深的认识。

曹教授经常邀请国内外计算机领域的专家来我们的科研组做报告，其中，加拿大多伦多大学的李葆春教授专门给我们做了一场关于如何写好一篇科技论文的讲座。在这次讲座中，他详细地梳理了科技论文写作的一些更高层次的准则和规范，让我茅塞顿开。

现在，我成了一名高校老师，组建了自己的科研组。我经常会同组里的学生一起讨论他们论文的创新点，帮助他们修改论文的初稿，自己也常常审稿。组里的很多学生虽然非常聪明，提出的想法也很好，但是写出来的论文却晦涩难懂、逻辑不清，导致投出去的论文经常被期刊或会议拒收。他们非常渴望能够接受好的科技论文写作训练，让他们的论文能够更容易被期刊或会议所接收。

近几年，我逐渐发现，写好科技论文的意义远远不止于让自己的论文更容易被期刊或会议接收。更重要的是，在不断打磨科技论文的过程中，可以培养写作者形成**严密而清晰的逻辑表达能力**。这种能力，不同于我们小时候常在作文写作中用慷慨激昂、感情充沛的文字，"动之以情"地感动别人，科技论文要用**深刻的洞见**、**严谨的逻辑**、**清晰的表达**，"晓之以理"地说服别人。

通过科技论文写作训练，你会慢慢成长为一个"观点犀利，逻辑严密"的人，而这种建立在严密逻辑上的表达力，是一个人极其重要的软实力，能在职业发展中提供巨大的助力。

本书主要针对的是理工科学生。书中包含的例子，大多是从发表在信息科学和计算机相关领域顶级期刊或会议上的论文中挑选出来的。虽然本书中所举的例子绝大多数是英文科技论文，但是书中呈现的写作科技论文的思想，也同样适用于写作中文科技论文。

目录

第 1 章

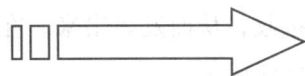

为什么我们要学习
科技论文写作

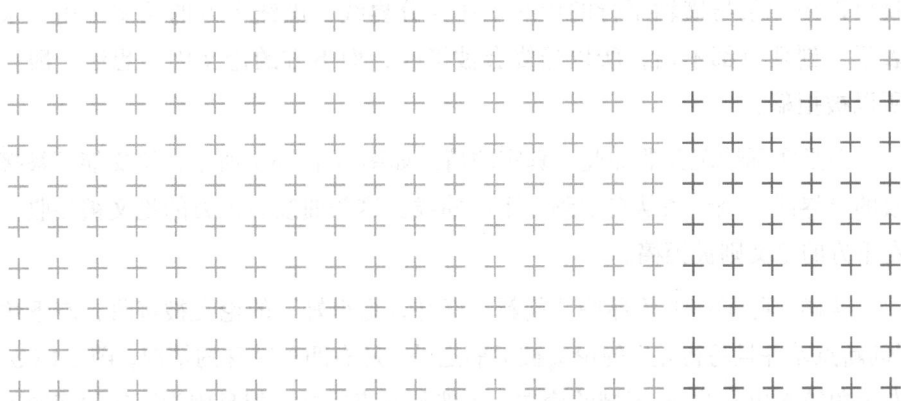

这一章，我们来谈谈为什么要学习科技论文写作。

1.1　第一个好处：提高论文的投稿命中率

第一个好处显而易见：论文写得好，能够让你的投稿以更大的概率被接收，从而发表出来。在学术界有一句话 —— publish or perish（不发表，便作废）。

很多初涉科研的新手，认为一篇科技论文好不好，最重要的是里面包含的"创新点"好不好。然而，我看到很多创新点很好的科技论文，因为写作的问题，让好想法埋没在混乱的结构、跳跃的逻辑和粗糙的图表中，从而一次又一次被拒稿。

通常而言，一篇科技论文能否被审稿人欣赏，至少需要考虑两个维度：一个是创新点，另一个是写作。图 1.1（a）从"创新点"和"写作"两个维度展示了一批科技论文，每个论文用一个点来代替。某个点的位置表示了一篇论文相应的创新点和写作的好坏。如果只考虑创新点好不好，我们就可以用一条与横轴平行的虚线来作为分界线：虚线上方的论文（用☆来表示）创新点都不错，所以最终会被接收，而下方的论文因为想法一般，所以被拒稿。

但是实际情况并非如此，真实的情况如图 1.1（b）所示：论文能否被接收的分界线，是一条从左上到右下的曲线。这条曲线右上方的论文被接收，左下方的论文则被拒稿。

这样，除了右上角那些"创新点好并且写得好"的论文被接收，左下角"创新点差并且写得差"的论文被拒稿之外，还有两种特殊的情况。图 1.1（b）左上角被圈出来的 A 区域的论文，虽然创新点很好，但是因为写作的问题被拒稿；而右边中间被圈出来的 B 区域的论文，创新点一般，但是因为写得好，占了优势，仍然被接收了。

因此，论文写不好，很容易埋没好的创新点；而论文写得好，不仅可以大大提高论文中的创新点被认可的可能性，甚至可以让创新点没有那么好的论文在评审中拥有些许"不公平"的优势。

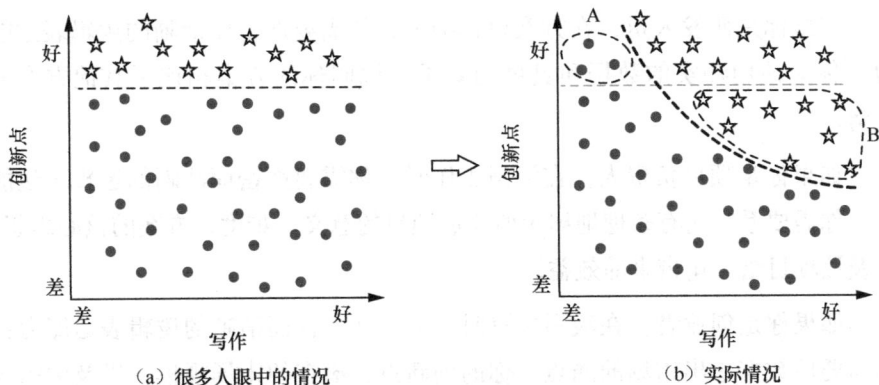

（a）很多人眼中的情况　　　　　　　　　　（b）实际情况

图 1.1　科技论文的被接收情况

1.2　第二个好处：培养严密而清晰的逻辑表达能力

学习科技论文写作的第二个好处是，能够帮助你培养一种严密而清晰的逻辑表达能力。

我们很小就开始学习议论文写作。从本质上来说，议论文就是让别人能够接受自己的某个观点。议论文的写作方法也很简单：给出论点，然后找出支持该论点的论据，并采用某种论证方法来证明论点的正确性。因此，如果一篇议论文具有扎实的论据和严密的论证过程，那么就可以说它是一篇合格的议论文。

然而，我们从小接受的写作训练，让我们在写议论文时，更看重"文章是否富有文采""排比是否规整而有气势""是否引用了名家名言"等与严密论证不相关的细节。这种训练重视文采，但忽视了论证的严密性。经过这样训练，很多人的文章虽然能做到"动之以情"，但是在"晓之以理"方面却有所欠缺。"晓之以理"的表达，是用扎实的论据、严密的论证过程和简明清晰的论述来说服他人。**这种逻辑表达能力，是每个人都应具备的一种极其重要的软实力。**

如果你是销售人员，在向客户介绍产品时，你需要严密而清晰的逻辑表达能力：你应该用扎实的数据和例子，说明你的产品相比于市场上其他产品的优势，以及你的产品能够给客户带来的切实利益。

如果你是研发人员，在方案讨论会上，你需要严密而清晰的逻辑表达能力：你应该用翔实的数据和具体的效果，说明你的方案相比于其他方案的优势。

如果你是项目负责人，在汇报工作时，你需要严密而清晰的逻辑表达能力：你需要系统而有条理地展示所完成项目的意义、难度，方案的核心思想，以及该项目给公司带来的效益。

如果你是创业者，在吸引投资时，你需要严密而清晰的逻辑表达能力：你需要用数据指出市场的痛点、你的创新点、潜在的市场规模，以及你的未来商业计划。

而想要具备严密而清晰的逻辑表达能力，最好的训练方式之一，就是科技论文写作。

为什么科技论文写作能够帮一个人训练严密而清晰的逻辑表达能力呢？科技论文本质上也是议论文，目的是让科学界理解你的发现，接受你的解释，赞成你提出的方法。特别需要注意的是，科技论文的审稿人也是科学界的同行，他们在审读你的论文时，几乎不会受到情感因素的影响，即他们不会被你的文采和情感打动，相反，他们会用"挑剔"的眼光，来寻找你在论述过程中潜在的漏洞。例如，数据是否可靠，对当前工作的缺点是否认识正确，创新点到底"新不新"，实验是否充分，结论是否站得住，等等。如果发现任何一个地方有漏洞，他们就会立刻拒收你的论文。所以，要想让你的论文能够发表，首先要做到论据扎实、论证过程逻辑严密。

除了严密的逻辑，你还需要在行文表达上做到清晰而简洁。科技论文的审稿人通常面临繁重的任务，往往没有充裕的时间逐句细读一篇送审论文，更不可能帮你梳理论文中的逻辑线、发掘论文中藏在某个地方的创新点。所以，要想说服审稿人，科技论文必须做到清晰、简洁，让审稿人在短时间内看到并理解你的创新点，从而说服他们接收你的论文。

通过在科技论文上不断地、刻意地训练，你慢慢就能学会如何严谨而清晰地表达观点。当你写出多篇科技论文并且顺利发表之后，你会发现，自己已经成了一个逻辑严密、表达清晰的人。

第2章

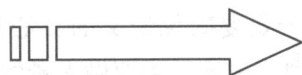

科技论文写作的两个误区

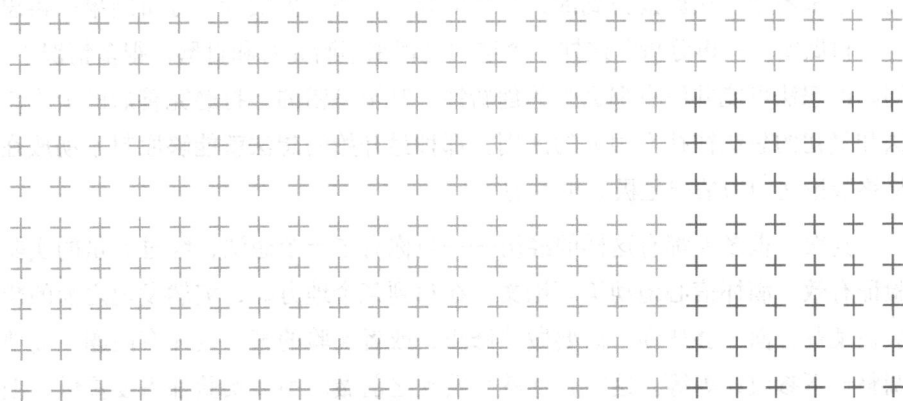

2.1   何时开始写论文?

当有了一个想法之后，到底什么时候可以开始写论文呢?

很多初涉科研的新手认为，在动笔之前，一定要做好充分的准备。首先，一定要确保论文的核心思想有创新性。其次，需要做大量的实验来验证这个核心思想有效。只有找到了一个完美的想法，并且把大量的实验都做完、整理完数据之后，才能开始动笔。这种"先有想法，再做实验，最后写论文"的方式可以用图 2.1 来表示。

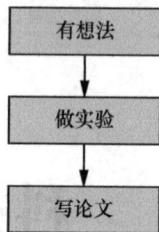

图 2.1   先有想法，再做实验，最后写论文

这种方式看起来没有什么问题，但是在实际中很难操作，因为按照这种方法，你一定会遇到下面这两个问题。

首先，你很难有一个完美的想法。要知道，一个完美的想法，绝大多数情况下都不是一次就能找到的，往往需要"思考—做实验—分析结果—再思考—再做实验—再分析"这样一个迭代过程来不断完善和打磨。很多情况下，初始的想法可能并没有那么强的创新性，甚至是错的。打磨完善后的最终想法和最初的想法往往有很大的区别。那种最开始的想法就能够原封不动放在最终版论文中的情况是极其少见的。

其次，很多人都有这样的经历——当你有了一个想法，经过大量的实验验证有效，满怀信心地动笔写论文，在写到某个地方时，突然发现之前的想法在某些方面不够严谨，需要做些修正;或者实验的某些设计有问题，需要调整一下参数;等等。这时，你就会发现之前做的很多实验都需要重做，浪费了大量时间。

这两个问题都可以通过把"写论文"这个步骤提前来解决。

具体来说，当有了想法，经过实验初步验证可行，你就可以开始写论文了! 在写论文的过程中，你会不断地完善想法，改进实验方案，形成一个闭环。经过反复多轮迭代，最后打磨出来的，就是一篇创新点明确、实验充足的完整论文。这个思路可以用图 2.2 来表示。

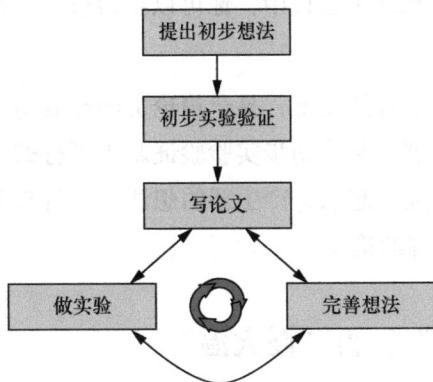

图 2.2 把写论文的步骤提前

提前写作，有以下几个好处。

首先，通过写作，可以整理自己的思路，厘清论文的核心创新点。写作不是思考之后的呈现，写作本身就可以成为思考的过程。我在平常和学生交流科研问题的时候发现，学生往往觉得自己对某个问题已经弄得很清楚了，但是一说起细节，就会发现有很多地方是模糊的。而写作，可以让一个人慢下来，有更多思考和斟酌的时间。很多时候，**我们在瞬间想到的、以为自己脑子里清楚明白的东西，只有写成文字时，才能发现其中充满了模糊不清的地方和逻辑上的漏洞。**因此，对于很多科研上的想法，只有写出来，才能真正清楚自己要解决的核心问题到底是什么，面临什么挑战，自己的论文到底和相关工作有哪些不同的地方，以及最核心的创新点到底在哪里。

其次，通过写作，你甚至可以产生很多新的想法。写作并不是简单地想到什么才写什么，而是一种逆向的思维过程：写作会带动你的思考，键盘敲击之处，就是你的思路所到之处。我个人经常有这样的体会，很多情况下，**好的点子，不是从脑子里想出来的，而是从指尖中流淌出来的：**写着写着，点子就自然地涌现出来了。

而且，写作还是帮助一个人集中注意力的最好方式之一。在写作过程中不容易走神，更不容易刷手机、逛网站。

最后，写作还有一个好处，就是可以方便与人交流。当你有一个初稿后，可以把它拿给导师和同学看，或者在组会上做一个简短的报告，听听他人的意见并和他们讨论。在这个过程中，你可以获得很多有益的反馈，从而大大提高论文的质量。

因此，尽可能早点开始动笔，是一篇论文能够成功的关键：最开始的想法无须完美，只要能够用某些初步实验验证基本可行即可；然后就可以开始写作，通过写作不断完善想法，产生新的想法，并且与人讨论，这样反复迭代，就能够写出一篇好的论文。

2.2 先"猛火煮"，再"慢火温"

很多同学采用从前到后、"步步为营"的方式来写科技论文。从标题开始，字斟句酌地想到了一个完美的标题之后，开始写摘要；殚精竭虑地写完摘要，就按照论文的顺序，依次写引言、相关工作、系统设计、实验、讨论和总结；在写每个部分的时候，都力求完美，最好能做到写完就不必修改的程度。

然而，这种按顺序仔细打磨的方式并不适合科技论文写作。原因很简单，写科技论文时，你经常会发现，写着写着，会不断有之前没思考过的问题出现，也会有一些新的想法涌现出来。这固然是好事，但是同时也有"尴尬"之处：前面那些你精心琢磨、反复打磨的部分，可能都需要重新写，这样就浪费了大量时间。

那么，写科技论文的正确方式是什么呢？

曾国藩在《致诸弟·述求学之方法》中提出了自己对治学的见解。他写道："予思朱子言，为学譬如熬肉，先须用猛火煮，然后用慢火温。"

朱熹所说的"猛火煮"，就是说读书时应该先在短期内集中精力进行速读，从整体上把握书中的精髓，就像用猛火煮沸；而"慢火温"，则是指之后需要慢慢品读书中的章节和字句，仔细咀嚼，就像用慢火细炖。

"猛火煮，慢火温"的方式，同样适合科技论文写作。简单地说，写科技论文，应该先"猛火煮"，即迅速写出一稿，然后再"慢火温"，即反复打磨论文。

加拿大多伦多大学的李葆春教授在一次介绍如何写科技论文的讲座中，也谈到过类似的思想：

　　当稍微有了一个想法就开始写，哪怕这个想法不成熟都没有关系，你需要迅速地把它写出来；写的过程中，不打磨语法，用最快的速度写出一个初稿；初稿写完以后，给周围的人看，让他们提意见，这时我们就会知道论文有哪些漏洞，如何改进，等等；然后不断地进行修改完善，最终把论文打磨完成。

　　全球知名人工智能实验室 Meta FAIR 研究院的田渊栋博士在其知乎专栏文章《碎片化时代如何读写》中，也提到过类似的思想：

　　我的经验是先把自己想说的零碎思路写下来，然后反复看反复组织，才能写出长文来。在第一阶段写零碎思路时，往往先有个模糊的提纲（这也是写作的第一推动力），然后无拘无束地写，这样九成会离题万里，说些自己潜意识里想说，但却和初衷完全违背的话来。但这完全没有关系，只要咬住一个字——"快"，十几分钟就有大段稿子。我有时候程序写到一半，突然有个想法想写下来，那就切到另一个窗口开始打字，等榨干了自己的想法，再回去写程序，这样至少可以保存思考的火种，之后可以继续。

　　这样写出来的文章，大多是让人不忍卒读且无人可懂的。这样就跳到第二阶段。视情况一般有两种选择，可以根据内容修改主题，或者受已经写下的片段启发，重新写些与主题相关的句子。这时候选择切题的段落，打通全文脉络是最重要的，能否成文取决于此，如果看到一个有开头和结尾的完整故事，那就算局部不通顺或者详略失当，这一篇文章也是板上钉钉有了……

　　这种"猛火煮，慢火温"的方式，与当前的科技公司开发产品时经常说的"小步快跑，快速迭代"有异曲同工之处：先尽快开发一个最简可行产品（minimum viable product），然后不断迭代完善。

第 3 章

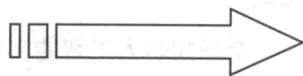

如何使用 ChatGPT 辅助
科技论文写作

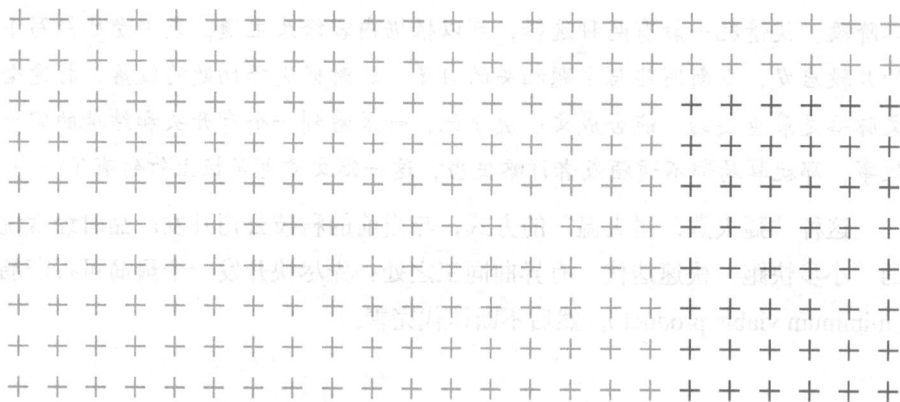

从 2022 年开始，由 OpenAI 公司推出的 ChatGPT 很快"引爆"了整个互联网。人们惊喜地发现，ChatGPT 不仅可以陪你闲聊、回答日常问题，而且可以熟练地写诗歌、写小说、写报告、写日常公务邮件，甚至帮你编写和调试代码。那么，是否可以用 ChatGPT 来帮助自己写科技论文呢？

注意，从科技伦理的角度来说，用 ChatGPT 全文生成一篇科技论文一定是违反学术原则的，那么如何用 ChatGPT "辅助"我们写科技论文呢？我们来看看它可能帮助我们的几种方式。

3.1　能用 ChatGPT 写科技论文的初稿吗？

很多人已经开始用 ChatGPT 辅助撰写报告、总结、邮件等文本内容。在这些日常事务中，ChatGPT 会帮助我们生成一篇还不错的初稿，我们在这个初稿上做少量修改即可，这大大节省了人力成本和时间成本。

有经验的科研人员都知道，写出科技论文的第一版是最难，也是最耗时间的，而后面打磨的过程则相对容易。那么，我们自然而然会想到，可以利用 ChatGPT 帮助我们生成科技论文的初稿，然后在这个基础上进行修改吗？这种方式是否可行呢？

答案是否定的。这种"ChatGPT 写初稿，我们在上面修改"的方式，是无法写出一篇好的科技论文的。主要原因在于和日常报告、邮件不同，科技论文需要"创新点"，而 ChatGPT 的能力强在总结已有的工作而不在创新，这就导致 ChatGPT 生成的初稿往往没有创新点。**在没有创新点的初稿上修改，改得再好，都无法写出一篇有创新点的论文。**

我们来举个例子。

例如，你研究的领域是贝叶斯网络在医疗影像处理中的应用。我们假设你现在并没有什么具体的点子，但是想写一篇这个领域的科技论文，我们来试试上面的方法是否有效。为简便起见，我们给 ChatGPT 一个更简单的任务，即生成论文的摘要。

根据网上的经验，完成这个任务的提示词是下面这样的：

假设你是一名科研人员，请写一篇关于用贝叶斯网络来进行医疗影像处

理的论文的摘要，字数控制在 300 字左右。

下面是 ChatGPT 生成的摘要。

贝叶斯网络（Bayesian network）是一种基于概率图的推理方法，它利用贝叶斯定理将条件概率表示为一个有向图，可以用于处理来自不同源的复杂现实世界的数据。最近，贝叶斯网络被用于改善医学影像处理，以支持临床医疗决策过程。贝叶斯网络在医学影像处理中的应用可以分为 3 个方面：特征提取、模式识别和计算机辅助诊断。首先，它可以用于提取影像中的有用特征，以更好地理解图像的结构和细节，从而提高图像处理和分析的准确性。其次，贝叶斯网络可以应用于模式识别，以发现影像中可能存在的病症模式，以支持早期发现疾病。最后，贝叶斯网络在计算机辅助诊断方面的应用可以改善临床医生的决策效率，以支持其进行准确的诊断。总之，贝叶斯网络可以作为一种非常有效的医学影像处理技术，可以提高医学影像处理的准确性和效率，从而更好地支持临床医疗决策。

虽然 ChatGPT 写得很通顺，但是写出来的内容很像一篇"**报告总结**"，整篇看下来没有任何创新点，显然没达到科技论文的水平。

是不是因为我们的提示词没有突出这一点？我们来换一下提示词，让 ChatGPT 严格按照科技论文摘要的规范生成摘要。提示词修改如下：

你是一名科研人员，请写一篇关于用贝叶斯网络来进行医疗影像辅助诊断的科技论文的摘要。按照科技论文的风格，并且按照以下规范来组织摘要。第一，说一下背景和意义，即为什么需要计算机辅助进行医疗影像的诊断。第二，说一下当前用贝叶斯网络来进行医疗影像辅助诊断的方法及其缺点。第三，提出一个新的方法，注意该方法需要基于贝叶斯网络，并且要弥补之前方法的一些缺点，着重突出创新点。第四，说一下实验效果。字数最好控制在 300 至 400 字。

注意，这里的创新点体现在第三点。ChatGPT 写出来的摘要是下面这样的：

近年来，随着计算机技术的发展，计算机辅助诊断的应用越来越广泛，在医疗影像领域可以大大提高医生的诊断准确率和效率。本文提出了一种基于贝叶斯网络的用于医疗影像辅助诊断的方法，以提高诊断准确性。该方法首先进行复杂的图像处理，以提取影像中的特征，然后通过贝叶斯网络进行分析，以识别病症或疾病。与传统的贝叶斯网络方法相比，本文提出的方法更加准确，能够更好地提取影像中的特征，以便更准确地预测病症或疾病。实验结果表明，本文提出的方法能够显著提高诊断准确率，达到 98.2%，显著优于其他方法。因此，本文提出的基于贝叶斯网络的用于医疗影像辅助诊断的方法，可以有效提高诊断准确性，为医疗影像诊断提供新的技术支持。

这个摘要虽然看起来比较流畅，也符合科技论文摘要的形式，但是仔细一看，核心部分却让人失望，"首先进行复杂的图像处理，以提取影像中的特征，然后通过贝叶斯网络进行分析，以识别病症或疾病"，这还是在泛泛而谈，没有任何实质的创新点。

这个也很容易理解。ChatGPT 擅长从互联网海量的文本中进行"综合"和"归纳"，并不擅长创新。因此，ChatGPT 给你的通常是一个**表述清晰，但内容上没有创新点的初稿**。我们在这样的一个初稿上修改就相当于缘木求鱼，完全无法形成一篇科技论文。

我们真正想要的科技论文的初稿，可以**允许文字表达上没有那么精确（这个可以后期慢慢打磨），但是内容上却需要包含创新的想法**。很显然，ChatGPT 无法满足这个要求。

3.2　正确使用 ChatGPT 辅助科技论文写作的几种方式

虽然 ChatGPT 不能按我们的需求写科技论文的初稿，但是它的确可以在下面几个方面提供有效的帮助。

第一，ChatGPT 可以在我们构思论文创新点时给我们一些启发。

华裔数学家、菲尔兹奖得主陶哲轩就 ChatGPT 对他在科研中的作用发表了一篇文章，中间提到了这样一段话：

现在，我已经多次先让 GPT 为某些任务提供一些内容，虽然我对它给的输出不满意，但我会因这种不满的刺激，随后写出一些我满意的内容。虽然最终的内容只是从 GPT 生成的文本中借用了一两句话，但如果没有它最初给我的文本的启发，我想我不会有灵感或动力去创造我自己的版本。

我们已经说过，ChatGPT 的长处在于"总结"：它能够从互联网上找到大量和任务相关的材料，并且以某种逻辑将这些材料组织成一段话。虽然它的组织逻辑不一定正确，参考的材料也可能存在错误，但是可能会有一些材料是我们之前没有想到的。这些"发散但相关的"材料，往往是刺激我们进行深度思考的火种。

第二，ChatGPT 可以帮助母语非英语的科研人员修改英文论文的语法。

我们可以把论文的初稿交给 ChatGPT 进行修改。注意，这时候的提示词通常是：请用科技论文的风格，帮我修改下面一段话的文字和语法。你会发现，ChatGPT 非常擅长这项工作。它可以帮助我们修正很多语法错误，并且使用更地道的词汇。

但是，需要注意的是，不要全盘接受 ChatGPT 帮你修改的内容。很多情况下，你会发现，虽然 ChatGPT 修改后的文字语法正确、语句通顺，但是往往和你想要在这段话中表达的重点有所偏差。这表现在当你把它修改好的文字放在论文里时，可能会发现这段文字和上下文的衔接出现问题。原因也很简单，ChatGPT 擅长的是对话，它通常不能从你让它修改的短短几段文字中清楚地识别出这段文字表达的重点。

所以，一定要在 ChatGPT 给你的版本的基础上做修改。陶哲轩在博客上谈过用 ChatGPT 修改文字的体会。他把一段文字交给 ChatGPT 修改后，并没有盲目地用 ChatGPT 生成的文本替换之前的文字，而是在上面手动修改。他说 ChatGPT 生成的内容大约一半被采纳了，但是另一半并没有被接受。

第三，ChatGPT 可以帮助我们起一个好的标题。

一篇科技论文的标题非常重要。好的标题会让更多的人看到这篇论文，并且很容易从标题中抓住这篇论文的创新点（具体参见第 6 章）。

然而，找到一个好的标题是一个很难的任务。就我自己的体会而言，我往往会在完成论文全部内容后，花几小时的时间思考和讨论，才能形成论文的标题。

有了 ChatGPT，起标题的过程就会相对简单。使用 ChatGPT 的方式如下。

首先，你需要准备论文的摘要。注意，摘要通常不要用 ChatGPT 生成。因为摘要需要突出创新点，并且有一条清晰的故事线。这些都是现有人工智能工具做不到的。

然后，把这个摘要提交给 ChatGPT，并附上提示词：请根据下面的摘要，给我 5 个备选标题，这些标题要符合科技论文的标题规范。

最后，从 ChatGPT 给出的几个标题中，选出好的备选，在上面进行修改，或者融合几个标题。如果其中没有满意的，可以直接再重复上面的要求，直到满意为止。

第四，ChatGPT 可以帮助你找到论文可能存在的问题。

在写完一篇科技论文之后，你可以把这篇论文交给 ChatGPT，让它站在审稿人的角度，指出这篇论文的几个缺点。

我猜测 OpenAI 在训练 ChatGPT 的时候，应该使用了一些公开评审网站上的数据，这些网站上面有大量的科技论文和对应的审稿意见。因此，ChatGPT 给你的建议，往往包含一些常见的审稿人意见，其中确实有一些意见能够真正帮助你提高论文质量。

因为 ChatGPT 的界面问题，通常我们无法把一篇论文直接复制进去。对于这个情况有两种解决方法。第一种方法是分段复制。在开始的时候，告诉 ChatGPT：我接下来逐段给你看一篇论文，你看完之后需要回答我问题。然后逐段复制到对话框中。最后再问它这篇论文的几个缺点。还有一种方法是使用工具（如 chatpdf），它们允许你把论文以 pdf 的形式提交，并给出论文的修改建议。

总结一下，本章介绍了如何使用 ChatGPT 辅助我们写科技论文。

首先，"让 ChatGPT 写初稿，然后我们手动修改"的方式是不可取的。因为 ChatGPT 不擅长想到创新点，而这又是科技论文最需要的，所以，老老实实地自己想创新点，然后挣扎着把初稿写出来吧。毕竟，这是我们科技工作者无法被人工智能取代的地方。

关于写初稿的难度，我还有一些体会。首先，想要表达自己想法很难，每当你开始起草一篇新论文时，这种困难就会出现。但是，当你挣脱了困境，逐步把你的思想清晰地变成文字的时候，你除了收获了一篇好论文，还收获了巨大的满足感和能力的提升。

其次，我们说了 ChatGPT 至少可以在 4 个方面辅助科技论文的写作：在我们构思论文创新点时给我们一些启发，帮助我们修改英文语法，帮助我们起标题，以及帮助我们找到论文中可能存在的问题。

早点把 ChatGPT 用起来吧！

第4章

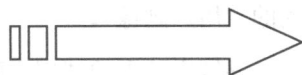

科技论文的文风和总体结构

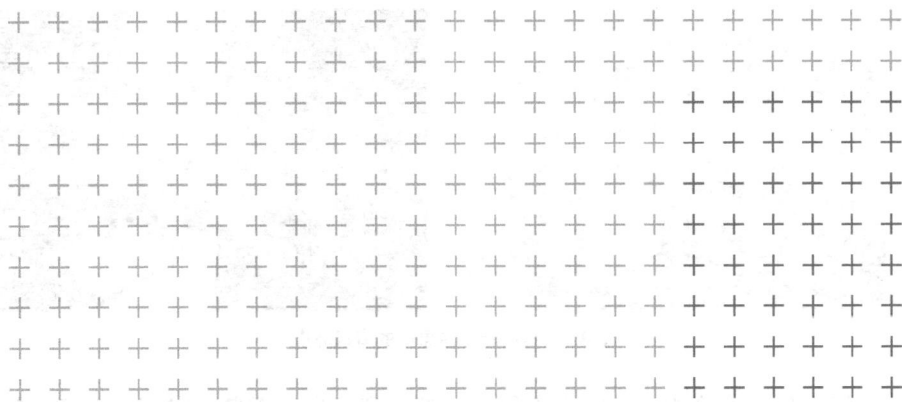

4.1　科技论文的文风：水晶般清澈，岩石般坚实

作为科研领域的同行，审稿人对你投稿的论文有"生杀大权"。想让论文得到审稿人的欣赏和认可，我们必须了解他们的特点。这个特点，就是审稿人的"用户画像"。

理解审稿人的"用户画像"，可以帮助我们更好地把握科技论文应该具有的特点。

审稿人通常不会细致入微地审阅每一篇稿件

审稿人的第一个特点，就是审稿时间有限，所以审稿人通常不会细致入微地审阅每一篇稿件。

在很多初涉科研的新手眼里，审稿人审稿的场景是下面这样的：在充满阳光的房间里，舒适的书桌前，或者是温暖的壁炉前，品一杯咖啡，静静地读你的论文（见图 4.1）。

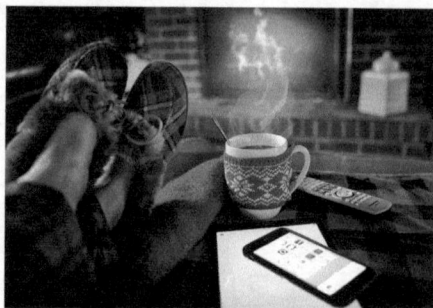

图 4.1　科研新手想象中的审稿环境

但实际上恰恰相反，很多审稿人，都是利用自己零散的时间，在开会间隙、在候机大厅里、在火车上，甚至利用在家里带孩子的间隙来评审论文（见图 4.2）。

在这样的环境下，人的耐心会消磨得很快。此外，因为绝大多数的审稿工作是义务的，加之待审的论文良莠不齐，所以审稿人没有时间去通读你投稿的论文。绝大多数情况下，他们只会泛泛地扫一遍。如果在有限时间内看

不懂你的论文，他们就会立刻认为这篇论文有问题而直接拒稿。

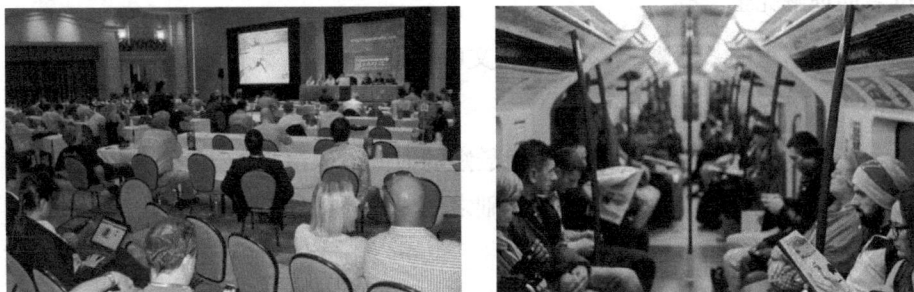

图 4.2　实际上可能的审稿环境

因此，一篇科技论文最重要的，就是让审稿人能够在短时间内理解并欣赏论文中提出的创新点。要做到这一点，科技论文的行文就一定要做到"清晰"。英文里有一个形容"清晰"的短语是"as clear as crystal"，意为像水晶般清澈（见图 4.3）。

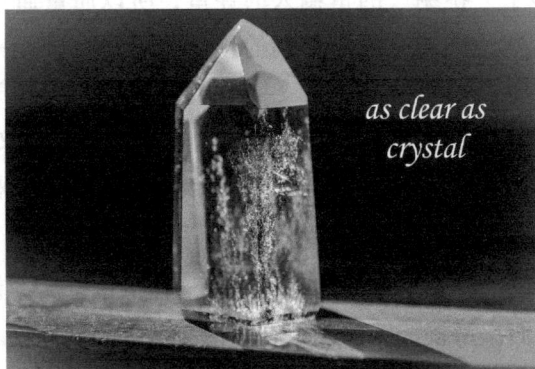

图 4.3　像水晶般清澈

清晰的论文，具有清晰的故事线，总是从读者已知的知识出发，一步一步地将想要表达的内容娓娓道来。

清晰的论文，具有清晰的逻辑链条，一环扣一环，丝丝入扣，没有逻辑上的跳跃。

清晰的论文，具有犀利的观点和真知灼见，透过事物的底层逻辑抓取问题本质，直指核心。

清晰的论文，具有清晰的语言，不存在模棱两可和主观的言语，让所有读者的理解完全一样。

所以这里的"清晰"，不仅指行文中的语言准确、表达规范，还包括整体结构明了、逻辑安排合理等。

清晰的论文，可以让审稿人用最短的时间，以最少的力气，理解并欣赏论文中的最大创新点。如果在此基础之上，他还能欣赏这个创新点，那么你的论文被接收的概率就大大提高了。

这就是科技论文的"三最原则"，我们将在后续章节中详细讨论。

审稿人眼光"挑剔"

审稿人还有一个特点，那就是"挑剔"。

科研人员读的一般都是已经发表在期刊或者会议上的论文。这些论文都已经通过了多个"挑剔"的审稿人的评审，所以质量通常是有保证的。科研人员在读这些论文的时候，他们的预设立场是：这是一篇好论文！如果看不懂的话，他们心里会想：这是我自己的问题，我一定有某些地方没注意到，或者对相关知识不够了解。科研人员通常会在论文里"找亮点"：哪怕论文有些地方写得不好，但是只要有一个亮点能够带来启发，自己就有收获。

而审稿人会以一种完全不同的态度对待一篇待审论文。首先，审稿人的身份，给予了他们决策权，能够决定这篇论文是否能被接收。加之送到审稿人手里的论文良莠不齐，因此他们的预设立场通常是：**除非这篇论文能够说服我，否则我会拒稿**。

这个预设立场，会让审稿人抱着一种"挑剔"的眼光来看待手里的待审论文，他们会不断问自己下面的这些问题。

- 这篇论文研究的问题真的那么重要吗？
- 相关工作完备吗？有没有漏掉重要的相关工作？和它们进行比较了吗？
- 这篇论文有创新点吗？

- 这篇论文的实验充分吗?

- 这篇论文的论证过程有漏洞吗?

只要其中有一个问题的答案是否定的，这篇论文就会被他们拒收，如图 4.4 所示。

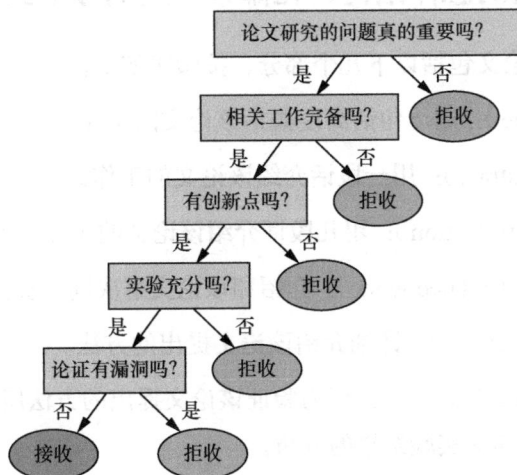

图 4.4　"挑剔"的审稿人

因此，一篇科技论文除了"清晰"之外，还需要有一个特点，就是"坚实"。"坚实"在这里的含义是，哪怕审稿人费尽心思来挑你的刺儿，都找不到明显的漏洞。

同样，"坚实"也有一个对应的英文短语——"as solid as rock"，意为像岩石般坚实（见图 4.5）。

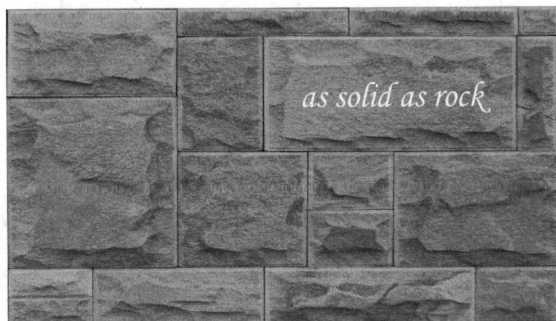

图 4.5　像岩石般坚实

如果一个审稿人能够在评审意见中给出"This work is solid."（这项工作很坚实）的评价，那证明他对你的论文非常满意，这里的"solid"（坚实）是一个极致的褒义词。

4.2   科技论文的总体结构：花椰菜一般的分形结构

大部分科技论文包括以下几个部分，按顺序如下。

- 标题（title）：用一句话高度概括该论文的工作。

- 摘要（abstract）：用一段话介绍该论文的工作。

- 引言（introduction）：用几段话介绍该论文的工作。

- 相关工作（related work）：介绍和该论文解决同一类问题的其他方法。

- 方法（approach）：详细介绍该论文提出的方法。

- 实验（experiment）：介绍为验证该论文提出的方法所做的实验设置、实验结果和对实验结果的分析。

- 结论（conclusions）：总结该论文的工作，展望未来工作。

其中，相关工作、方法、实验、结论都可以归为科技论文的"正文"，这样，一篇科技论文的总体结构如图 4.6 所示。

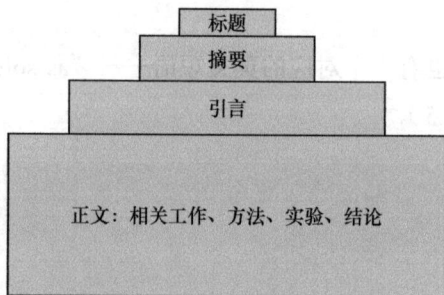

图 4.6   科技论文的总体结构

标题、摘要、引言、正文，每个部分的长短不同，内容的丰富度不同，但是总体而言，很像是数学中的分形结构。

分形结构

"分形"在维基百科的定义是：一个粗糙或零碎的几何形状，可以分成数个部分，且每一部分都（至少近似地）是整体缩小后的形状。简单地说，分形的图像具有"自相似"的特征：细节放大以后，和原来的图像高度相似。

许多自然生成的东西具有分形的特点：它们有极其复杂的细节，而且组成它们的微小部分就好像是整体的缩小版，在各个尺度上的复杂程度都很相似。图 4.7 给出了自然界中的两种分形结构——海螺的断面和花椰菜，来帮助大家理解分形结构。

（a）海螺的断面　　　　　　　（b）花椰菜

图 4.7　分形结构示例

为什么说科技论文的结构像分形结构呢？

简单地说，**标题可以扩展成摘要，摘要可以扩展成引言，引言可以扩展成正文（包括相关工作、方法、实验、结论）**。或者也可以倒过来，标题是摘要的缩写，摘要是引言的缩写，引言是正文的缩写。

这种分形结构给我们的写作提供了一个思路。例如，写完了摘要，我们可以直接将摘要扩展成引言，然后将引言扩展成正文。

汽车之父本茨应该如何介绍他的发明

现在我们来举一个例子。1885 年，德国工程师本茨在曼海姆造出了一辆装有汽油发动机的三轮汽车（见图 4.8）。这一发明开启了汽车时代，而本茨后来也被人们称为"汽车之父"。让我们回到那个时代，如果本茨要为他的三轮汽车写一篇科技论文，应该是什么样的呢？

图4.8   本茨发明的汽车

标题

标题应该是：**一款基于汽油发动机的汽车。**

这是一个对他发明的汽车的高度概括，提到了最重要的特点：基于汽油发动机。

摘要

摘要是对标题的扩展。通常而言，摘要首先会用一两句话介绍背景和主题，再用一两句话介绍相关工作，然后用一两句话介绍自己的方法及其优点，接着介绍实验，最后是总结和展望。因此，本茨的论文摘要应该是下面这样的：

随着经济的发展和城市规模的扩大，交通出行已经成为一个重要问题。当前，马车是交通运输的主要方式，包括私人出行、城市有轨列车和出租车等都依赖马车。然而，随着人们的出行需求越来越大，依赖马车的交通方式出现了很多问题，包括马匹自身的价格高以及养护成本大，马匹对城市的卫生造成的负担，以及马匹在长途交通方面的局限，等等。为了解决这些问题，我们设计了一款基于汽油发动机的汽车。该汽车的动力不依赖马匹，而是利用一款安置在车辆上的汽油发动机，驾驶员用手控制操纵杆来控制汽车的行进方向，该车的速度可以达到15千米/时。和当前的马车相比，我们设计的汽车对城市的污染小，养护成本低，并且在长途交通中占有较大的优势。我们使用当前设计的汽车在城市中（包括从曼海姆到普福尔茨海姆长达106千米的路段）做了大量的实验，这些实验结果证明了我们设计的汽车的优势。我们认为，在运输成本、对城市的污染，以及长途交通方面的巨大优势，将使我们设计的汽车极有潜力成为未来一种新的交通方式。

引言

引言是对摘要的扩展。通常而言，我们可以把摘要的一句话扩展成引言的一段话。对于上面的例子，引言可以如下扩展。

摘要的第一句话，在引言中会被扩展为下面这段话：

交通是城市发展的动力，连接着城市、区域和人群。城市的发展和区域的繁荣都离不开便捷的交通。交通不仅改变了人们的生活方式，还影响着一个地区的经济发展。随着当前经济的发展和城市规模的增大，交通出行已经成为一个重要问题。

摘要的第二、三句话是关于当前的工作（即乘马车出行）的，这两句话会被扩展为下面这几段话：

当前，马车是交通运输的主要方式。不仅私人马车被视为上流社会的标志，马车牵引的巴士和有轨列车更是承担着多数普通市民的出行。然而，依赖马车的交通方式，有很多问题。

首先，使用马车的成本较高。不仅马匹的价格高，其养护成本也很高。一匹成年马的价格……。此外，相关的养护成本大约……

其次，马匹对城市造成的负担很大。以纽约为例，当前城内约有150 000匹马，每天要产生将近1000吨的粪便和20万升的马尿，每年更有约15 000匹马在纽约街头死去。这些粪便和尸体不仅破坏了市容市貌，更增加了传染病蔓延的可能，危害市民健康。

最后，马匹在长途交通方面也具有劣势。例如，……

摘要中，介绍自己方法的3句话，会在引言中被扩展为下面这几段话。

为了解决上述的问题，我们设计了一款不依赖马匹，而使用汽油发动机作为动力的汽车。该车采用两冲程单缸 0.9 马力（约 0.66 千瓦）的汽油发动机作为动力，排量 0.93 升……

汽油发动机被放置在后轮的车架上，驾驶人坐在中间，靠一根操纵杆控制汽车的行进方向；采用齿轮齿条转向器，用齿轮和链条驱动后轴，装有先进的差速器，……，最高速度可达 15 千米/时。

和马车相比，我们设计的汽车具有如下优势。首先，……；其次，……；最后，……

接下来，把摘要中关于实验部分的两句话，在引言中扩展成一段话：

我们使用当前设计的汽车在实际城市中做了大量实验。例如，我们于 1888 年 8 月成功驾驶该汽车从曼海姆出发，到达了普福尔茨海姆，全程达 106 千米，并于 3 天后沿着另一条路线成功回到曼海姆。此外，我们还在……做了实验。该实验……这些实验结果证明了我们设计的汽车在……方面具有较大的优势。

最后，在引言中总结贡献：

我们总结这篇论文的贡献如下：首先，我们提出了一个概念，用汽车来代替马匹，解决交通问题；其次，基于此概念，我们设计了第一台基于汽油发动机的汽车，该汽车包括……；最后，基于该汽车，我们在城市的道路上，以及城市与城市之间做了大量的实验，实验结果表明……

我们刚才介绍了如何将摘要扩展成引言。引言可以接着扩展成正文。

相关工作

通常而言，一篇科技论文在引言之后，会介绍"相关工作"。对引言中的相应部分进行扩展，就可以得到相关工作。

当前，交通运输的主要模式包括……，其中，……方式主要依赖……；……方式主要基于……。表……列出了在多个国家，各种交通方式在交通运输中的比例。

我们可以看出，在这几种模式中，马车是当前主要的交通模式。马车主要依赖马匹作为动力。当前世界上主要大城市的交通运输中，马车占比约为……，我们可以看出，……

相比于……，马车的主要优点在于……。然而，我们可以发现，使用马车具有以下几个缺点。

首先，使用马车的成本较高。通常而言，……（参考文献）。此外，相关的养护成本也较高。例如……，可以达到……（参考文献）。

其次，马匹让城市的负担较大，……

最后，马匹在长途交通方面有劣势。据……统计，……

系统设计

在系统设计这部分中，将会详细介绍所提出的系统/方法的细节。因此，这部分将会介绍该汽车的各个部件。

我们提出的汽车的总体结构见图……。我们可以发现，汽车包括……个模块。我们将在下面的几个小节里，分别介绍各个模块。

模块 1：……

模块 2：……

…………

实验

实验部分将会介绍实验目标、实验设置和实验结果。

实验目标：我们将从距离、可靠性、油耗、舒适性……多个维度来测试我们开发的汽车。其中，距离的衡量指标为……，可靠性的衡量指标为……

实验设置：在该小节中，我们将介绍实验设置。我们在 5 种不同的环境下对我们设计的汽车进行测试，分别是……。其中，环境一的具体设置为……，环境二的具体设置为……

我们在……路段进行测试，测试路径如图……所示。

实验结果显示在表……中。具体而言，我们可以发现……

总结和展望

在这篇论文里，我们提出了一种基于汽油发动机的汽车来替代当前广泛使用的马车作为交通工具。与马车相比，汽车具有……的优点。基于我们的设计，我们对该汽车在实际路段上进行了大量测试。测试结果表明，相比于马车，我们设计的汽车在……方面有较大的优势。

在未来，我们将在……方面对该汽车进行改进。我们认为，我们设计的汽车极有潜力成为未来一种可大规模推广的交通方式。

第 5 章

创新点

5.1　什么是科技论文的创新点？

当你拿到投稿论文的评审意见时，最怕看到的恐怕是下面这句话："The novelty of this work is limited."（这个工作的创新性不够）。这也是论文被拒收的主要原因之一。创新点是一篇论文质量高低的决定性因素。

我们在前文介绍过，**好的科技论文需要让审稿人用最短的时间，以最少的力气，理解并欣赏你在论文中的最大创新点。**这一节，我们以小明为例，专门来谈谈科技论文的创新点。

小明刚刚上研究生，导师给他的任务是用神经网络来判断输入的乳腺超声图像中肿瘤的良恶性。小明查阅了很多资料，写了很多程序，经过好几个月的辛苦工作，终于在科研上有了进展，他开始写论文了。

创新点的第一个特点：新

在组会上，小明第一次展示了自己论文的初稿，论文中写道：为了完成乳腺肿瘤良恶性识别的任务，我采用了一个深度神经网络模型，具体来说，这个模型采用……

导师看完了，直接对小明说：你这个工作，可以是功能介绍，可以是说明书，也可以是项目报告，但唯独不是科技论文，因为没有创新点。

小明听了很吃惊。导师接着解释说：判断一篇论文有没有创新点，首先要看你的方法新不新。你提出的方法，一定要和已有的方法有区别。拿这个例子来说，为了解决乳腺肿瘤良恶性的识别问题，如果你所用的模型别人已经提出过，那么这个工作就没有创新点。

小明听懂了，拿着自己的初稿回去了。上面的过程显示在图 5.1 中。

创新点的第一个特点是"新"。一个方法和现有的方法区别越大，就越有创新性。

图 5.1　创新点的第一个特点：新

创新点的第二个特点：效果好

过了一段时间，小明兴冲冲地拿着新改好的论文给导师看。论文中写道："为了完成乳腺肿瘤良恶性识别的任务，我设计了一个和当前其他的模型都不一样的新模型。"

导师看了看，摇了摇头，说："你这个虽然看起来新，但是也不一定是创新点。创新点不仅要和现有的方法'不同'，而且效果一定要比现有的方法'更好'，仅仅为了突出和现有方法的不同并没有意义。这就好比如果从北京坐车到上海，直接坐京沪高铁就是最佳方案，而你为了显示不同，专门绕道广州。这种为了不同而不同没有任何意义。"

小明听完之后，似有所悟，赶紧又回去敲代码、改论文了。上面的过程显示在图 5.2 中。

创新点的第二个特点，就是相比于现有的方法要"更好"。好的程度越大，创新点就越好。

图 5.2　创新点的第二个特点：效果好

创新点的第三个特点：有洞见

过了一个月，小明很自信地来找导师，展示最新版本的论文。他写道："为了完成乳腺肿瘤良恶性识别的任务，我设计了一个新模型。和已有的模型相比，我的模型引入了 A、B、C、D、E 这 5 个新的模块。实验结果显示，这个新模型比现有模型更好。"

小明对导师说："我现在的方法和当前所有的方法都不一样，效果也更好，这总该是创新了吧？"

可是导师仔细阅读了他的论文之后，仍然摇了摇头，说："还是不够。不能说只要有不同，并且效果好，就是创新。很多所谓的创新，只是稍微调一调参数，网络增加了几层，增加一些约束条件，把一些现有的模型进行融合，或者综合运用多个小的技巧，等等。这种不同，在科研论文里被称为'小技巧'（trick）。仅仅用'小技巧'的论文，即使能够将最后的效果提高一个档次，在科研上也不叫创新。"

导师接着解释："好的科技论文，结果好只是一个方面，更重要的是要能激发他人的灵感、推动领域的发展。从这个角度来说，创新点还需要有洞见。我没看到你这篇论文有什么让我眼前一亮的洞见。"

小明听完之后，看了看自己的论文，垂头丧气地回去了。上面的过程显示在图 5.3 中。

图 5.3 创新点的第三个特点：有洞见

"洞见"这个词对应的英文是"insight"，这个词的英文解释为：an accurate and deep intuitive understanding of a person or thing（对一个人或事物的准确且

深刻的直观理解）。

通常而言，要有洞见，往往需要你通过长期的观察和仔细的思考，发现一个新的现象或现象背后的深层次规律，注意到之前被人忽视或遗漏的信息，或者从一个新的角度看问题，从而得到了一个新的观点。

现在网上有很多关于深度神经网络的比赛，大家都要"刷榜"（争排名），于是大趋势就是不断地增加神经网络的层数，或者使用不同的"小技巧"以提高精度。这些工作很少能够以正式科技论文的形式在顶级学术期刊或者会议上发表。

对于这些工作，评审人通常会用"增量式工作"（incremental work）来评价。

一个洞见可以比较简单，但通常不直接。很多情况下，好的洞见往往简单而深刻。

很多学生把"直接"（straightforward）的方法和"简单"（simple）的洞见弄混。前者指的是大部分人拍脑袋就能轻松想到的方法，往往有很多漏洞，效果也不一定最优；而后者则是经过深思熟虑，加上在顿悟时刻（aha moment）灵机一动获得的一个"意料之外又在情理之中的简单而深刻的见解"。

论文中的洞见，是论文中提出的方法比别人的方法要好的基础。如果能让审稿人理解并赞同这个洞见，那么他其实不需要仔细地去读论文中那些繁复的数学推导（虽然这些数学推导给你的论文增加了理论深度），也不需要质疑实验是否足够坚实（虽然坚实的实验给你的论文增加了应用价值），就能"从情感上"同意这篇论文提出的方法的效果比别人的方法好。

一篇科技论文，不管里面的数学推导如何复杂、实验设计如何坚实，如果没有洞见，那么一定算不上一篇好的科技论文。而相反，如果论文里有一个洞见，而这个洞见能够给这个领域的研究人员带来新的启发、新的知识、新的理解，那么这篇论文就一定会让审稿人眼前一亮，哪怕它在算法设计上不是那么优秀，实验中可能有少许漏洞，审稿人通常也会给出"接收"的意见。

创新点的第四个特点：有挑战

过了一个月，小明在组会上自信地展示出自己再次修改后的论文，他写道："我发现，当前的神经网络模型之所以不能够很好地完成乳腺肿瘤良恶性识别的任务，是因为训练数据集不够丰富。那么如何才能让神经网络在训练数据集不够丰富的情况下很好地完成任务呢？

"经过观察，我发现其实在很多情况下，专业的医学影像学医生可以很好地区别良性和恶性肿瘤，因此，我的想法是，如果我们将专业医生的经验引入神经网络中，是不是可以提高性能呢？为此，我设计了一套方案，这套方案的具体内容包括……。我们在多个数据集上测试，测试结果表明，这个融入医学领域知识的神经网络，可以达到更好的性能。"

导师眼前一亮，说："不错，这个工作除了'新'和'效果好'，还'有洞见'。你的论文把专业的医学知识引入神经网络，以此来提高神经网络的性能，这就是一个洞见！这看起来像是一个好的研究工作！"

小明虽然挺高兴，但是皱了皱眉头，说："老师，为什么你说'看起来像？'难道说这还不是一个好成果吗？"

导师说："你刚才的论文有洞见，确实不错，但是从你的描述中并未体现出挑战，也就是说，你的方法看起来很容易实现。因此审稿人可能会想：这个有什么难的呢？或者说，既然你的工作很重要，又不难，为什么别人做不出来，被你捡漏了呢？你是不是漏掉了一些别人的工作呢？"

这种情况在实际中特别常见。常有学生兴冲冲地来找我说："老师，我找到了一个方法，效果很好，超过了现有所有的方法！"这时候，我就会问他："想到你这个方法难不难？"他想了想，犹豫地说："好像不难，我拍脑袋就想到了，但是效果很好。"这时候，我就会反问一句："既然不难，为什么别人想不到，而只有你能想到呢？"

这时候往往只有 3 种解释。一是你研究的问题没有什么价值，别人根本不关心。二是你的方法别人早就提出过了，只是你调研得不仔细，没发现而已。三是你的方法别人曾经想到了，也做过实验了，但是这种方法在有些地方有重大缺陷，因此被舍弃了。

《世说新语》中有一个"道旁苦李"的故事，讲的就是这个道理。

王戎七岁，尝与诸小儿游，看道旁李树多子折枝，诸儿竞走取之，唯戎不动。人问之，答曰："树在道边而多子，此必苦李。"取之信然。

幸运的"捡漏"，即找到一个简单、直接、效果又好的方法，这在学术界几乎是不太可能的，除非是在一个全新领域的初始发展阶段。要知道学术界的人经受过多年的科研训练，每天都在思考，又能给你留下多少"捡漏"的机会呢？

小明听完导师的话，似有所悟，拿着论文回去修改了。上面的过程显示在图 5.4 中。

图 5.4　创新点的第四个特点：有挑战

论文终稿

过了一个月，小明又回来了，最新版本的论文中这样写道："我发现，当前的神经网络模型之所以不能够很好地完成乳腺肿瘤良恶性识别的任务，是因为训练数据集不够丰富。那么如何能让神经网络在训练数据集不够丰富的情况下很好地完成任务呢？

"经过观察，我发现其实在很多情况下，专业的医学影像学医生可以很好地区分良性和恶性肿瘤，因此，我的想法是，如果我们将专业医生的经验引入神经网络中，是否可以提高性能呢？

"然而，将医学知识引入深度神经网络并不是一件容易的事。除了设计引入的方式之外，主要难点在于医学知识引入的强度控制。如果医学知识引入过多，那么神经网络会丧失自己通过数据学习带来的好处；相反，如果引入过少，又起不到作用。如何设计合适的机制引入医学知识，以及如何确定最佳的引入强度，是一个较难的问题。

"为此，我们设计了一套方案。这套方案利用……来引入医学知识，并且采取……机制，来决定最优的引入强度。我们在多个数据集上测试，测试结果表明，这个融入医学领域知识的神经网络，可以达到更好的性能。"

导师看了以后，笑着对小明说："真不错！这是一篇好论文！"这篇论文终于可以投出去了！上面的过程显示在图 5.5 中。

图 5.5　创新点的 4 个特点：新、效果好、有洞见、有挑战

总结一下，本节我们提到了科技论文创新点的几个特点。

第一是"新"，第二是"效果好"，第三是"有洞见"，第四是"有挑战"。

这里面的核心，就是**"有洞见"**。因为其他的特点本质上都是围绕这一点来说的。"新"表现在你的方法要和已有的方法有比较大的区别，这个区别就是你所提出的"洞见"；"效果好"是指这个洞见的效果好；"有挑战"是指在实现这个洞见的过程中遇到了困难和挑战。

让审稿人认可你的论文，我觉得最重要的一点，就是让审稿人看完你的论文后感觉有收获！收获有多方面，简单地说可以分为如下 3 个层次。

第一个层次是了解某个领域在研究什么，以及该领域有哪些方法和存在的问题；第二个层次是了解一个可以解决该领域某个问题的方法（你在论文中提出的方法）；第三个层次是最重要的，也是审稿人收获最大的，是理解你的洞见。这个洞见会让审稿人对你的论文涉及的领域，甚至其他领域，有更深层次的认识，让其增长了智慧，甚至可以用增长的智慧来解决自己的问题。

试问，具有真正创新点、能够提供新的洞见和视角的论文，有谁会不喜欢呢？我从网上看到了一段话，深以为然，分享给大家。

The academic is not an army race. It does not really matter how fancy the model is. It does not really matter whether the model can achieve the SOTA

performance. The real innovation is to find something new and this work has found
a fresh new perspective. （学术界不是军事竞赛。提出的模型有多花哨并不重
要，模型能否达到最前沿的性能也不重要。一项工作真正的创新是发现了一
个新的东西，找到了一个全新的视角。）

5.2　洞见的特点和对立面

这一节，我们来谈谈洞见的特点及其对立面。

先说结论，洞见有 4 个特点：深刻、简单、给人启发、饱含智慧。下面
通过几个例子来谈谈什么是洞见。

育婴器的发明和改进

19 世纪，因为医疗水平和医疗条件的限制，新生婴儿尤其是体重过轻的
早产婴儿的死亡率非常高。

19 世纪 70 年代后期，法国巴黎的一个妇产科医生斯蒂芬·塔尼，在结束
了繁忙的工作之后，给自己放了个假，去巴黎动物园散步。当时鸡鸭等都是
动物园里的观赏动物。塔尼看到了小鸡孵化器中刚孵出的小鸡在温暖适宜的
环境中蹦蹦跳跳，甚是惬意。这个场景与长期从事妇产科工作的塔尼经历的
场景形成了鲜明的对比，他有了一个洞见：如果制作一个像小鸡孵化器一样
的设备，为新生婴儿提供舒适安全的环境，这样新生婴儿的存活率不就可以
大大提高了吗？

他聘用了动物园的饲养员奥迪尔·马丁，两个人合作用小鸡孵化器的模
式，制作出了育婴器（婴儿恒温箱）。

塔尼做了统计，使用了他们制作的育婴器之后，体重过轻的早产婴儿的
死亡率大幅降低。

第二次世界大战后，育婴器已经成为美国所有医院的标配。有记录显示，
从 1950 年到 1998 年，育婴器让新生婴儿的死亡率降低了 75%。

我们仔细剖析这个故事，来看看塔尼的这个洞见是怎么来的。首先，他
在长期的妇产科工作中，对新生婴儿死亡率高这个痛点有着非常深刻的认识。

其次，他有一个观察：发现小鸡孵化器可以帮助新生小鸡提高存活率，而"新生小鸡"和"新生婴儿"有一个共同之处，那就是都需要一个舒适安全的环境。既然小鸡孵化器可以帮助新生小鸡提高存活率，那么给新生婴儿提供类似环境的育婴器，也应该能够帮助新生婴儿提高存活率。

这个洞见现在看起来很简单，但非常深刻，甚至蕴含着一定的智慧：如果我们观察到两个领域有共同点，那么，其中一个领域的成熟工具或方法，经过适当的改造，可以迁移到另一个领域，来解决该领域的特有问题。

这个故事还没有结束。我们来看看育婴器是如何改进的。

虽然育婴器的普及大大提高了新生婴儿的存活率，但在很多欠发达的国家或者地区，即使通过捐赠得到了足够多的育婴器，新生婴儿的死亡率仍然很高，这是为什么呢？

原因很简单，育婴器坏了。

美国杜克大学的一项研究表明，捐赠给发展中国家的医疗设备会在捐赠后的 5 年内因出现故障而无法再次投入使用，原因包括电压不稳、电力不足、旋钮损坏等。

有人会问，育婴器坏了，修理好不就行了吗？然而，修理育婴器还真是一个难题，主要原因是缺乏专业的维修人员，以及很难找到损坏零件的替换品。

美国波士顿大学管理学院的乔纳森·罗森博士的一个洞见改变了这个情况。他无意中发现，无论多偏远的地方，似乎总能在那里发现丰田 4Runner 越野车。任何一个偏远的小城镇，就算缺少空调、电视、计算机，也能确保汽车的维修和护理。

罗森于是有了一个洞见："为什么不用新的或旧的汽车零部件改造出一种新的育婴器，然后教当地修理汽车的机械师修理育婴器呢？"

在罗森提出这个洞见的 3 年后，非营利设计公司 Design that Matters 首创了一种用汽车配件改造的新型育婴器。该公司的创始人兼首席执行官蒂莫西·普雷斯特罗说："我们的想法是从一台丰田 4Runner 开始的，把它去掉所有不属于育婴器的部分，它就变成了一个育婴器。"

这种改造后的育婴器被称为"汽车配件育婴器"（NeoNurture），其关键部件是用汽车的配件来拼接完成的（见图 5.6）：供暖系统来自汽车的前聚光灯，通风系统来自汽车仪表盘的风扇，报警系统来自车门的蜂鸣器。该育婴器还可以由汽车电瓶或者车用点烟器提供动力。

图 5.6　汽车配件育婴器

汽车配件育婴器有两个好处：不仅可以直接利用当地供货充足的汽车零件，而且无需专业人员，汽车维修人员就可以维修。

汽车配件育婴器造福了无数个发展中国家的贫困家庭。

罗森的这个洞见，也是通过他细致的观察和分析得到的。此外，这个洞见还包含一种智慧。罗森不是像一般人那样盯着育婴器本身，而是往外看，看看周围现有的资源，哪些可以为这个育婴器所用。

这个智慧启发我们，做任何事情都是一样的，从零开始建造一个系统通常不是一个好方法，而通过向外借力，在已有的基础上进行改造，往往能起到事半功倍的效果。

互联网是如何诞生的：保罗·巴兰的洞见

20 世纪 50 年代，美国国防部成立了高级研究计划局（Advanced Research Projects Agency，ARPA），专门研发军用技术，以防止美国遭受其他国家的科技突破。而后，美国兰德公司接到了 ARPA 的一个任务，其目标是在面临核武器威胁时保持美国军事通信网络的有效性。

当时，美国的军事通信网络以电话网络为主。当拨通电话时，信号会统一经过电话网络的呼叫中心，再由呼叫中心转接到目的地。所以，一旦呼叫中心遭受攻击，那么全美的军事通信网络很可能立刻瘫痪。

那么，有什么方法可以解决这个难题呢？

这个问题引起了当时在兰德公司任职的工程师保罗·巴兰的强烈兴趣。巴兰接受过良好的科研训练，在美国加州大学洛杉矶分校获得了电机工程硕士学位，且在计算机公司工作过，因此也有良好的实践经验。

有一次，巴兰与美国著名神经生理学家和控制论学者沃伦·麦卡洛克聊天时，讨论到了人脑。麦卡洛克介绍说，有时候，通过桥接治疗的方法绕过人脑的某个机能障碍区域，经过一段时间后，病人可能会恢复这个区域的功能，这说明大脑的某个特定功能可能不只依赖单个区域的专用细胞。

巴兰立刻想到，通信网络或许也可以用类似的方式来构建。

经过长时间的构思和实验，巴兰在1962年完成了兰德公司的内部报告"On Distributed Communications Networks"（于 1964 年正式发表[1]），见图 5.7。

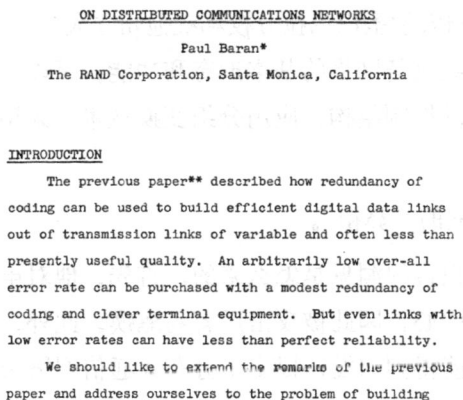

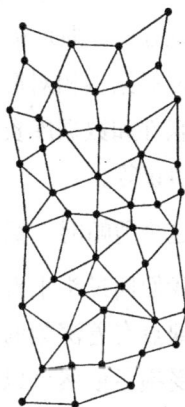

图 5.7　巴兰提出的分布式通信网络[1]

在该报告中，巴兰首次提出了分布式通信网络架构。这个架构没有中心节点（类似电话网络中的呼叫中心），每个通信节点都与若干邻接节点相连，从而形成网格状的架构。因此，每个节点可以通过多条路径发送数据，如果某个节点或某条路径被损坏了，还有其他节点和其他路径可用。这种架构不存在中心节点，所以从本质上解决了网络部分被攻击后不能传递消息的问题。虽然这是一篇技术报告，但是里面的几个洞见却是绝大多数科技论文望尘莫及的。

巴兰在报告中提到的另一个思想是在通过网络发送数据之前，把报文（message）分成报文块（message blocks）。每个报文块要分别发送，并且可以走不同的路径，到达目的地后再把它们组合在一起。这正是如今被广泛采用的分组交换技术的思想来源。

如果让今天的网络专家来看上面的技术，这些技术一定是天经地义、毋庸置疑的。可是在当时，这些技术并没有立刻被美国国防部接受。巴兰又将这些想法推荐给 AT&T 公司，但也没能被公司高层接受。

转机出现在 1967 年，麻省理工学院的劳伦斯·罗伯茨加入 ARPA，并且领导了一个叫阿帕网（ARPANET）的项目。罗伯茨看到了巴兰的报告，对里面提出的"分布式网络"和"分组交换模式"很感兴趣，邀请巴兰担任阿帕网项目的非正式顾问。巴兰提出的分布式网络架构以及相关技术随即被引入阿帕网。

1969 年，阿帕网的第一期工程投入使用，开始只有 4 个节点（加州大学洛杉矶分校、斯坦福研究院、加州大学圣巴巴拉分校和犹他州立大学）。虽然阿帕网的架构相对简单，但是已经具备网络的基本形态和功能，可以共享硬件、软件和数据库资源，利用分散控制结构，应用分组交换技术，采用分层网络协议等。

这个阿帕网，就是如今互联网的"鼻祖"。

我们回过头来看看巴兰这篇报告的洞见是怎么来的。首先，他对电话网络的缺点有着深刻的认识：存在中心，因此被攻击后容易瘫痪。此外，他从人脑受损后依然可以实现一些功能得到启发，提出了分布式通信网络架构。分布式通信网络不存在中心，因此从根本上解决了电话网络容易因攻击而瘫痪的问题。分布式通信网络的概念现在看起来很简单，但其实并不直接，当时也没有立刻被人们所接受。但是，这个洞见非常深刻。

让机器像儿童一样学习：李飞飞的洞见

我们转向计算机视觉领域，该领域的研究目标是教会机器识别图像。近十几年来，因为深度神经网络的发展，图像识别技术有了突飞猛进的发展，模型的性能已经远远超过了人类的视觉极限。

而在 20 多年前，这个领域正处于困境之中。虽然已经有很多经典的机器学习模型被提出，但当时的研究人员遇到了一个难以解决的问题——模型性能一直无法提高。例如，当我们用大量猫的图像训练好一个模型以后，模型碰到一张它没见过的猫的图像，仍然不能准确地将猫识别出来。

原因也很简单，就识别猫而言，虽然两张图像里都是猫，但是图像里的猫不仅样子不一样，姿势也可能千变万化。图 5.8 给出了不同猫的图像。

图 5.8　不同猫的图像

当时大部分图像识别领域的研究人员致力于在训练算法上进行改进，对训练数据本身并没有多么重视。那时候大家的观点是："你的算法连少量数据都做不好，要那么多数据有什么用？"大有中国古话"一屋不扫，何以扫天下"的意味。

2006 年，美国伊利诺伊大学厄巴纳-香槟分校电气与计算机工程系助理教授李飞飞意识到了这种研究思路的局限性。后来，她在 2015 年的 TED 演讲上回顾了她当时的想法。

她的这个想法来源于对生活中一个问题的思考：为什么一个 3 岁的儿童可以很准确地描述他在一张照片中看到的物体？尽管这个儿童还有很多要

学，但是他在图像识别这个领域的能力，已经远远超过了当前最先进的图像识别算法。

她产生了一个洞见：因为这个儿童看到的数据足够多！如果把孩子的眼睛看作生物照相机，那它们每200毫秒就拍一张照片。200毫秒是眼球转动一次的平均时间。所以，一个3岁的孩子已经看过上亿张真实世界的照片了。这个"训练数据"的数量是非常大的。

所以，与其孤立地关注算法的优化、再优化，李飞飞给出了自己的解决方法：构建一个更好的数据集。

随后，李飞飞组建了一个团队，克服了重重困难，成功构建了世界上第一个超大规模的图像数据库 ImageNet。ImageNet 包含了近1500万张照片，涵盖近22 000种事物。无论在质量上还是数量上，ImageNet 都是一个规模空前的数据库。举个例子，在"猫"这个索引中，就有超过 62 000 张长相各异、姿势五花八门的猫的图像，而且涵盖了各种品种的家猫和野猫。李飞飞的团队公开了整个数据库，免费提供给全世界的研究团体。

后来的事情大家都知道了。在2012年 ImageNet 挑战赛中，辛顿教授团队的深度学习卷积神经网络 AlexNet 将 Top-5 错误率降到了 16.4%，获得了图像分类竞赛（ILSVRC）的冠军，震撼了整个计算机视觉领域。以深度神经网络为代表的人工智能领域，就此实现了十余年的井喷式发展。

ImageNet 真正改变了人工智能领域对"数据"的认知，它让人们真正意识到，在人工智能领域中数据集和算法同等重要。

李飞飞的这个洞见——"模型好不好，训练数据很关键"，现在看起来很简单，但是并不直接，很深刻。

这个洞见不仅对深度学习的发展起到了重要的推动作用，如果我们仔细思考一下，这个洞见还具有智慧：通过对能够较好地完成图像识别的儿童的观察，提出了对训练数据的改进策略，这就是"他山之石，可以攻玉"。

精确的模糊，胜过模糊的精确：用无线信号实现定位

我们再来看一篇关于无线定位的论文"RSD: A Metric for Achieving

Range-Free Localization beyond Connectivity"[2]。

为了让大家理解这篇论文，我先介绍一下定位的基本原理。

定位是指在一个区域里实时获取一个移动物体的位置。定位是如何实现的呢？一种常用的定位方法是测距：测量移动点与多个位置已知点的距离，再通过解方程来找到移动点的位置。

图 5.9 是一个简单的例子。现在想知道一个移动物体 A 的坐标(x, y)。如果我们知道固定点 1 的坐标(x_1, y_1)和固定点 2 的坐标(x_2, y_2)，以及 A 与点 1 的距离 L_1 和与点 2 的距离 L_2，那么 A 的坐标(x, y)很容易根据下面的方程组得到：

$$\begin{cases} (x-x_1)^2 + (y-y_1)^2 = L_1 \\ (x-x_2)^2 + (y-y_2)^2 = L_2 \end{cases} \tag{5.1}$$

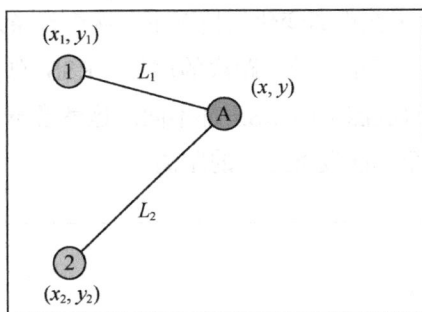

图 5.9　基于距离的定位示例

这个方程组里，只有 x, y 两个未知数，所以我们可以直接通过解这个方程组把这两个未知数求出来，也就找到了物体 A 的位置。

手机导航中使用的定位也是这个原理：手机上有一个 GPS 接收机，会随时接收多颗卫星发射的无线信号，这些卫星的位置是已知的，通过接收到的卫星信号可以推测出手机与卫星的距离，这样通过解方程，就可以找到自己的位置。

我们回到无线定位。无线定位也是通过测距来定位的。首先，在一个区域的周边安放很多固定的无线节点并且记录它们的位置；然后，在移动物体上也安装一个无线节点，这个移动的节点会和周围的固定节点不断进行通信来测量自己到它们的距离，从而确定自己的位置。

那么两个无线设备如何通过发送无线信号来测量它们之间的距离呢？具体操作是这样的：无线设备 A 向另外一个无线设备 B 发送一个无线信号，当 B 接收到这个信号的时候，可以从接收到的信号里得到接收信号强度（received signal strength，RSS）。RSS 的值和两个设备之间的距离成反比，距离越远，RSS 越小。这就好比一个远处的人向你喊话，你听见的声音越小，说明他离你越远，RSS 就好比这个声音的大小。

因此，只要我们知道 RSS，就可以通过 RSS 和距离之间的关系，推断出移动物体和某个已知位置的无线设备之间的距离。当我们掌握移动物体与多个已知位置的无线设备之间的 RSS 之后，就可以用解方程的方法，确定移动物体的位置。

但是，在实际计算中，我们会发现这个方法有一个很大的问题：RSS 并不稳定。图 5.10 展示了在距离变化的情况下，两个设备之间多次测量的 RSS 的变化情况。我们可以看出，随着距离的增加，RSS 总体呈现下降的趋势；但是在同一距离下，每次测量的 RSS 都不同。这就意味着，我们并不能根据 RSS 来精确地计算两个无线设备之间的距离。

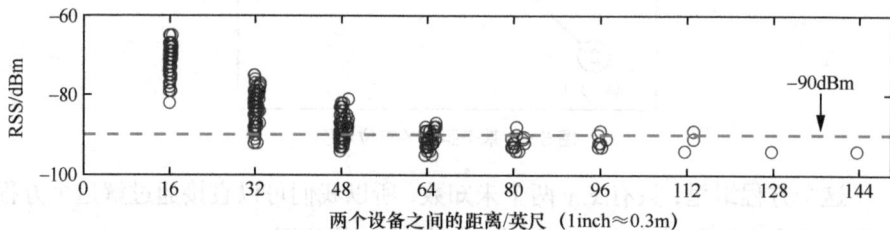

图 5.10　多次测量的 RSS 变化情况[2]

那么遇到这种问题我们应该怎么办呢？

这篇论文的作者提出了一个洞见！他们发现，虽然不能直接通过 RSS 精确地计算距离，但是对某个移动节点而言，它从多个固定节点得到的 RSS 的大小排序，与它到这些固定节点距离的远近排序是一致的！

举个例子，图 5.11 中有一个节点 A，以及 4 个固定节点（节点 1、2、3、4）。可以看出，这 4 个固定节点，按照 1、2、3、4 的顺序，距离节点 A 越来越远。我们可以测量节点 A 到固定节点 1、2、3、4 之间的 RSS，分别记为 RSS_1、RSS_2、RSS_3 和 RSS_4。

图 5.11　一个简单的例子

如果我们按照距离节点 A 的远近（由近到远）对 4 个固定节点排序，那么顺序为

$$[1, 2, 3, 4]$$

如果对 RSS_1、RSS_2、RSS_3、RSS_4 排序（由大到小），我们可以发现 $RSS_1 > RSS_2 > RSS_3 > RSS_4$。也就是说，如果我们按照 RSS 的大小对节点排序，那么顺序为

$$[1, 2, 3, 4]$$

这两个顺序是一致的！

也就是说，尽管我们不能直接通过 RSS 精确地计算距离，但是可以通过某个移动节点和多个固定节点的 RSS 的相对排序，知道该节点和这些固定节点之间的距离关系。而这个关系，可以帮助定位。

这种相对距离和 RSS 排序的一致性，是这篇论文最大的洞见。在这个洞见的基础上，作者提出了一系列的算法来根据相对距离进行定位。最后的定位结果比原有方法（直接利用 RSS 来推测距离从而计算位置）的结果要好得多。

关于这个洞见，我们也能感受到智慧：如果某个信息看起来很精确，但是变化较大，具有较大的模糊性，那么这个信息其实并不可靠。我们想要的，不是这种"模糊的精确"，而是一个最合适的层次，该信息在这个层次上的表达是精确的，这就是"精确的模糊"。

换句话来说，也就是"精确的模糊，胜过模糊的精确"。

概率就符合上面的思想。例如掷骰子，虽然每次掷出来的结果都可能不同，但是这些模糊的结果背后，如果抽象到概率层次，就可以找到精确的信息：投出每个点数的概率都是 1/6。

除了概率之外，生活中还有很多这样的例子。我们都知道，犯罪学中，要想直接找到罪犯，我们通常希望能够找到罪犯的精确信息，比如 DNA、指纹这些独一无二的精确信息。但如果没有这些精确的信息，或者信息很模糊（比如指纹残缺不全），那我们该怎么办？

有一种方法是犯罪心理画像。犯罪心理画像从犯罪行为的角度来分析凶手的人物特征，例如罪犯的性格是直率还是内向，喜欢什么，会出入什么场所，或者年龄范围，职业情况，受过什么训练等。

对罪犯的心理画像，可以帮助侦查人员形成对罪犯的初步印象和判断，从而在众多可能的排查对象中大幅缩小犯罪嫌疑人的范围。

虽然和 DNA、指纹信息相比，犯罪心理画像是模糊的，但是心理画像在其刻画的内容上又是精确的，这就是精确的模糊。这种精确的模糊有时能比模糊的精确（例如残缺的指纹）提供更为有效的信息。

彼之砒霜，汝之蜜糖：巧用通信遮挡来定位

还有一篇关于定位的论文，题目是"SpinLoc: Spin Once to Know Your Location"[3]。

一个人的手机如果通过 WiFi 上网，手机需要和附近的某个路由器（AP）建立连接。我们知道，如果手机和 AP 之间有遮挡，那么手机接收到的无线信号强度就相对较低，而如果没有遮挡，信号强度就高一些。

该论文的作者有了一个洞见，认为可以利用上述特性来做定位。具体是怎么实现的呢？

假若屋子里只有一个路由器，那么让人拿着手机，在原地转一圈，在转的过程中，手机随时监测和该路由器之间信号的强弱程度。因为当手机正对着路由器的时候［图 5.12（a）］，信号强度最大；而背对着路由器时［图 5.12（b）］，信号强度最小。

(a) 路由器和手机之间没有遮挡，手机信号强　(b) 路由器和手机之间有遮挡（人体），手机信号弱

图 5.12　路由器与手机的方位对手机信号的影响[3]

这样通过检测强度的变化，就可以知道这个路由器相对于人的角度。例如，在图 5.13 中，如果手机时刻与路由器 AP$_1$ 进行通信，让人拿手机转一圈，就可以知道该路由器相对于人的角度 θ_1（在这个角度上，信号强度最大，而在 $\theta_1+180°$ 的角度上，信号强度最小）。同样，如果屋里同时安装了多个路由器，那么就可以同时知道多个路由器相对于人的角度 $\theta_2,\theta_3,\cdots$。

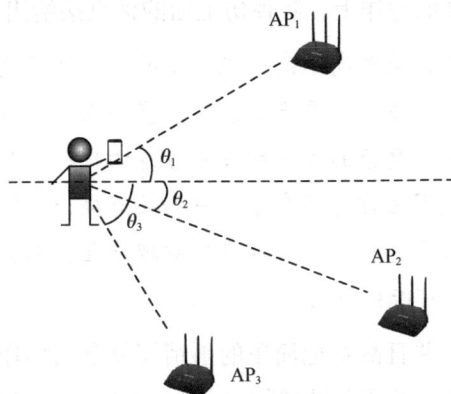

图 5.13　确定路由器与人的相对角度，从而确定人的位置

因为路由器是固定的，各个路由器的位置是已知的，所以通过这些角度，就可以测量出人的位置。

这个想法非常简单，但是很有洞见！通过人手持手机进行旋转移动，利用遮挡效应来定位，这个方法是首创，而且非常巧妙。这里面还蕴含着"彼之砒霜，汝之蜜糖"的智慧：通常而言，人体遮挡会影响通信，是我们不想要的，但是在这个方法里，人体遮挡反而成了一个可以利用的信息。

这是一个好的洞见，简单、巧妙且饱含智慧。

洞见的对立面：鲁布·戈德堡机械

我们会发现，在很多领域中，一些人会把自己的工作包装得复杂无比，但是仔细剖析就会发现，这些复杂包装里面没有任何洞见。

得到 App 课程"产品思维 30 讲"的主理人梁宁曾经说过下面这段话。

判断一个产品经理是否厉害，很重要的一条就是判断他设计的产品的第一个版本有多简单、多直接、多切中要点，能不能直指人心。因为我经常看到有的产品经理出产品规划，第一版产品就无比复杂。为什么很多产品经理要把产品的第一个版本设计得那么复杂？因为他们不自信。他们对"我只要做强哪个点，用户就必然买账"没把握，而希望在一些附加的功能点上寻找心理依靠。这种产品天生没劲，怎么可能成为爆品？

对应到科技论文的写作上，我模仿上面的话直接给出下面的结论。

判断一篇科技论文质量高不高，很重要的一点就是判断作者提出来的洞见有多简单、多直接、多切中要点，能不能直指人心。我曾经看到过很多论文，这些论文里包含了复杂的推导和各种各样的技巧。为什么要把一篇论文写得那么复杂？这是因为作者不自信。他们没有提出任何能够给人启发的洞见，而是试图用一堆小技巧、小贡献寻找心理依靠，来企图蒙混过关。这种论文天生没劲，怎么可能被接收？

这种没有洞见，并且故意把简单的事情写复杂的操作，可以用一个词来形容，那就是"鲁布·戈德堡机械"（Rube Goldberg machine）。

鲁布·戈德堡机械是一种被设计得过度复杂的机械组合，以迂回曲折的方法去完成一些非常简单的任务，例如倒一杯茶、打一颗蛋等。它的发明者是美国漫画家鲁布·戈德堡。

图 5.14 是鲁布·戈德堡的代表作之一——《巴茨教授和自营餐巾纸》。当巴茨教授将勺子举到嘴边时，勺子手柄末端系着的绳子会拉扯到另一只勺子的手柄，另一只勺子随之而动，将勺子上的饼干抛到上方巨嘴鸟处。这时，巨嘴鸟会经受不住饼干的诱惑跳离杠杆，让杠杆另一端的种子翻倒到水桶里。水桶变重下沉，从而拉动绳索掀起打火机的盖子点燃小火箭，而小火箭下面

捆绑着的镰刀会随着火箭的上升而向上移动，从而割断绳子。当绳子被割断后，钟摆会带动餐巾纸来回摆动，达到擦拭巴茨教授下巴的目的。

图 5.14　《巴茨教授和自营餐巾纸》

在 20 世纪 30 年代的美国，鲁布·戈德堡机械被形容为"荒谬地组合在一起的机械"，后来在《韦氏新国际英语词典》中出现了这个词，意思是"以极为繁复而迂回的方法去完成实际上或看起来很容易做到的事情"（accomplishing by extremely complex round about means what actually or seemingly could be done simply）。

鲁布·戈德堡机械很有趣，后来美国甚至举办了全国性的鲁布·戈德堡机械大赛。但是科技论文绝不应该像鲁布·戈德堡机械这样过度复杂。

鲁布·戈德堡机械的一个特点在于，设计者必须进行精确计算，让机械的每个部件都能够准确发挥功用，因为任何一个环节出错，都极有可能令原定的任务不能完成。

我见过一些科技论文，本来是一篇和系统相关的论文，但是论文没有什么洞见，只是把自己包装成一篇理论性极强的论文：行文中充满了公式推导，繁复无比，并且有大量的定理、引理和证明。这其实就把自己的论文写成了鲁布·戈德堡机械。为什么这么说呢？因为任何一个理论，如果要从数学上证明，往往需要很多的假设。如果任意一个假设不成立，那么这个理论证明就失去了实际意义。

这些论文，就像一个游戏里丑陋的缝合怪。这些缝合怪的身体由一堆不相关的东西强行拼凑在一起，往往一戳就倒。

5.3　关于洞见的几个问题

这一节，我们谈谈两个关于洞见的常见问题。第一个问题是如何知道一篇科技论文里有没有洞见，第二个问题是适宜的洞见数量是多少。

如何知道有没有洞见：找到自己论文的"那句话"

很多学生会问我：我怎么知道我的论文里是否有洞见呢？

简单地回答这个问题，就是——如果你可以用一句话把核心贡献说出来，让非专业人士都能听懂并觉得好，那么这就是好的洞见。

这句话，就是你论文的精髓。

用一句话解释清楚贡献特别重要，这不仅体现在科技论文里。我们拿诺贝尔奖来举例。每年的诺贝尔奖都会一句话来描述获奖者的贡献。

例如，2021 年的诺贝尔物理学奖颁给了 3 位对理解复杂系统做出突破性贡献的物理学家。其中一半颁给了真锅淑郎和克劳斯·哈塞尔曼，官方网站上用一句话总结他们的贡献："建立地球气候的物理模型，量化其可变性并可靠地预测全球变暖。"另一半颁给了乔治·帕里西，他的贡献被总结为："发现了从原子到行星尺度的物理系统中无序和波动的相互作用。"

同样，2021 年的诺贝尔生理学或医学奖颁给了戴维·朱利叶斯和阿德姆·帕塔普蒂安，官方网站上将其贡献描述为"发现温度和触觉感受器"。

总之，每一个诺奖得主的贡献都可以用一句话来总结。

对科技论文也一样，一篇好的论文需要找到"那句话"。这句话可以讲清楚这篇论文的贡献，是这篇论文的核心，也是这篇论文的标签。相反，如果你用了很多句话，都说不清楚贡献，那么最大的可能是没有贡献。

在你投出一篇论文之前，一定要问自己这个问题：我能找到这篇论文中的'那句话'吗？

洞见的数量

很多人会下意识地觉得，既然洞见就是论文的贡献点，那么一篇论文里的洞见越多，这篇论文的贡献不就越大吗？

答案是否定的。一篇论文只需要有一个洞见。如果一篇论文里面的洞见太多，反而给读者的感觉不好。关于这个道理，我们可以借用摄影作品来说明。图 5.15 所示的两幅风景画，哪一幅更好呢？

（a）　　　　　　　　　　　　　　（b）

图 5.15　两幅风景画

很多人看了以后会说，图 5.15（a）更好啊，风景多美！但是专业的摄影人士会告诉你，图 5.15（b）更好。

原因很简单，一张好的摄影作品，需要有且仅有一个焦点。照片中所有其他的物体都围绕这个焦点来服务。如果有多个焦点，反而会显得杂乱无章。

图 5.15（a）的这张风景画，虽然看起来内容丰富，但在资深的摄影师眼中却是一张不及格的照片，因为画面中没有视觉中心。

具体来说，左侧的山包最高，可惜只拍了半个；中间的山包植被丰茂，可惜低矮，又被前边的一棵树遮挡住了。把这棵小树作为视觉中心？可惜没有跟它呼应的元素。就连右下角的大石头，也是在分散注意力。因此，这不是一张好照片，而是一张简单的记录性照片。

相对来说，图 5.15（b）是一张不错的照片。小房子是视觉中心，其他所有元素都围绕着它而存在，形成一个有机整体。

科技论文也如同照片一样，需要有一个核心洞见，所有内容都应该围绕这个核心洞见来写。

我们还以那篇关于无线定位的论文 "RSD: A Metric for Achieving Range-Free Localization beyond Connectivity" [2]为例。

作者的洞见是，虽然不能直接通过接收信号强度（RSS）来精确地估算出距离，但是对某个无线节点而言，它从多个固定节点得到的 RSS 的相对大小顺序，与它到这些固定节点距离的相对远近关系是一致的。他们首先通过实验验证了这个洞见，然后围绕这个洞见设计了一个方法，该方法通过相对距离的远近来进行定位。最后，通过理论和实验证明了该方法的有效性。

我在博士后期间曾经向某个领域的顶级会议投稿，有一个审稿人返回的意见让我印象深刻，他评审意见的第一句话是："This is a very compact paper."（这是一篇非常紧凑的论文。）在这篇论文里，我提出的系统包含了很多精巧的设计，每个设计都有对应的讨论、数学证明和实验结果，我自己感觉很满意。因此，我当时对"compact"这个词并没有特别的感觉，甚至认为是一个褒义词而略有得意。但是现在回想起来，这个审稿人的意见特别中肯，我的系统虽然有很多新的设计，看起来创新点很多，但是每个创新点都不太大。靠着小创新点"紧凑"堆积起来的论文并不是一篇好的科技论文。好的科技论文应该围绕一个洞见展开，把这个洞见不断深入夯实。

有人说，如果我有两个洞见怎么办？很简单，请写成两篇论文，每篇论文围绕一个洞见展开。

5.4 公式化描述是创新点吗？

很多领域的科技论文中都会有数学公式和证明。在很多人眼里，有没有数学公式，似乎成了评价一篇科技论文质量高不高的标准。

有人会在论文中硬塞入一些数学公式，让论文的"颜值"看起来高一些。在他们眼里，似乎只要有数学的"加持"，一篇论文就会立刻变得"高端、大气、上档次"。

　　然而，这种方式很容易被审稿人看出来：因为去掉这些数学公式，完全不影响对你的论文的理解。审稿人发现这一点时，通常就会拒收你的论文。

　　而另外一些人用数学公式来包装论文的方法会更"高级"一些。其中一个常用的方法，就是对一些问题进行"公式化描述"（problem formulation）。

　　公式化描述是计算机科学家经常使用的一类方法。简单地说，当遇到一个问题时，先把这个问题转换成数学问题，然后再用数学工具来解决。

　　公式化描述作为一种科学解决问题的手段无可厚非，甚至值得我们每个人学习，但如果一篇论文仅仅有公式化描述而没有任何洞见，那么这篇论文即使看起来"颜值"再高，创新点也是不够的。

　　我们在此举一个例子。

如何用最省力的方式钉钉子？

　　现在有一块木板和一颗钉子（见图 5.16），想要找一个方法，用最省力的方式把这颗钉子钉入木板。我们准备就这个任务写一篇科技论文。

图 5.16　一块木板和一颗钉子

　　对这个任务而言，首先我们要找到一个合适的工具。这里我们选择锤子。

　　现在选择优化目标和变量。这个任务的优化目标，就是花费的力气最小，如果用数学语言来表达，就是在人把钉子钉进木板的过程中，人耗费的能量 E_{total} 最小。

　　对于优化变量，我们选择锤子的质量 m。也就是说，我们想找到一个最优的质量 m，让 E_{total} 最小。

　　确定了优化目标和变量之后，我们需要建立这两者之间的关系。首先，我们要抽象化这个锤子才可以用数学语言来描述它。我们可以把它抽象成一个在头部的点质量 m 和一个有长度但无质量的杆，如图 5.17 所示。

图 5.17　对锤子进行抽象

　　然后，我们需要做一些假设。首先，假设我们在用锤子敲钉子时，每次敲击的速度 v 是一样的；其次，假设每次都正好敲在钉子上。

　　接下来通过公式化描述把这个问题变成一个数学问题。我们知道耗费的能量和做功有关，因此首先要计算一个人要做多少功才能把钉子钉进木板。

　　根据前面的假设可知，锤子的质量为 m，每次敲击钉子时，锤子落在钉子上的瞬时速度为 v。从举起锤子到敲击钉子的过程中，人做的功为 W，那么 W 和锤子的质量 m，以及锤子敲击钉子的速度 v 有关，根据动量定理，我们有

$$W = \frac{1}{2}mv^2 \tag{5.2}$$

　　我们来看看每敲一下钉子，人做的功 W 能让钉子钉进去多深。把钉子钉入木板需要克服摩擦阻力做功。根据功的定义，我们有

$$W = F\Delta x \tag{5.3}$$

其中，F 是锤子对钉子施加的作用力，可以看成把钉子钉入木板时受到的摩擦阻力；Δx 是钉子在克服摩擦阻力时移动的距离。注意，摩擦阻力 F 是随着钉子进入地板深度的增加而增加的（钉子进入得越深，受到的摩擦阻力越大）。

　　假设第一次敲击钉子后，钉子进入木板的深度为 x_1（见图 5.18）。钉子刚接触木板时受到的摩擦阻力为 0，而到达深度 x_1 时受到的摩擦阻力为 kx_1，其中，k 是摩擦系数，与木板的材质和钉子的光滑程度有关。那么在这个过程中，钉子受到的平均摩擦阻力为

$$F = \frac{1}{2}kx_1 \tag{5.4}$$

根据式（5.3），第一次敲击过程中锤子对钉子做的功可以写为

$$W = F\Delta x = \frac{1}{2}kx_1x_1 = \frac{1}{2}kx_1^2 \tag{5.5}$$

此时钉子进入地板的深度为

$$x_1 = \sqrt{\frac{2W}{k}} \tag{5.6}$$

第二次锤钉子的时候，假设以同样的速度挥动锤子，那么人对锤子做的功 W 不变，在这种情况下，假设钉子的深度从 x_1 达到了 x_2。那么，钉子的行进距离为 $\Delta x = x_2 - x_1$，在这个过程，钉子受到的平均摩擦阻力为 $F = \frac{1}{2}k(x_1 + x_2)$。那么根据式（5.3），这次敲击过程中，锤子对钉子做的功可以写为

$$W = F\Delta x = \frac{1}{2}k(x_1 + x_2)(x_2 - x_1) = \frac{1}{2}k(x_2^2 - x_1^2) \tag{5.7}$$

此时钉子进入地板的深度为

$$x_2 = \sqrt{\frac{2W}{k} + x_1^2} = \sqrt{\frac{4W}{k}} \tag{5.8}$$

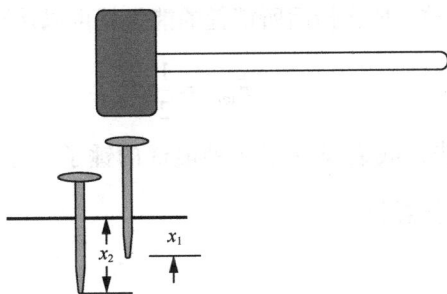

图 5.18　用锤子敲钉子

以此类推，我们可以知道，在第 n 次挥锤以后，钉子可以达到的深度 x_n 为

$$x_n = \sqrt{\frac{2W}{k} + x_{n-1}^2} = \sqrt{\frac{2nW}{k}} = v \cdot \sqrt{\frac{nm}{k}} \tag{5.9}$$

有了这个表达式以后，我们就可以对锤子进行优化了。假设钉子的长度

为 L，把钉子完全钉入木板需要挥动锤子 n 次，那么 n 对应的 x_n 需要满足

$$x_n \geqslant L \tag{5.10}$$

注意，x_n 的表达式由式（5.9）决定。这是要满足的限制条件。

在该限制条件下，我们想让人做的总功最小。人挥动 n 次锤子，做功的总量为

$$W_{\text{total}} = nW = \frac{1}{2}nmv^2 \tag{5.11}$$

这样，我们就有了一个对该问题的公式化描述：

$$\min_m\{W_{\text{total}}\}, \qquad s.t. \quad x_n \geqslant L \tag{5.12}$$

这个表达式的意思是，在满足 $x_n \geqslant L$ 这个限制条件下，我们要找到一个最优的锤子质量 m，让总做功量 W_{total} 最小。

省略具体的推导过程，我们可以发现，只要令

$$m = \frac{kL^2}{nv^2} \tag{5.13}$$

其中，n 为任意整数，那么最后所消耗的能量就可以达到最小，这个最小值为

$$E_{\text{total}} = \frac{1}{2}kL^2 \tag{5.14}$$

通过这种方法，我们设计了一种最优的锤子。这个锤子的质量应该是 $\frac{kL^2}{nv^2}$，其中，n 为任意整数。

这是一篇好论文吗？

怎么样，看了洋洋洒洒的这些公式和推导，是否会觉得这个问题如果写成论文，也是一篇好论文呢？

当然不是的。这篇"论文"是我根据一道中学的物理题展开的，这充其量是解决了一道应用题，连科技论文的门槛都够不上。

首先，这篇"论文"的优化针对的只是锤子的质量。而锤子最重要，也

最实用的特点，包括锤头的形状和大小、锤柄的形状等，是不能通过优化质量来实现的。

其次，这篇论文的优化是在大量假设的前提下实现的。这些假设包括：对于不同质量的锤子，每次敲击的速度 v 是一样的；每次敲击都可以正好敲到钉子上等。这些假设在现实中并不容易成立。

此外，为什么对钉钉子而言，锤子这个工具是最好的呢？或者更确切地说，对于钉钉子这个任务，哪一种形状的工具是最优的呢？我们需要考虑多个因素，除了锤子头部的质量之外，还需要同时考虑锤子头部的形状、柄的长度、柄的质量等，并且我们不能仅考虑做功的总量最小，而要从舒适度、通用性等多个角度综合考虑。

对于这些更为基本并且更为重要的问题，这篇"论文"都没有考虑，而"论文"中的数学推导都是在某些假设的前提下做的优化，这就是典型的增量式工作（incremental work）。即使用数学进行优化，也仍然是增量式工作。

可是，这样靠着数学优化撑起贡献的科技论文有很多。有些论文凭借着较好的文笔也有可能侥幸被接收；但是在大部分情况下，这种贡献是达不到一篇高质量论文的要求的。

那么是不是对钉钉子这个任务来说就不能发论文呢？其实不是的，我们需要找到一个更基本也更困难的任务，例如"到底什么样形状的工具最适合钉钉子"。

这个问题，恐怕就不能简单地用数学优化来得到答案了，这个任务更难，也更重要。

我们来举一个真实的例子。2006 年，美国国家航空航天局（NASA）想要设计一种满足太空任务要求的天线。要知道，即便是能力突出的专家，找到合适的天线，使得其发送和接收信号的功率最大，也是一项非常困难并且不直观的任务，尤其是长距离传输的情形。

NASA 的科学家们当时想到了用遗传算法来解决这个难题[4]。遗传算法是用达尔文生物进化论的思想来解决最优化问题，通常被用于位置估计等实际问题中。之前还没有任何人想到可以把这个算法用在天线设计上。

具体来说，首先在计算机中生成数以万计的虚拟天线，然后根据发送和接收功率、尺寸大小等关键指标对这些虚拟天线进行评估。那些表现优异的虚拟天线，会有更高的概率被选中而保留下来（"适者生存"）。

那些被保留下来的虚拟天线会进行组合（"交配"），并在组合过程中随机产生某些新的特性（"变异"）。这样新生成的天线将作为"子代"重复之前的评估过程：那些性能较好的天线将有更高的概率被保留下来；而被保留下来的天线会继续进行组合并随机产生新的特性。这样经过多次迭代后，最终会产生优秀的天线模型。

图 5.19 展示了 3 种用遗传算法设计出来的天线。这 3 种天线的形状看起来非常奇异，是人类工程师在常规思维下难以构想出来的。但是这些天线被送入太空进行测试时，性能不仅满足了 NASA 的要求，更是拥有超过了手工制作天线的最佳表现。如今，这些天线被用在月球大气与粉尘环境探测器上。

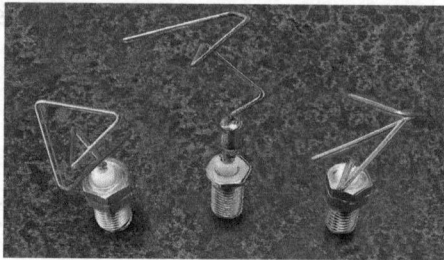

图 5.19　用遗传算法设计出来的天线[4]

当时能够想到用遗传算法来解决天线优化的问题，就是一个洞见。

有人会问，难道科技论文中的数学公式都是没有用的吗？当然不是。数学公式的最大作用之一，就是为你的方法提供理论边界。简单地说，就是当提出了某个方法之后，你可以通过数学公式来告诉大家，你的方法在最好和最差情况下的效果。当别人想要使用你的方法时，这个边界非常重要。我们将在后面的章节中谈到这个问题。

参考文献

[1] BARAN P. On Distributed communications networks[J]. IEEE Transactions

on Communications Systems, 1964, 12(1): 1-9.

[2] ZHONG Z, HE T. RSD: a metric for achieving range-free localization beyond connectivity[J]. IEEE Transactions on Parallel and Distributed Systems, 2011, 22(11): 1943-1951.

[3] SEN S, CHOUDHURY R, NELAKUDITI S. SpinLoc: spin once to know your location[C]// Proceedings of the Twelfth Workshop on Mobile Computing Systems & Applications. San Diego, California: ACM, 2012(12): 1-6.

[4] HORNBY G, GLOBUS A, LINDEN D, et al. Automated antenna design with evolutionary algorithms[C]//Space 2006. San Jose, California: AIAA, 2016: 7242.

第 6 章

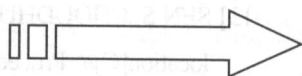

标题

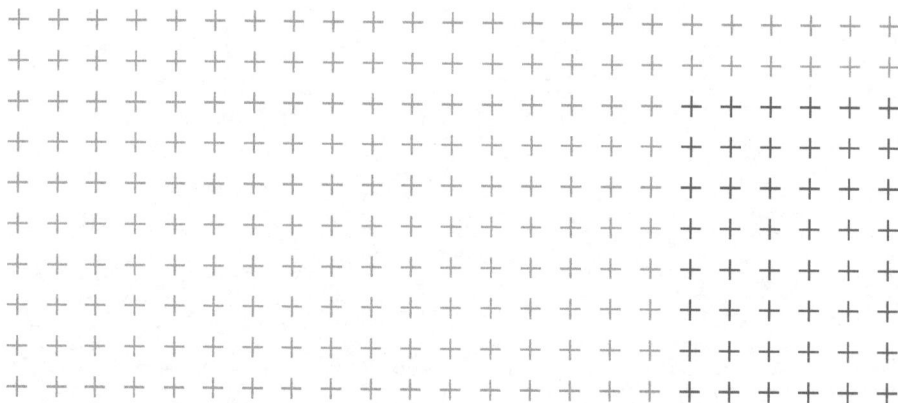

6.1 如何起一个中规中矩的标题？说清楚 3 点就够了

一篇科技论文可以大致分为几个部分：标题、摘要、引言和正文。而这些部分的重要性，和它们所在的位置息息相关，位置越靠前的部分越重要！

审稿人拿到一篇论文，首先看的一定是标题。绝大部分审稿人会认真地把标题看两遍。然后是摘要，90%的审稿人会把摘要完整地读一遍。如果读完标题和摘要感觉还不错，审稿人就会接着往后读引言部分和正文部分。

因此不难看出，论文中越靠前的内容越重要！

如果审稿人看完标题，能知道你的核心贡献，你这篇论文被接收的机会就有九成；看完摘要能知道你的核心贡献，论文被接收的机会还有八成；看完引言能知道你的核心贡献，论文被接收的机会剩下六成；看完引言还不知道你的核心贡献，那基本上就没戏了。

因此，按照重要性排序，标题高于摘要，摘要高于引言，引言高于正文。

既然标题那么重要，怎么才能给论文起一个好标题呢？

科技论文的标题通常只有两行，最多也就是十几个单词（字）而已。因为字数的限制，标题所包含的内容就显得非常重要。

通常而言，一个中规中矩的标题应该包含 3 个内容：是什么，好在哪儿，怎么做的。

"是什么"，通常指论文中提出的对象的类型，例如方法、系统、算法等，有时还包括功能、目的或应用场景。

"好在哪儿"，即论文中提出的对象的最大亮点。

"怎么做的"，即论文中提出的对象的实现方式和手段等。

说清楚"是什么"

首先，我们需要对标题有一个最基本的认识：**标题的核心是一个名词，或者动名词。核心名词和一些用来修饰它的定语组合在一起，就构成了标题。**

我们先来说说标题的核心名词。所有标题都至少要让读者知道一个信息：

这篇论文讲的"是什么"。

因此，标题的核心名词通常都是关于"是什么"的，即论文中提出的对象的类型。

通常来讲，一篇科技论文里，核心名词可以是一个框架（framework）、一个方案（scheme）、一个系统（system）、一个算法（algorithm）、一条路径（approach）、一个问题的答案（solution）等。下面给出一些论文标题的示例。

- GROOT: A Real-time Streaming <u>System</u> of High-Fidelity Volumetric Videos[1]

  类型：系统

  "GROOT：一种用于高保真立体视频的实时流媒体系统"，这里的类型是"系统"。

- A Fast Carrier Scheduling <u>Algorithm</u> for Battery-free Sensor Tags in Commodity

  类型：算法

  Wireless Networks[2]

  "商品无线网络中用于无电池传感器标签的一种快速载波调度算法"，这里的类型是"算法"。

但是通常来说，类型的信息量并不大，我们往往需要几个名词或者形容词来对论文中提出的对象"是什么"进行补充说明，这些补充说明的信息量往往更大。

第一个要补充说明的就是论文中提出的对象的"**功能**"，我们往往通过在类型前面加一些形容词来补充它的功能。

例如，以下标题中的功能是"Multi-Node Charging"（多节点充电）：

- An Effective <u>Multi-Node Charging</u> <u>Scheme</u> for Wireless Rechargeable

  功能   类型

  Sensor Networks[3]

第二个要补充说明的往往和**使用场景**密切相关，一般体现为"用在哪儿用""给谁用"。在英文中，往往用"for""in"来连接使用场景。例如，这个标题的场景是"Wireless Rechargeable Sensor Networks"（无线可充电传感器网络）：

- An Effective Multi-Node Charging Scheme for

  功能　　　　　类型

  Wireless Rechargeable Sensor Networks[3]

  场景

总结一下，科技论文的标题是一个名词，这个名词通常需要回答"是什么"。为了回答"是什么"，往往需要介绍论文中提出的对象的"类型"（框架、算法、系统等）、目的和功能（"干什么用"），以及使用场景（"用在哪儿""给谁用"）。

当然，上面介绍的是最中规中矩的一种说明"是什么"的方法。

很多时候，因为"类型"本身的信息量不大，我们把它去掉也不会影响表达。例如，上面的标题也可以适当简化：

- Effective Multi-Node Charging for Wireless Rechargeable Sensor Networks[3]

  功能　　　　　　　　　　　　　场景

说清楚"好在哪儿"

当我们知道了"是什么"之后，第二个要说明的，是论文中提出的对象好在哪儿，也就是"亮点"。

亮点通常是形容词，描述的是论文中提出的对象可以给用户带来的好处。例如，高效、高精度、灵活、鲁棒性强、成本低等。注意，这个亮点，**一定是针对用户而言的**。很多作者只从设计者的角度来考虑亮点，这是不对的。

例如，如果你要向顾客推销一台空调，你不应该强调该空调是"变频空调"，因为这个亮点用户通常是不太关心的，用户关心的是"变频空调"能给他带来的好处，例如节能省电、自动除霜除湿、温度精确控制、低噪声等。

我们来看几篇科技论文的标题。

- GROOT: A Real-time Streaming System of High-Fidelity Volumetric Videos[1]

  亮点　　　功能　　类型　　　　　　场景

  "GROOT：一种用于高保真立体视频的实时流媒体系统"，这里的亮点是"实时"。

在有些情况下，有的作者喜欢用"towards"或者"enabling"来强调这个形容词的效果，例如下面这个标题。

- Demystifying Millimeter-wave V2X: Towards Robust and Efficient
                                              ⎵⎵⎵⎵⎵⎵⎵⎵⎵⎵⎵⎵
                                                    亮点

  Directional Connectivity Under High Mobility[4]
  ⎵⎵⎵⎵⎵⎵⎵⎵⎵⎵⎵   ⎵⎵⎵⎵⎵⎵⎵⎵
        功能   场景

  "揭开毫米波 V2X 的神秘面纱：实现高鲁棒性且高效的高移动性定向
  连接"，这里的亮点是"高鲁棒性且高效"。

说清楚"怎么做的"

很多标题也会说明论文中提出的对象是如何实现的，也就是所用的**手段**、
方法、**技巧**等。

可以通过不同的角度说清楚"怎么做的"。有的论文强调借助"简单、常
见甚至简陋"的工具或条件，就把一个任务完成了。常用的连接词是"using"
"leveraging"等。下面介绍一些标题示例。

- Towards 3D Human Pose Construction using WiFi[5]
                ⎵⎵⎵⎵⎵⎵⎵⎵⎵⎵⎵   ⎵⎵⎵⎵
                    功能   手段

  "利用 WiFi 构建三维人体姿势"，这里的手段是"WiFi"，强调仅仅用
  WiFi 这么常见的技术，就可以实现三维人体姿态的构建。

- Drive Now, Text Later: Nonintrusive Texting-while-Driving Detection
                          ⎵⎵⎵⎵⎵⎵⎵⎵   ⎵⎵⎵⎵⎵⎵⎵⎵⎵⎵⎵⎵
                              亮点   功能

  using Smartphones[6]
        ⎵⎵⎵⎵⎵⎵⎵⎵
          手段

  "专注驾驶，稍后回复：基于智能手机的非侵入式驾驶员短信检测"，
  这里的手段是"智能手机"，强调仅仅用"智能手机"这么常见的工
  具，就可以检测司机是否在驾驶时打电话。

- UltraSE: Single-Channel Speech Enhancement using Ultrasound[7]
            ⎵⎵⎵⎵⎵⎵⎵⎵   ⎵⎵⎵⎵⎵⎵⎵⎵⎵⎵   ⎵⎵⎵⎵⎵⎵⎵
              亮点   功能   手段

  "利用超声波进行单通道语音增强"，这里的手段是"超声波"。

- Seeing around Street Corners: Non-Line-of-Sight
  <u>亮点</u>
  Detection and Tracking in-the-Wild using Doppler Radar[8]
  <u>功能</u> <u>手段</u>

"留意街道拐角：基于多普勒雷达的野外非视距探测和跟踪"，这里的手段是"多普勒雷达"。

有的论文强调的是提出的某个精巧的方法，这时候常用的连接词是"via""using""through""leveraging"等。此外，标题中通常会出现一些并不常用的"新词"来描述这个方法，这些"新词"其实是在替作者说：**我的方法其实不普通**。下面给出一些标题示例。

- Front2Back: Single View 3D Shape Reconstruction via
  亮点 功能
  Front to Back Prediction[9]
  手段

"Front2Back：通过从前到后预测的单视图三维形状重建"，这里的手段是"从前到后预测"，这个词是一个新词，很容易吸引审稿人的注意。

- Enhancing Intrinsic Adversarial Robustness via
  功能
  Feature Pyramid Decoder[10]
  手段

"利用特征金字塔解码器增强对抗的内在鲁棒性"，这里的"特征金字塔"就是手段。

- Faster and More Accurate Measurement through
  亮点 功能
  Additive-Error Counters[11]
  手段

"通过加性误差计数器实现更快更准确地测量"，这里的"加性误差计数器"就是手段。

总结一下，起标题要说清楚 3 个要素。

第一个要素："是什么"，通常是对象的类型，以及围绕类型的补充，包括功能、使用场景等。

第二个要素："好在哪儿"，通常是对象的最大亮点。

第三个要素："怎么做的"，通常是实现方式和手段等。

确定了要素之后，可以把这些要素用一些连词串起来，最后再进行整体调整。

最后，我再说一下写作顺序。

通常而言，标题虽然最短，但起标题往往是最难的，所以我通常把起标题放在论文写作的最后。因为只有对论文的核心思想有了非常清晰的认识，才能够提炼出好的标题。

我通常建议新手先写摘要，把摘要展开，就成了引言，再把引言展开，就成了整篇论文。等到整篇论文都写完了，再想一个好的标题。

6.2 如何让标题更有趣？给标题加个"帽子"吧！

很多科技论文标题的前面都有一个"帽子"。下面给出几个示例。

- **APQ**: Joint Search for Network Architecture, Pruning and Quantization Policy[12]

- **Eagle**: Refining Congestion Control by Learning from the Experts[13]

- **CurricularFace**: Adaptive Curriculum Learning Loss for Deep Face Recognition[14]

"帽子"的好处在于，在论文中只要提到这个算法（或系统等），就可以直接用这个词来代替。将来如果你这篇论文被别人引用了，别人也会很方便地用这个"帽子"来简洁地表示你的算法。

例如，如果你设计了一个算法并且把它写成了论文，论文的标题是"A New Approach to Linear Filtering and Prediction Problems"（关于线性滤波与预测问题的一种新方法），但是你没有给这个算法起一个名字，那么，他人在引用这个算法时就会很麻烦。

而如果你给算法起了一个名字，例如，你把标题改成"LFPP: A New

Approach to Linear Filtering and Prediction Problems",那么将来别人引用你的算法时,就可以直接用"LFPP"来表示,这不仅方便,而且当你的算法被很多人引用时,"LFPP"这个名字甚至可能成为相关领域的一个专有名词! 就像互联网中的 TCP/IP(transmission control protocol/internet protocol,传输控制协议/互联网协议)、人工智能中的 CNN(convolutional neural networks,卷积神经网络)一样。

我们接下来具体介绍如何为标题找一个合适的"帽子"。

直接选取标题中的单词首字母

一种最简单的方法,就是直接把自己的算法对应的每个英文单词的首字母,或者部分英文单词的首字母放在一起,得到一个组合名词。下面给出几个示例。

- **PPDM**: Parallel Point Detection and Matching for Real-Time Human-Object Interaction Detection[15]
- **ADA**: Adaptive Deep Log Anomaly Detector[16]
- **COSE:** Configuring Serverless Functions using Statistical Learning[17]

这种方法简单、直接,但是也有一个缺点:用这种方法拼凑起来的单词在绝大多数情况下,本身没有什么含义,不容易被记住,读起来也比较晦涩。

此外,这样命名的单词一定不能太长,否则就会非常难记。例如,千万不要起下面这样的标题:

- **CLIECSFL**: Curriculum-Learning Inspired Efficient Client Sampling in Federated Learning

选取标题中的部分字母凑成一个"有意义"的单词

对于上面的问题,一种改进方法是通过选取标题中的某些字母(不限于首字母),让这个"帽子"成为一个有意义的名词。一旦有了意义,看起来就会感觉舒服很多,人们也容易记住。下面给出几个示例。

- **MAMBA**: A Multi-Armed Bandit Framework for Beam Tracking in Millimeter-wave Systems[18]

解释：Mamba（曼巴）是眼镜蛇科的一属。

- **SIMBA**: Single RF Chain Multi-User Beamforming in 60 GHz WLANs[19]

解释：Simba（辛巴）是迪士尼电影《狮子王》中的主角小狮子的名字。

- **HAWK**: Real-World Implementation of High-Performance Heterogeneous Wireless Network for Internet Access[20]

解释：Hawk 是鹰隼的意思。

用这个方法得到的名字，虽然比直接用首字母凑起来的名字好一些，但是仍然有缺点。虽然这个名字有意义，但这个意义通常同系统本身的内容没有关系。也就是说，人们并不能通过这个名字了解到系统或方法的任何信息。

直接在"帽子"中展示算法的核心信息

有没有更好的"帽子"呢？

答案是肯定的，方法也很简单：不通过选取字母得到"帽子"，而是直接在"帽子"中展示算法的一些核心信息。核心信息通常和算法所属的背景有关。

这种"帽子"是把论文提出的算法的关键信息对应的词（通常是两个）拼在一起，即"A+B"模式。下面给出几个示例。

- **IoTArgos**: A Multi-Layer Security Monitoring System for Internet- of-Things in Smart Homes[21]

解释：IoTArgos 由"IoT"和"Argos"两部分构成。IoT 是 Internet-of-Things 的简称，就是物联网；而 Argos 是一个专门出售家庭用品的连锁店。这两个词放在一起，我们可以大致知道这个系统的背景和"家庭物联网"有关。

- **SocialDrone**: An Integrated Social Media and Drone Sensing System for Reliable Disaster Response[22]

解释：SocialDrone 由"Social"和"Drone"两部分构成。Social 指社交媒体，而 Drone 是无人机的意思。我们可以知道，这篇论文和"社交媒体+无人机"相关。实际上，这篇论文介绍了将社交媒体的信息与无人机的信息结合起来的方法，以此来实现快速可靠的危险预警功能。

- **CurricularFace**: Adaptive Curriculum Learning Loss for Deep Face Recognition[14]

解释：CurricularFace 由 "Curricular" 和 "Face" 两部分构成。可以看出，这篇论文提出的方法用于人脸识别（face recognition），并且使用了课程学习策略（curriculum learning）。

- **ClusterVO**: Clustering Moving Instances and Estimating Visual Odometry for Self and Surroundings[23]

解释：这篇论文提出的方法与分簇（cluster）以及视觉里程计（VO）有关。

这种 "A+B" 模式给出的 "帽子" 已经很不错了，但仍然有缺点——这些 "帽子" 不够有趣，不够吸引人。

"帽子" 是 "算法能干什么" 的通俗化例子

为了让 "帽子" 达到 "有趣、吸引人" 的效果，可以用一句话或一个词组来做 "帽子"。

这句话（或词组）通常是这个 "算法能干什么" 的一个有意思的例子。很多情况下，这个例子还会和大家人所共知的俗语甚至电影有关。下面给出几个示例。

- **Through the Looking Glass**: Neural 3D Reconstruction of Transparent Shapes[24]

解释："Through the Looking Glass" 翻译过来就是 "透过玻璃看"。这篇论文的目的是通过一个玻璃类透明物体的二维图像构建出该物体的三维模型。此外，"Through the Looking Glass" 还是电影《爱丽丝梦游仙境 2：镜中奇遇记》（"Alice Through the Looking Glass"）名字中的一部分。这让该标题更为有趣，尤其是对看过这部电影的人而言。

- **Fantastic Answers and Where to Find Them**: Immersive Question-Directed Visual Attention[25]

解释："Fantastic Answers and Where to Find Them" 直接指出了论文的主要目的——根据问题，从图中找到答案。此外，这个 "帽子" 也改编自电影《神奇动物在哪里》（"Fantastic Beasts and Where to Find Them"）。

- **The Silent Majority Speaks**: Inferring Silent Users' Opinions in Online Social Networks[26]

解释："The Silent Majority Speaks"（沉默的大多数），表达了这篇论文的目的是从社交网络中挖掘那些很少发言的人的观点。此外，这个"帽子"改编自美国第 37 任总统尼克松的著名演讲《沉默的大多数》（"The Great Silent Majority"）。

- **The Darklight Rises**: Visible Light Communication in the Dark[27]

解释：这篇论文围绕用可见光来实现通信（visible light communication）展开讨论。但是可见光通信有一个缺点，就是需要对应的 LED 灯发出闪亮的光束，这极大地限制了适用场景，同时还需要很高的能量开销。这篇论文设计并开发了一个可见光通信系统，在 LED 发出极低的亮度时仍然可以实现通信，这就是标题后半部分所说的"in the dark"。

而"The DarkLight Rises"则是对论文主要内容的一个通俗化解释。此外，这个"帽子"也改编自著名科幻电影《蝙蝠侠：黑暗骑士崛起》（"The Dark Knight Rises"）。

使用这种"帽子"的标题，简单来说，就是"通俗化的例子+具体技术"，前半部分用"大白话"，浅显而有趣；而后半句写具体技术细节，精辟而准确。

"帽子"是算法的核心或者背后的洞见

还有一种带有"帽子"的标题也很常见，"帽子"中包含了算法的核心要点或算法背后的洞见。

有些"帽子"通过简短的几个词，高度概括了算法的核心特点。下面给出几个示例。

- **You Only Look Once**: Unified, Real-Time Object Detection[28]

解释：这就是大名鼎鼎的目标检测算法 YOLO（You Only Look Once），从这个"帽子"来看，这个模型的最大特点是只需要浏览一次就能识别出图像中物体的类别和位置。

为什么强调只需要浏览一次呢？因为之前的目标检测算法在工作时通常分为两个阶段，首先要找到图像中若干个可能存在物体的区域，然后将这些区域的图像裁剪后送入一个分类器进行分类。而 YOLO 算法不需要提前找到可能存在目标的区域，只需要一次扫描就能找到物体。

此外，"You Only Look Once"是从西方国家的俗语"You Only Live Once"改编过来的。这句俗语的含义是"一个人的生命只有一次，别再犹犹豫豫啦"，甚至连"You Only Live Once"的缩写"YOLO"也成了西方人使用的一个衍生单词。

- Attention is All You Need[29]

解释：这篇论文是大热的 Transformer 的开山之作。这个标题突出了这篇论文的核心——注意力机制（attention）。严格来说，这个标题只写了一半，如果我们补全另外一半，可以是"Attention is All You Need:An Efficient Network Architecture Based on Attention Mechanism"。但是作者大胆地把后半部分直接去掉，反而引起了读者的阅读兴趣。此外，"Attention is All You Need"也有双关的意思。这句话如果放在幼儿园或者小学老师嘴里，他想表达的就是"你只需要集中注意力就行了"！

以上示例中的"帽子"体现了算法的核心特点，而有些"帽子"则体现出了算法背后的洞见。下面给出几个示例。

- **Diagnose Like a Radiologist**: Attention Guided Convolutional Neural Network for Thorax Disease Classification[30]

解释："Diagnose like a Radiologist"翻译过来就是"像医生那样诊断"。这篇论文的主题是通过神经网络来对胸部 X 线检查中的肿瘤进行分类。而"Diagnose like a Radiologist"就是这篇论文提出的方法的核心要点——将医生的先验知识融入神经网络，以达到更好的诊断性能。

- **One Man's Trash is Another Man's Treasure**: Resisting Adversarial Examples by Adversarial Examples[31]

解释："One Man's Trash is Another Man's Treasure"翻译过来就是"彼之

蜜糖，汝之砒霜"。这篇论文主要介绍了如何训练出一个可以抗干扰的分类器模型。对分类器模型而言，"对抗样本"是对输入图像故意添加的一些无法察觉的细微干扰，这些干扰导致模型判断错误，因此是负面的。但是这篇论文的作者恰恰利用了对抗样本来增加系统的抗干扰性，这就是这篇论文背后的洞见。

- **Look Closer to See Better**: Recurrent Attention Convolutional Neural Network for Fine-Grained Image Recognition[32]

解释："Look Closer to See Better"意为"靠近看得更清楚"，这就是这篇论文背后的洞见。这篇论文提出了一个网络模型，该模型会从全局图像开始看，然后不断放大图像中的局部细节。这就好比人先从远处看一张画，然后逐渐走近看画中的细节一样。

- **Making Better Mistakes**: Leveraging Class Hierarchies With Deep Networks[33]

解释："Making Better Mistake"直接翻译过来就是"更好地犯错误"，这就是这篇论文背后的洞见。通常而言，在图像识别的过程中，如果模型预测的结果和真实标签不一致，那么我们就会认为模型"犯了一个错误"。但是这样"只要不一致就是错误"的思想可能存在一个问题——不同错误的严重程度不一样。把错误的严重程度加入模型的训练，可以让模型从错误中更好地学习，这就是这篇论文的核心洞见。

总结一下，很多标题都会使用"帽子：具体标题"的形式来呈现。本节介绍了如下 5 种"帽子"的形式。

第一种形式，是直接把具体标题所对应的英文单词的首字母放在一起，示例如下。

- **ADA**: <u>A</u>daptive <u>D</u>eep Log <u>A</u>nomaly Detector[16]

第二种形式，是通过"采样"具体标题的某些字母，让"帽子"成为一个有意义的名词，示例如下。

- **MAMBA**: A <u>M</u>ulti-<u>A</u>rmed <u>B</u>andit Framework for Beam Tracking in Millimeter-Wave Systems[18]

第三种形式，是直接在"帽子"中展示系统的一些核心信息，并且通常以"A+B"的形式构成，示例如下。

- **IoTArgos**: A Multi-Layer Security Monitoring System for Internet- of-Things in Smart Homes[21]

第四种形式，是用一句通俗的话来解释"算法能干什么"，示例如下。

- **Fantastic Answers and Where to Find Them**: Immersive Question-Directed Visual Attention[25]

第五种形式，是体现算法中的核心精髓或算法背后的洞见，示例如下。

- **Diagnose like a Radiologist**: Attention Guided Convolutional Neural Network for Thorax Disease Classification[30]

最后，我要提醒大家，使用"帽子"虽然很好，但是相应的对你的论文质量的要求也会比较高。

为什么会这样呢？因为如果你的"帽子"看起来很炫酷，而内容并没有什么创新点，这时候审稿人被你的标题吊起了胃口，兴冲冲地读了你的论文，却发现内容完全配不上标题，反而会期待落空，导致你的论文不被接收。因此，有时候，还是踏踏实实用一个中规中矩的标题更好。

关于标题的补充建议

如果你认为你的论文中提到的工作非常重要，那么我有一个让你出乎意外的建议——不要给你的工作起名字。

有一篇论文的标题是"A New Approach to Linear Filtering and Prediction Problems"[34]，译为线性滤波和预测问题的新算法。

这篇论文通篇没有为给出的算法起一个名字，但是因为这项工作实在是太重要了，很多科研人员为了方便，在自己的论文中就把这篇论文的作者卡尔曼的名字作为这个算法的前缀。随着引用的人越来越多，卡尔曼滤波器（Kalman filter）这个名词就自然而然地诞生了。

这样的例子还有很多，包括典型的最短路径算法——迪杰斯特拉算法

（Dijkstra's algorithm）[35]，以及杨-米尔斯方程（Yang-Mills equations）[36]等。在原论文中，作者并没有给自己的工作起一个名字，但是因为这项工作实在太重要了，所以后来的科研人员会自发地用作者的名字来命名这项工作，从而实现了作者的"千古留名"。

与之相反，很多做出了重要工作的科学家，因为给自己的工作起了一个名字，自己的名字往往不为人所熟知了。

例如，2000 年计算机科学家霍尔被英国女王伊丽莎白二世授予爵士爵位，以表彰他对计算机科学做出的巨大贡献。但是，即使是计算机领域的科研人员，知道他是谁的人也并不多；然而，哪怕是一个计算机或者相关专业的大学生，都应该知道一种算法叫作快速排序（quicksort）。"quicksort"就是霍尔在自己的论文[37]中给算法起的名字。也不知道霍尔会不会后悔当时给自己的算法起了名字，否则，在与计算机相关的教科书里，这个著名的算法可能就叫作"霍尔排序"了。

参考文献

[1] LEE K, YI J, LEE Y, et al. GROOT: a real-time streaming system of high-fidelity volumetric videos[C]//Proceedings of the 26th Annual International Conference on Mobile Computing and Networking. London: ACM, 2020(57): 1-14.

[2] PÉREZ-PENICHET C, PIUMWARDANE D, ROHNER C, et al. A fast carrier scheduling algorithm for battery-free sensor tags in commodity wireless networks[C]//IEEE INFOCOM 2020-IEEE Conference on Computer Communications. Toronto, Canada: IEEE, 2020: 994-1003.

[3] LIU T, WU B, ZHANG S, et al. An effective multi-node charging scheme for wireless rechargeable sensor networks[C]//IEEE INFOCOM 2020-IEEE Conference on Computer Communications. Toronto, Canada: IEEE, 2020: 2026-2035.

[4] WANG S, HUANG J, ZHANG X. Demystifying millimeter-wave V2X: towards robust and efficient directional connectivity under high mobility[C]//

Proceedings of the 26th Annual International Conference on Mobile Computing and Networking. London: ACM, 2020(51): 1-14.

[5] JIANG W, XUE H, MIAO C, et al. Towards 3D human pose construction using WiFi[C]//Proceedings of the 26th Annual International Conference on Mobile Computing and Networking. London: ACM, 2020(23): 1-14.

[6] LIU X, CAO J, TANG S, et al. Drive now, text later: nonintrusive texting-while-driving detection using smartphones[J]. IEEE Transactions on Mobile Computing, 2016, 16(1): 73-86.

[7] SUN K, ZHANG X. UltraSE: single-channel speech enhancement using Ultrasound[C]//Proceedings of the 27th Annual International Conference on Mobile Computing and Networking. New Orleans, Louisiana: ACM, 2021: 160-173.

[8] SCHEINER N, KRAUS F, WEI F, et al. Seeing around street corners: non-line-of-sight detection and tracking in-the-wild using Doppler radar [C]//Proceedings of the IEEE/CVF Conference on Computer Vision and Pattern Recognition. [S. l.]: IEEE, 2020: 2068-2077.

[9] YAO Y, SCHERTLER N, ROSALES E, et al. Front2back: single view 3D shape reconstruction via front to back prediction[C]//Proceedings of the IEEE/CVF Conference on Computer Vision and Pattern Recognition. [S. l.]: IEEE, 2020: 531-540.

[10] LI G, DING S, LUO J, et al. Enhancing intrinsic adversarial robustness via feature pyramid decoder[C]//Proceedings of the IEEE/CVF Conference on Computer Vision and Pattern Recognition. [S. l.]: IEEE, 2020: 800-808.

[11] BASAT R B, EINZIGER G, MITZENMACHER M, et al. Faster and more accurate measurement through additive-error counters[C]//IEEE INFOCOM 2020-IEEE Conference on Computer Communications. Toronto, Canada: IEEE, 2020: 1251-1260.

[12] WANG T, WANG K, CAI H, et al. APQ: joint search for network

architecture, pruning and quantization policy[C]//Proceedings of the IEEE/CVF Conference on Computer Vision and Pattern Recognition. [S. l.]: IEEE, 2020: 2078-2087.

[13] EMARA S, LI B, CHEN Y. Eagle: refining congestion control by learning from the experts[C]//IEEE INFOCOM 2020-IEEE Conference on Computer Communications. Toronto, Canada: IEEE, 2020: 676-685.

[14] HUANG Y, WANG Y, TAI Y, et al. CurricularFace: adaptive curriculum learning loss for deep face recognition[C]//Proceedings of the IEEE/CVF Conference on Computer Vision and Pattern Recognition. [S. l.]: IEEE, 2020: 5901-5910.

[15] LIAO Y, LIU S, WANG F, et al. PPDM: parallel point detection and matching for real-time human-object interaction detection[C]//Proceedings of the IEEE/CVF Conference on Computer Vision and Pattern Recognition. [S. l.]: IEEE, 2020: 482-490.

[16] YUAN Y, ADHATARAO S S, LIN M, et al. ADA: adaptive deep log anomaly detector[C]//IEEE INFOCOM 2020-IEEE Conference on Computer Communications. Toronto, Canada: IEEE, 2020: 2449-2458.

[17] AKHTAR N, RAZA A, ISHAKIAN V, et al. COSE: configuring serverless functions using statistical learning[C]//IEEE INFOCOM 2020-IEEE Conference on Computer Communications. Toronto, Canada: IEEE, 2020: 129-138.

[18] AYKIN I, AKGUN B, FENG M, et al. MAMBA: a multi-armed bandit framework for beam tracking in millimeter-wave systems[C]//IEEE INFOCOM 2020-IEEE Conference on Computer Communications. Toronto, Canada: IEEE, 2020: 1469-1478.

[19] DASALA K P, JORNET J M, KNIGHTLY E W. SIMBA: single RF chain multi-user beamforming in 60 GHz WLANs[C]//IEEE INFOCOM 2020-IEEE Conference on Computer Communications. Toronto, Canada: IEEE,

2020: 1499-1508.

[20] CAO J, XIE K, WU W, et al. HAWK: real-world implementation of high-performance heterogeneous wireless network for internet access[C]// 2009 29th IEEE International Conference on Distributed Computing Systems Workshops., Montreal, Canada: IEEE, 2009: 214-220.

[21] WAN Y, XU K, XUE G, et al. IoTArgos: a multi-layer security monitoring system for Internet-of-Things in smart homes[C]//IEEE INFOCOM 2020-IEEE Conference on Computer Communications. Toronto, Canada: IEEE, 2020: 874-883.

[22] Rashid M T, Zhang D Y, Wang D. SocialDrone: an integrated social media and drone sensing system for reliable disaster response[C]//IEEE INFOCOM 2020-IEEE Conference on Computer Communications. Toronto, Canada: IEEE, 2020: 218-227.

[23] HUANG J, YANG S, MU T, et al. ClusterVO: clustering moving instances and estimating visual odometry for self and surroundings[C]//Proceedings of the IEEE/CVF Conference on Computer Vision and Pattern Recognition. [S. l.]: IEEE, 2020: 2168-2177.

[24] LI Z, YEH Y, CHANDRAKER M. Through the looking glass: neural 3D reconstruction of transparent shapes[C]//Proceedings of the IEEE/ CVF Conference on Computer Vision and Pattern Recognition. [S. l.]: IEEE, 2020: 1262-1271.

[25] JIANG M, CHEN S, YANG J, et al. Fantastic answers and where to find them: immersive question-directed visual attention[C]//Proceedings of the IEEE/CVF Conference on Computer Vision and Pattern Recognition. [S. l.]: IEEE, 2020: 2980-2989.

[26] WANG L, NIU J, LIU X, et al. The silent majority speaks: inferring silent users' opinions in online social networks[C]//Proceedings of The World Wide Web Conference. San Francisco, California: ACM, 2019: 3321- 3327.

[27] TIAN Z, WRIGHT K, ZHOU X. The darklight rises: visible light communication in the dark[C]//Proceedings of the 22nd Annual International Conference on Mobile Computing and Networking. New York: ACM, 2016: 2-15.

[28] REDMON J, DIVVALA S, GIRSHICK R, et al. You only look once: unified, real-time object detection[C]//Proceedings of the IEEE conference on Computer Vision and Pattern Recognition. Las Vegas, Nevada: IEEE, 2016: 779-788.

[29] VASWANI A, SHAZEER N, PARMAR N, et al. Attention is all you need[C]. Proceedings of 31st Conference on Neural Information Processing Systems. Long Beach, California: Curran Associates Inc., 2017, 30: 5998-6008.

[30] GUAN Q, HUANG Y, ZHONG Z, et al. Diagnose like a radiologist: attention guided convolutional neural network for thorax disease classification[J/OL]. (2018-01-30)[2023-08-31]. arXiv:1801.09927.

[31] XIAO C, ZHENG C. One man's trash is another man's treasure: resisting adversarial examples by adversarial examples[C]//Proceedings of the IEEE/CVF Conference on Computer Vision and Pattern Recognition. 2020: 412-421.

[32] FU J, ZHENG H, MEI T. Look closer to see better: recurrent attention convolutional neural network for fine-grained image recognition[C]// Proceedings of the IEEE Conference on Computer Vision and Pattern Recognition. Honolulu, Hawaii: IEEE, 2017: 4438-4446.

[33] BERTINETTO L, MUELLER R, TERTIKAS K, et al. Making better mistakes: leveraging class hierarchies with deep networks[C]// Proceedings of the IEEE/CVF Conference on Computer Vision and Pattern Recognition. [S. l.]: IEEE, 2020: 12506-12515.

[34] KALMAN R E. A new approach to linear filtering and prediction

problems[J]. Journal of Fluids Engineering, 1960, 82(1): 35-45.

[35] DIJKSTRA E W. A note on two problems in connexion with graphs[J]. Numerische Mathematik, 1959, 1(1): 269-271.

[36] YANG C N, MILLS R L. Conservation of isotopic spin and isotopic gauge invariance[J]. Physical Review, 1954, 96(1): 191-195.

[37] HOARE C A R. Quicksort[J]. The Computer Journal, 1962, 5(1): 10-16.

第7章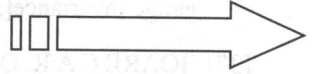

摘要

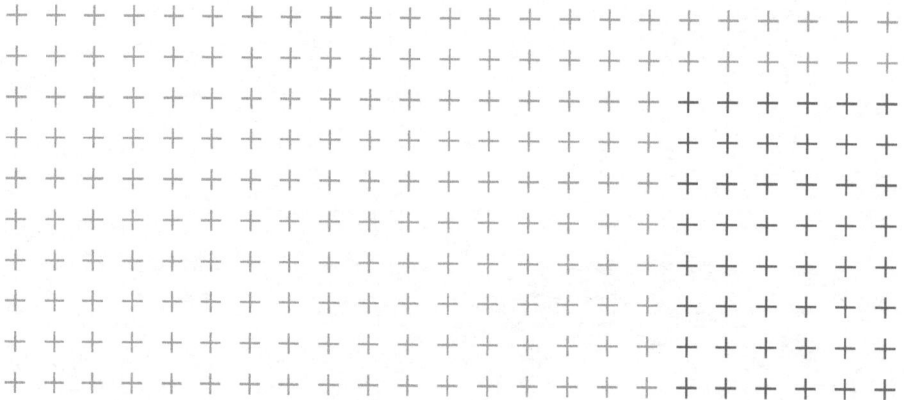

7.1　如何让审稿人在 30 秒内对你的论文感兴趣？

你听说过"30 秒电梯理论"吗？这个概念来源于麦肯锡咨询公司（以下简称麦肯锡公司）一次沉痛的教训。

麦肯锡公司为一家重要的客户提供咨询服务。咨询工作结束时，项目负责人在电梯间里遇见了客户方的董事长，电梯正在从 30 层下到 1 层。董事长问了一句："你能不能说一下现在的情况？"

然而，由于该项目负责人在电梯从 30 层下到 1 层的 30 秒内，没能说清楚项目当前的情况，因而失去了这一重要客户。

从此，麦肯锡公司要求员工尽可能在最短的时间内把一件事情表达清楚。这就是如今在商界流传甚广的"30 秒电梯理论"，也被称为"电梯演讲"。

无独有偶，宝洁公司有一个叫作"一页纸备忘录"（One Page Memo）的规定。根据汤姆·彼得斯和罗伯特·沃特曼在畅销书《追求卓越》（"In Search Of Excellence"）中的讲述，宝洁公司的"一页纸备忘录"来源于其前董事长理查德·杜普利。书中是这么描述的：

杜普利非常反对任何超过一页纸的备忘录。他经常在打回给下级的备忘录上写道："把它精简成我能理解的文字。"如果备忘录描述的场景过于复杂，他会加上一句："我不理解复杂的问题，只理解简单的。"

宝洁公司的销售人员在向顾客宣传产品时，也是用类似"一页纸备忘录"的简洁形式，因为通常顾客并不会给销售人员太多的时间宣传。

麦肯锡的"30 秒电梯理论"和宝洁公司的"一页纸备忘录"，对应的就是科技论文的摘要。科技论文的摘要，通常为 150～250 字，大概读下来，也就是 30 秒左右的时间。

我们想象一下这个场景。你作为一个推销员，拿着你的论文，敲开了一位审稿人的房门，他站在门口，有点不耐烦地对你说："你有什么事儿？"这时候，他大概只会花 30 秒的时间听你介绍你的论文。如果在这 30 秒内，你成功地引起了他的兴趣，就可以继续向他详细介绍论文后面的内容；如果他听了 30 秒后不感兴趣，或者没听懂你讲的内容，那么对不起，他就会皱起眉头说"不好意思，我不感兴趣"，然后把房门关上，这就意味着你的论文被拒稿了。

科技论文中摘要的重要性毋庸置疑。审稿人除了标题之外，最先看的就是摘要。更重要的是，因为摘要位于论文很靠前的位置，所以绝大部分审稿人会认真读完。

从论文送审的角度来讲，摘要的最高目的，就是让审稿人对你的工作有兴趣，从而继续往下读引言、正文等内容。

那么，应该如何写摘要呢？关键在于**"故事线"**。

摘要模板：科技论文的故事线

大部分科技论文的摘要都会遵循一种特定的结构。我们可以形象地称这种结构为论文的**"故事线"**（storyline）。学生每次想到一个新的想法，我就让他们按照下面这条故事线来梳理自己的想法。

- 介绍背景和意义，说明我们为什么要研究这个问题。

- 介绍当前相关工作以及它们的缺点。

- 一句话总括方案。

- 介绍方案的亮点和难点。

- 通过理论或实验，呈现方案的效果。

我们来具体说说如何用这条故事线写摘要。

摘要的前两句话通常是围绕"问题"展开的，也就是你这篇论文要解决的问题的背景和意义。具体来说，就是这篇论文研究的问题是什么，以及为什么这个问题比较重要。

举个例子，如果你设计了一个新的深度神经网络来实现人脸识别。那么摘要的前两句话通常就应该介绍什么是人脸识别，以及人脸识别的意义。

需要注意的是，这两句话是围绕"问题"，而不是围绕解决该问题的"方法"来写的。

接下来，摘要开始介绍"方法"。首先介绍其他研究采用的方法以及缺点。

还是以上面的人脸识别任务为例，"问题"是要做人脸识别，而"方法"则是通过深度神经网络来实现。因此，这里要介绍当前用来实现人脸识别的深度神经网络主要包括哪几类，以及它们的缺点是什么。

到此，你已经给审稿人留下了一个印象：问题是什么，以及当前已有方法的缺点是什么。

介绍了其他研究采用的方法之后，你就要提出自己的方法了。接下来，就是对你自己方法的总括。你可以这么写："为了解决之前的问题，我们提出了一个具有……特点的深度神经网络模型。"

接下来，你需要详细介绍你的方法。需要注意的是，在摘要里面，**无须把你的方法从头到尾详细介绍一遍，而只需介绍其中的亮点**。此外，这个亮点要能让别人"从感情上"理解，为什么你的方法能够弥补当前其他方法的缺点。

对于上面的例子，你可以这样写："我们这个神经网络模型的关键在于，我们设计了一个……机制。该机制利用了……信息，有效地弥补了当前其他方法的……缺点。"

摘要的最后几句，就是说明你的方法的效果。这个效果通常用实验来验证，有时候也通过理论来证明。例如，你可以写："我们在……数据集上测试了我们的方法。实验表明，我们的方法在……方面，相比现有的方法，提高了……"

7.2 《华尔街之狼》中的销售天才给我们的启发

上一节介绍了摘要的故事线。这一节将解释为什么需要按照这个故事线来写摘要。读完这一节，你就会对摘要的底层逻辑有更深层的认识。

首先，我们需要建立一个认知：**从某种角度来说，科技论文的作者要做的事情，和推销员没有什么差别。**

一篇科技论文所介绍的核心内容（系统、算法、模型等），就好比一个产品，而这篇论文，就相当于作者化身为一个推销员，向第一批客户（也就是审稿人）推销该产品时所说的话。

很显然，作者的目的和推销员一样，期待审稿人读完这篇论文，可以买下这个产品（即接收这篇论文）。

对一个推销员而言，最难的就是开始的一分钟，因为客户通常是缺乏耐心的。大部分人都接到过推销电话，但很少有人能够从头至尾耐心地听推销员把自己的产品详细介绍一遍。包括我在内的绝大部分人，接到推销电话后，只会听前面的十几秒甚至更短，就会立刻打断，"对不起，我不感兴趣"。

只有少数优秀的推销员，才能够在最初的几秒就让客户对自己的产品产生兴趣，让他得以有时间顺利地把产品介绍完。

作为一篇科技论文的作者，我们面临的问题和推销员类似。审稿人作为你的客户，通常没有充裕的时间细致入微地阅读你的论文。但他们会给你一个机会，就是看完你的摘要。所以摘要的重要性毋庸置疑。如果审稿人读完摘要以后，论文没能成功引起审稿人的兴趣，或者审稿人读完摘要之后没能理解你在讲什么，那么他们中的大部分人都会草草往后翻一下，然后直接拒收你的论文。

因此，从这个角度来讲，摘要的目的就是要引起审稿人的兴趣，让他能够看完摘要以后，接着看你的引言以及后面的部分。

既然从某种角度来讲，科技论文的作者的目的和推销员相同，那么我们不妨来看看优秀的推销员是如何做的，看看从他们那里能学到什么论文写作的技巧。

我们从一部经典的电影说起。

《华尔街之狼》的精彩片段

2013 年上映的好莱坞经典影片，由著名影星莱昂纳多·迪卡普里奥主演的《华尔街之狼》，讲述了华尔街传奇人物乔丹·贝尔福特的故事。

1987 年，刚刚成为股票经纪人的贝尔福特，因为自己所在的华尔街上的大公司倒闭了，来到位于长岛的一家做仙股交易的小型股票经纪所工作。仙股指低于一美元的股票，投进去的钱如石沉大海，俗称"垃圾股"。懂行的有钱人不会购买"垃圾股"，所以目标客户往往是底层平民。

因为卖出仙股的佣金有 50%（大盘蓝筹股①的佣金只有 1%），所以这家股票经纪所雇员的工作，就是在电话机前不断给顾客打电话，"怂恿"他们购买自己推荐的股票。贝尔福特很快就显示了他在销售方面的天赋。《华尔街之狼》里，扮演贝尔福特的莱昂纳多有一段极为精彩的表演，我把这段对话放在下面。

（贝尔福特拿起电话）：

嗨，约翰，最近怎么样？你几周前给我们公司寄了一张明信片，想打听一下前景极广，但风险很小的股票，想起来没？

（电话那边：是的。）

很好，我今天打电话来，是因为我刚刚看到一只股票，这是我半年来看到的最好的一只了。如果你有 1 分钟的空闲时间，我想要跟你聊聊，可以吗？

（电话那边：好的。）

太好了，这家公司的名字叫空泰科技，这是一家高端科技公司，就在中西部。它的新一代雷达探测仪马上就要通过审批了，这种探测仪在军用及民用领域都将被广泛采用。

现在，就现在，这只股票的价格是每股 10 美分，而且，我们的分析师指出，它的涨幅将远远超出这个价格。你只要花 6000 美金的投资，就可以收获6 万。

（电话那边：天呐，我可以用它来还贷款了。）

是的，你可以用它来还贷款。

（电话那边：这只股票很安全吧？）。

即使在现在这样的市场上，我都可以向你保证一件事，我从不要求我的客户用我的胜绩来衡量我，我让他们用我的败绩来衡量我，因为我几乎从未失手。而对空泰这只股票来说，基于其中的科技含量，这绝对是一击全垒打！

---

① 蓝筹股指经营业绩良好、具有较强经济实力，并在某一行业中占支配地位的大公司所发行的普通股票。按照美国的标准，市值总额高于 10 亿美元的公司发行的股票称为大盘股。

电话那边的人被贝尔福特这一套"组合拳"彻底征服了，立刻决定购买4000美元的股票。

我们来仔细分析一下贝尔福特说话的顺序和逻辑。

要注意，向一个并不熟悉产品的人进行推销不是一件容易的事情，对方会有戒备心，也没有耐心。

在这种情况下，你和销售对象说的第一句话，一定要起到暖场（warm-up）的作用。所谓的暖场，就是用对方过去熟悉的事情，和他建立连接。暖场之后，他就会知道你接下来说的大概和什么有关。如果你一上来就说得让对方丈二和尚摸不着头脑，那么一定会失败。

贝尔福特的第一段话实际上就是在暖场。他借助了对方之前做的一件事情（寄明信片来了解股票），成功地让对方知道接下来的内容大概会和推销股票有关。

暖场之后，就是第二步：直接提出想法。贝尔福特开门见山，直接推荐一只股票给对方。

直接提出想法之后，就是第三步：具体阐述这个想法的细节。贝尔福特介绍了这个股票背后公司的具体情况。

然后就是第四步：阐述他的建议能给对方带来的好处。这是推销产品、介绍观点特别关键的一步！一定要让对方知道，如果购买了你的产品或采纳了你的建议会给他带来什么样的好处。这个例子中，贝尔福特给出了非常有诱惑力的前景，还反复告诉对方，不仅能赚钱，还很安全，最后总结了这只股票的好处。

说完这些之后，贝尔福特稍作停顿，默默地等着电话那边的人做决定。言外之意：好处已经说到这个程度了，你赶紧购买吧！

前文给出的科技论文的摘要故事线，也符合上面这个逻辑。为了方便起见，我们把摘要故事线重新放在下面。

- 介绍背景和意义，说明我们为什么要研究这个问题。

- 介绍当前相关工作以及它们的缺点。

- 一句话总括方案。

- 介绍方案的亮点和难点。

- 通过理论或实验，呈现方案的效果。

摘要故事线中的前两步就是用来暖场的，让审稿人知道你要研究什么，以及这个问题的当前现状，这也是帮助审稿人与你的论文建立连接的过程。

注意，和推销员做的暖场一样，摘要中的这两部分用来暖场的内容，也一定要用外行都能够看懂的"大白话"，不要有专业词汇或者引入过多的概念，否则这个暖场就是失败的。

做完暖场之后，我们应该和推销员一样，直接摆出观点。这就是摘要故事线中的第 3 步：一句话总结方案。例如，可以写为：在这篇论文中，我们提出了一个……方案（In this paper, we propose a ....）。

同样，在亮出观点后，我们开始阐述一些细节部分。这就是摘要的第 4 步：介绍方案的亮点和难点。

最后一步，和推销员一样，我们需要说出提出的方案能够带来的好处，即方案的效果。这个效果可以通过理论来证明，更多的是通过实验来验证。

总结一下，科技论文的摘要就是向一个陌生人（审稿人）推销你的产品（论文所提出的算法系统等）的开场白。这个开场白的好坏，很大程度上决定了审稿人会不会接着读你的论文。同样，我们也展示了摘要的架构，从某种角度来讲，和优秀的推销员的话术是一致的。如果摘要写得很好，那么审稿人读完以后一定会产生兴趣，就会继续读后面的引言及正文部分。

最后，我再强调一下，同一个工作通常可以用多条不同的故事线来阐述，但效果可能是大不相同的。找到一条可以清晰展现你的创新点的故事线并不容易。我和学生讨论最多的，不是论义的细节和文字，而是故事线。

关于一个如何推销笔的摘要

在《华尔街之狼》的电影结尾，销售天才贝尔福特给听众做销售培训。

他拿着一支笔，分别递给几个观众，对他们说："把这支笔卖给我。"

这几名观众都很紧张。

第一名观众说："这是一支很棒的笔，供专业人士使用。"贝尔福特把笔拿回来，给了第二个观众。

第二名观众说："这是一支好笔，你可以用来记录文件，这样就不会忘记了。"贝尔福特把笔拿回来，又给了第三个观众。

第三名观众说："这支笔写字很方便，我个人很喜欢这支笔。"

影片到此结束。

这是一个开放式的结尾。但如果从说服效果来看，这几个观众都是不合格的：他们显然都没能说服贝尔福特购买手里的那支笔。

网上有很多关于这个问题的答案，基本上都是从"充分挖掘客户的需求，以及给客户制造需求"的角度来回答的。有一个很有意思的回答，是直接问客户："您能给我签个名吗？"客户如果说"我没带笔"，销售员就可以说"这支笔可以卖给您"。这就是典型的通过制造需求来进行销售。

虽然科技论文从某种角度来讲也是向客户（审稿人）兜售你的产品（论文所提出的算法、系统等），但是科技论文的关注点并不在"客户"身上，而是在"产品"本身。

科技论文最重要的特性，就是创新性。创新来源于与现有方法的区别，因此科研人员一定会把他们提出的方法与现有的方法进行比较。

对科研人员而言，如何把一支笔推销出去呢？

我们来举一个例子。这是很多年前国内媒体上转载的一个故事，标题是"NASA 专家不如小学生"。

在 20 世纪 60 年代，美国实施阿波罗计划时遇到一个难题：宇航员在太空中如何用笔书写？当时还没有触屏计算机，只能用纸和笔来做记录。然而，由于航天器在太空中处于失重状态，普通的钢笔和圆珠笔里面的墨水根本出不来。为此，科学家钻研了好长时间，花费了上百万美元，也没造出一种符合要求的"太空笔"。于是 NASA 向全国征集解决方案，结果有一个小学生寄来一封信，内容只有一句话："试过铅笔没有？"

这个故事流传很广，乍听起来小学生一语"道破天机"，但是事情的真相却恰恰相反。在当时的太空项目中，最先考虑的就是木质铅笔。但是铅笔的问题在于，铅笔笔尖摩擦纸面产生的碎屑会悬浮在空中，不仅对宇航员的安全有威胁，还有可能会进到仪器中毁坏设备，再加上铅笔在低温下易碎，在高温下易燃，不宜在太空的环境温度下使用，所以铅笔是不合适的。

其实，太空笔已经在 1965 年由美国工程师费舍尔发明出来了。它的原理是在笔芯里密封高压氮气，靠气压将特殊的超黏性油墨推向笔尖。太空笔可以在真空、极寒（−35℃甚至更低）、极热（121℃甚至更高）的环境下使用，不漏油、不挥发，可靠性高，结实耐用。太空笔可广泛适用于航天、航空、户外活动、潜水等场景。

如果你是当时的费舍尔，要写一篇关于这种笔的论文，你会如何写呢？

下面给出一种示例。

在很多情况下，处于太空中的宇航员需要用纸和笔来做记录。然而，由于航天器在太空中处于失重状态，普通的钢笔和圆珠笔里面的墨水根本出不来。虽然铅笔可以解决失重状态下的书写问题，但会带来很多安全隐患。例如在失重环境下，铅笔笔尖摩擦纸面产生的石墨粉尘可能进到舱内的电子元器件中，对其造成致命威胁。此外，太空中的环境温度变化大，而铅笔在低温下易损，在高温下容易发生燃烧事故。

为了解决上面的痛点，我们设计了一款具有高可靠性、高安全性的太空笔。该太空笔采用类似圆珠笔的结构。为了解决零重力条件下自由书写的问题，我们独创地设计了气压式密闭笔芯，笔芯里密封高压氮气，靠气压把超黏性油墨推向笔尖，这个特殊设计使得笔可以在零重力环境下也可以轻松书写。此外，太空笔采用 6061-T6 航空铝材经Ⅲ型硬质氧化而成，和笔芯一样，都具有高强度、高耐候性等特点，可以在−35℃～121℃的温度范围内正常工作。

我们设计的太空笔，在各种环境，包括极热（121℃甚至更高）、极寒（−35℃甚至更低）、水下高压、纯氧、真空等条件下进行了大量测试。实验结果表明，该太空笔都可以正常、可靠地工作。

这就是一篇合格的"推销"论文的摘要。这个摘要有痛点（motivation），解决了之前方案的不足，有亮点（压力笔芯），有优势（高强度、高耐候性），会吸引读者接着看后面具体的介绍。

7.3　写摘要时容易犯的错误

写摘要时有几个容易犯的错误，包括切入问题太晚；不提问题，直接围绕方法改进；批评别人的缺点之后自己没有做针对性的改进；全面介绍系统；介绍自己算法带来的益处时不够具体；专业词汇太多；等等。

切入问题太晚

写摘要时最常犯的一个错误，是过多地介绍背景而导致切入主题太晚。

当代科学经过多年的发展，各个领域都出现了细分的趋势。因此，绝大部分科研人员的工作，研究的都是一个大领域 A 内的某个子领域 A_x 内的子方向 A_{xy} 中的一个子问题 A_{xyz}。

有人出于严谨的考虑，在摘要中先介绍 A，再介绍 A_x，接着介绍 A_{xy}，最后才介绍自己的问题 A_{xyz}，那么一定会超出字数限制。

即使没有字数限制，也不应该这样写摘要。我们必须意识到一点，**审稿人的注意力是有限的**。因此，如果没能让他把有限的注意力放在论文的核心创新点上，而放在了无关紧要的地方，那么你的论文就不会给他留下印象。

举个例子。有位同学提出了一个融合医生先验知识的深度神经网络，来检测超声图像中肿瘤的良恶性。她的摘要是这么写的。

- 介绍乳腺癌是一种常见的疾病，早期检测非常重要。

- 介绍传统检测乳腺肿瘤是靠医生人工检测，介绍人工检测的缺点。

- 介绍什么是计算机辅助检测技术以及它的好处。

- 介绍传统的计算机辅助检测技术（即基于人工提取特征的机器学习方

法）以及它的缺点。

- 介绍基于深度学习的计算机辅助检测技术，以及相对于传统计算机辅助检测技术的好处。

- 介绍当前深度学习方法的一些缺点。

- 提出自己的方法，以及后续。

这个摘要就犯了切入问题太晚的错误。因为这篇论文的重要创新点在于引入医生先验知识，因此介绍大量与该核心点没有直接关系的背景，包括乳腺癌检测的重要性、辅助诊断技术等内容，反而会模糊审稿人对该创新点的印象。所以对这个例子来说，更好的方法是单刀直入，把前面不直接相关的背景直接去掉。

那应该从哪一层开始介绍呢？

这个问题的简单回答就是："首先确定你的比较对象，然后直接切入比较对象所在的那一层。"而比较对象的选择取决于论文的创新点。

就上面的例子来讲，如果该论文的创新点在于"融入医生先验知识"，那么这篇论文的比较对象，应该是那些基于深度学习，但没有融入医生先验知识的乳腺癌辅助诊断模型。摘要应该直接从这一层开始：

近年来，基于深度学习的乳腺癌辅助诊断方法受到了学术界和工业界的重视。尽管当前已经有很多成功的基于深度学习的乳腺癌辅助诊断模型，但是它们都有一些缺点，包括……在这篇论文中，我们提出了一种融入医生先验知识的深度神经网络模型……

而如果在这篇论文发表之前，已经有了不少融入医生先验知识的深度神经网络模型，这篇论文的亮点在于找到了一种"新的能够融入深度神经网络模型的先验知识"，那么这篇论文的比较对象，就是当前已有的融入医生先验知识的深度神经网络模型。摘要应该这么写：

近年来，设计融入医生先验知识的深度神经网络模型用来进行乳腺癌辅助诊断，已经受到了学术界和工业界的重视。尽管当前已经有很多成功的融入医生先验知识的深度神经网络模型，但是它们都有一些缺点，包括……在这篇论文中，我们提出了……

不提问题，直接围绕方法改进

有很多学生给我的摘要，是这样的："现在有一个……方法，它的缺点是……，因此我设计了一个……方法来改进它。"

这种写法从表面上看起来没什么问题，但审稿人读完以后会有一个问题："为什么你要在这个方法的基础上做改进，而不是在其他的方法上做改进？"

上面写法错误的本质原因，就是把"问题"和"方法"弄混了。"问题"，是我们要做一件什么事儿，而"方法"，是我们通过什么手段来完成它。

举个例子，如果我要从北京出发到上海，这是"问题"；而你可以通过坐高铁、坐飞机、开车，这是不同的"方法"。

大部分论文，应该是针对某个问题进行研究，并提出解决方案。如果一篇论文中提出的解决方案是在当前的某个方法上进行改进，那么，一定要首先说明，为什么要在这个方法上进行改进，而不在其他的方法上进行改进。这时，摘要应该满足下面的逻辑：

- 某个问题很重要；
- 当前解决该问题的方法包括 A、B、C 等，其中 A 因为……的优势，受到该领域研究人员的重视；
- 但是 A 方法有几个缺点，包括……
- 在这篇论文里，我们提出了一个新的方法……

批评别人的缺点之后自己没有做针对性的改进

我们先来看一段摘要，这是在第 4.2 节发明汽车的例子上改编而成的。

随着经济的发展和城市规模的增大，交通出行已经成为一个重要问题。当前，马车是交通运输的主要模式。然而，依赖马车的交通方式存在很多问题，包括马车的成本高、马匹对城市的卫生造成的负担大，以及在长途交通方面的局限等。为了解决上面的问题，我们设计了一款基于汽油发动机的汽车。该汽车的动力不依赖马匹，而是利用了一个二冲程汽油发动机。发动机置于后桥上方，通过链条和齿轮驱动后轮前进。驾驶员通过前端的制动手把控制方向，该汽车的行驶速度可以达到 15 千米/时。我们在实际城市的道路上做了大量的实验，这些实验结果证明了我们设计的汽车的优势。

这个摘要的主要问题出在哪里？

该摘要列举了马车的 3 个缺点：成本高、对城市的卫生造成的负担大、长途交通方面的局限性。然后开始详细介绍自己设计的汽车，可是并没有明确点出为什么汽车能够弥补马车的 3 个缺点。

首先，既然马车成本高，那么一台汽车的成本是多少？

其次，既然马匹对城市的卫生造成的负担较大，那汽车有没有污染呢？

最后，既然马车在长途交通中有劣势，那么汽车呢？从这个摘要对汽车的描述中，我们只看到汽车靠的是汽油，并且每小时可以行驶 15 千米，但是这些并不能直接归结为长途交通上的优势。

这就是这个摘要的问题：列举了相关工作的缺点之后，在描述自己的方法时，并未体现出自己的方法可以弥补这些缺点。打个比方，这就好比你批评别人跑步太慢，然后说自己跳得很高。

我们来重新改写这个摘要的后半部分。

为了解决上面的问题，我们设计了一款以汽油为动力的汽车。该汽车的动力不依赖马匹，而是利用了一个二冲程汽油发动机。发动机置于后桥上方，通过链条和齿轮驱动后轮前进。驾驶员通过前端的制动手把控制方向，该车可以达到每小时行走 15 千米的速度。整个汽车的造价成本仅有……，低于一辆以两匹马为动力的马车价格。此外，汽车一年的维护成本仅有……，大大低于马匹的维护成本。而且，汽车产生的尾气，相比于马匹的排泄物，对城市的污染要小得多。最后，依靠汽油提供动力，因此汽车只需要加油即可持续长时间行驶。

全面介绍系统

还是以上面的汽车为例，我们来看看下面这一段摘要（仅提供后半部分）：

为了解决上面的问题，我们设计了一款以汽油发动机为动力的汽车。该汽车为三轮结构，主要包括两大系统：汽车动力系统和汽车操作系统。其中，动力系统的来源为单缸二冲程汽油发动机。发动机置于后桥上方，产生的动力通过链条和齿轮驱动后轮前进。汽车操作系统，主要由前轮转向器和制动手把构成，其中，……。整辆汽车的造价成本……

上面这种写摘要的方法把论文中提出的系统的每个部分都在摘要中体现出来，希望审稿人能够了解全部的情况。

例如，很多人的摘要就是按照下面这个模板来写的：在这篇论文里，我们提出了一个新的方法。该方法包括如下几个部分：第一部分……；第二部分……；第三部分……

当然，因为摘要的字数有限（通常为 150~200 字），用这种很全面的方式来介绍系统或方法，所有部分都很简略。

另外一种写摘要的方式则是不求全，直接介绍论文中的最大亮点，其他的地方一带而过，甚至完全不介绍。

哪种方式好呢？我们通过一个例子来说明。

现在有一幅清晰的风景画［见图 7.1（a）］，因为存储空间有限，必须对它进行压缩。现在有两种压缩模式。

第一种模式，显示为图 7.1（b），这种模式有点类似于均匀采样：原图像中的每个地方都均匀地采样一些像素。经过压缩之后的图像仍然保持了原貌，但是每个部分都是模糊的。

这种压缩方式，对应着"全面介绍"的写摘要方式。

而另一种模式，则是图 7.1（c）的压缩方式：只展示照片中的焦点（房子）。这样一来，房子十分清晰，但是其他部分非常模糊，甚至完全看不清。

这种压缩方式，对应着"只突出亮点"的写摘要方式。

这个例子中，很显然后一种模式胜出：图 7.1（c）模糊了背景，突出了主体（房子），给人们留下了更为深刻的印象；而图 7.1（b）进行了均匀压缩，整体都变得模糊了。

（a）原图

（b）第一种压缩方式　　　　　　（c）第二种压缩方式

图 7.1　写摘要的两种方式

　　科技论文也是这样。因为科技论文的贡献不在于"全面"，而在于"亮点"：让读者清晰地知道你的亮点所在，比让他了解所有内容的缩减版要重要得多。

　　"全面介绍"的方式还有另外两个缺点。第一，摘要中必然会介绍很多论文中的细节和专业词，这会给读者带来很大的阅读压力，很多人可能就放弃，不继续往下看了。第二，因为一篇论文提出的系统或者算法中往往包含多个部分，不可能所有的部分都是创新点，大部分可能都是现有的技术，把这些技术放在摘要里，反而会掩盖真正的亮点，这很容易给审稿人留下一个不好的印象：这篇论文不过是已有技术的集成。

　　所以，在摘要字数有限的前提下，一定要写出亮点，而不要全面介绍。

介绍自己算法带来的益处时不够具体

　　摘要的最后一句话，通常介绍自己的算法能够带来的好处（benefit）。很多人在写这句话时，都是按照下面这个模板来写的：

　　我们的方法在……数据集上进行了测试，测试效果超过了当前最好的方法。

　　严格来说，这种表达方式没有错误，但通常不会给人留下深刻的印象。

因为"超过了当前最好的方法"这种描述过于笼统，我们应该用具体的数字来代替这种笼统的描述，才能给人留下深刻的印象。

这和推销商品是类似的。浏览电商网站时，我们经常会看到促销活动的页面，如果页面上仅仅写了"优惠力度大"，那很可能不能吸引顾客，而如果这个页面上写出了具体的优惠政策以及具体的价格，如"买一赠一""100 元到手 2 件""只要一块钱"等，点击率会高得多。

因此，介绍方法的效果时，**要用具体的数据，而不是笼统地描述**。所以，摘要的最后一句话可以这么写：

我们的方法在……数据集上进行了测试。测试结果表明，我们的方法在精度上达到……，是现有最好方法的……倍。在成本上仅有……，是现有其他方法的……分之一。

有人会问，我对自己提出的方法做了很多实验，也与很多方法进行了比较，这时候应该把哪些结果放进去呢？

这依然可以采用"找亮点"的方式：选出重要的、有代表性的，并且可以体现你的方法效果好的结果就可以了。

专业词汇太多

写摘要常犯的还有一个错误，就是在摘要中加入过多的专业词汇。

我们都知道，虽然审稿人的研究方向通常是与论文涉及的领域一致，但是因为审稿机制，在大多数情况下，审稿人的研究方向和该论文的"大领域一致"，而无法做到"小领域一致"。

很多领域有自己独有的"专业词汇"，并且这些专业词汇还比较偏门，这时候就要特别小心。

很多初涉科研的人，很喜欢使用自己领域的专业词汇，但是在摘要中要慎重。最好的方式，是用"大白话"来讲述要解决的问题和方法中的亮点。

写完摘要以后，一定要让该领域之外的人读一下你的摘要。如果他能够读得懂，并且觉得好，那么这通常就是一个好的摘要。

第8章

引言

8.1   引言的写法：扩写摘要

如果你的标题和摘要成功地引起了审稿人的兴趣，那么这篇论文就已经成功了一半。你接下来的目标，就是写一个清晰的引言。

我通常是先写摘要，后写引言。当写完摘要之后，引言就很好写了：**我们只需把摘要的每一句话扩展成引言的一段话即可。**

所以，引言通常采用下面的模板。

- 第一段话介绍背景。

- 用一到两段话介绍当前相关工作以及它们的缺点。

- 用两三段话介绍方法的核心贡献。

- 用一段话介绍方法的效果。

- 用一段话总结贡献。

除了最后"用一段话总结贡献"之外，其余的部分都是从摘要扩展过来的。当然，引言也有一些自己独有的特点，包括玩具示例、挑战和贡献等。

8.2   帮读者理解你论文的有效手段：玩具示例

我们在前面说过，一个好的引言，需要让审稿人清楚地理解并且欣赏你的核心创新点。

要达到这个目的，有一个很好的方式，就是使用"玩具示例"（toy example）。

那什么是玩具示例呢？玩具示例就是一个"极简"的例子，它可以清晰地向读者展示你的动机、观察、洞见、方法的核心思想或者效果。

大部分初涉科研的学生并不重视玩具示例，甚至很多人从未听说过它，但是玩具示例在帮助审稿人理解并欣赏论文核心创新点上所起的作用很大，怎么强调都不为过。

我们来举一些例子，对科技论文中的玩具示例进行归类。

展示动机

一些玩具示例，是用来展示"做这件事的动机"的。

CVPR[①] 2020 有一篇论文，叫作"Fantastic Answers and Where to Find Them:Immersive Question-Directed Visual Attention"[1]，翻译过来就是"去哪里找到好的答案：沉浸式问题引导的视觉注意力"。

这篇论文是关于深度学习模型的注意力机制的，这种机制让模型更加关注图像中的某些区域，从而提高模型的性能。

作者在这篇论文里的主要贡献是提供了一个公开数据集。这个数据集里包含很多张图像，针对每张图像，都会有相应的若干个问题（例如，图像中包含的某类物体有多少个？图像中是否存在某种物体？），以及这些问题的正确答案。同时，作者还在图中标注了为了正确地回答各个问题，模型应该关注的区域，如图 8.1 所示。

图 8.1　玩具示例：对于不同的任务，模型应该把注意力放在图像的不同位置[1]

这个数据集可以用来训练一个模型的注意力模块，让它更好地完成任务。

但是有经验的读者读到该论文后，第一个疑问通常是："模型效果不好，真的是因为模型没有关注到正确的区域吗？"

---

① 全称为 IEEE/CVF Conference on Computer Vision and Pattern Recognition，即 IEEE/CVF 计算机视觉与模式识别会议，是计算机视觉领域的顶级会议。

如果答案是否定的，那么这篇论文的动机就失去意义了。

为了证明注意力放在正确区域对模型性能的重要性，作者从引言开始，就给出了一个玩具示例。这个玩具示例说明，对于很多任务，如果神经网络模型的视觉注意力没有放在正确的位置，那么最后的结果就很容易出错。

图 8.1 的左半部分对应一个问题：房间里有没有时钟？对于这个问题，网络模型如果把视觉注意力正确地放到了图中的时钟上（左上角子图中标注的区域），那么它就能够给出正确的判断；而如果网络模型把视觉注意力放到了其他地方（左下角子图中标注的区域），那么模型就会给出错误的答案。

图 8.1 的右半部分则对应另外一个问题：头盔是什么颜色的？同样，如果网络模型把视觉注意力放在正确的位置，它就会给出正确的回答；而把视觉注意力放在错误的位置时，则会给出错误的答案。

这样一个玩具示例，就可以让读者清晰地认识到，对一个神经网络模型而言，"需要关注图像中的特定位置，才能更好地完成某个给定的任务"。因此，用一个数据集来训练模型的注意力模块，让它关注正确的位置就显得十分重要，作者用该玩具示例清楚地展现了这篇论文的动机。

展示效果

玩具示例还可以用来展示算法的效果。

在 CVPR 2019 的最佳论文 "Single Image Haze Removal Using Dark Channel Prior"[2]引言的开头，作者直接给出了所提出算法（暗通道先验去雾算法）的效果。图 8.2（a）是模型的输入，一幅雾天的图像；图 8.2（b）是模型的输出，去除雾气的图像；图 8.2（c）是模型的另一个输出，深度图。

通过玩具示例把算法的效果直接放在引言里，这在计算机视觉领域特别常见。这种例子往往会一下子引起读者的兴趣："喔，效果这么好！这是怎么实现的？"然后他就会很自然地往下读了。

另外一个例子是 "Unpaired Image-to-Image Translation using Cycle-Consistent Adversarial Networks"[3]（使用循环一致对抗网络的非配对图像间转换）。

(a) 雾天的图像　　　(b) 去除雾气的效果　　　(c) 深度图

图 8.2　玩具示例：去雾算法的效果[3]

　　这篇论文设计了一个模型，可以将某种风格的图像变成另一种风格。于是作者在最开始就直接展示了模型的效果。图 8.3 的左上角，是将画家莫奈的印象派画作变成了一张照片，左下角则是将一张照片变成了莫奈风格的印象派画作；右上角是将斑马变成了马，而右下角，则是将马变成了斑马。

印象派画作　⇄　照片　　　　　　斑马　⇄　马

莫奈的印象派画作　→　照片　　　　　斑马　→　马

照片　→　莫奈风格的印象派画作　　　　马　→　斑马

图 8.3　玩具示例：图像风格转换的效果[3]

　　如果你的算法、系统等有令人惊异的效果，那么把效果直接展示在引言中，绝对是一个好的选择。

　　MobiCom① 2019 的一篇论文 "Keep Others from Peeking at Your Mobile Device Screen!" [4]（让旁边的人看不到手机上的输入），通过设计一种系统，

---

① 全称为 International Conference on Mobile Computing and Networking，即国际移动计算与网络会议，是无线网络和移动计算领域的顶级会议。

让站在你旁边的人看不到你正在手机上输入的文字。这篇论文使用了玩具示例来说明系统的效果。图 8.4 中，左边的人在手机上输入了四个数字"3562"，但是紧靠着他的人看到的却是空白。这个玩具实例让人对系统的效果一目了然，真正达到了"一图胜千言"的效果。

输入的　　　　　　　　　旁边的人看到的

图 8.4　玩具示例：防止旁边的人看到你的手机文字[4]

展示与其他算法相比的优势

还有一类玩具示例，可以展示自己的算法与其他算法相比的优势。

例如，在 CVPR 2020 的论文"PPDM: Parallel Point Detection and Matching for Real-time Human-Object Interaction Detection" [5]中，作者在引言部分直接把其提出的两种算法（PPDM-Hourglass 和 PPDM-DLA），与现有类型的其他算法，包括 iCAN、GPNN、InteractNet、No-Frills、TIN 等，采用单张图像处理时间和平均精度两个指标进行比较。我们可以发现，作者提出的两个算法均处于左上角，对应的单张图像处理时间和平均精度远远好于其他算法（见图 8.5，图中的"我们"指论文的作者）。

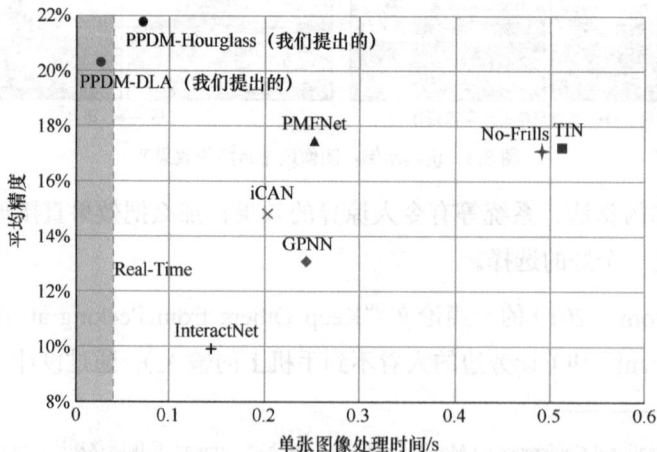

图 8.5　玩具示例：展示了与其他算法比较的优势[5]

另外一个例子还是发表在 CVPR 2020 上的论文，"ClusterVO: Clustering Moving Instances and Estimating Visual Odometry for Self and Surroundings"[6]。这篇论文实现了一种动态 SLAM（同步定位与地图构建）技术。作者在引言部分给出了他们提出的算法相比于其他算法的优势（见图 8.6）。从中我们可以看出，只有他们的算法对"是否适用于室内场景""是否适用于户外驾驶场景""是否适用于移动刚体""是否在线"这 4 个问题都可以给出肯定的回答。

	📷	🏠	🚗	🎱	✈	FPS
ORB-SLAM2	Multiple	✓	✓		✓	10
DynamicFusion	RGB-D	✓		NR	✓	-
MasFusion	RGB-D	✓		✓	✓	30
Li et al.	Stereo		✓	✓		5.8
DynSLAM	Stereo		✓	✓	✓	2
ClusterSLAM	Stereo		✓	✓		7
ClusterOV	Stereo	✓	✓	✓	✓	**8**

📷：使用的传感器　🏠：是否适用于室内场景　🚗：是否适用于户外驾驶场景

🎱：是否适用于移动刚体　✈：是否在线　NR：单个非刚体

图 8.6　玩具示例：展示与其他算法比较的优势[6]

展示基本框架或流程

玩具示例还可以用来展示论文中提出算法、系统等的基本框架。

例如，在 2020 年 INFOCOM①的论文 "SocialDrone: An Integrated Social Media and Drone Sensing System for Reliable Disaster Response"[7]，作者提出了一种应对突发灾难的无人机系统，该系统融合了社交媒体的信息和无人机传感器的信息。作者在引言部分，用玩具示例直接给出了该系统的框架（见图 8.7）。我们可以看出，该系统可以分为两部分：社交媒体感知（Social Sensing）部分和无人机感知（Drone Sensing）部分。

当读者看到一个展示基本框架或流程的玩具示例（如图 8.8）后，就会对算法、系统等的总体情况有所了解，从而获得整体画面。

---

① 全称为 International Conference on Computer Communications，即国际计算机通信会议，是 IEEE 在通信网络的旗舰性会议。

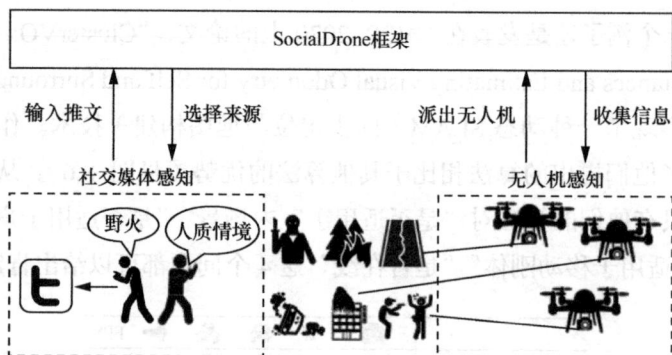

图 8.7 玩具示例：展示算法的基本框架

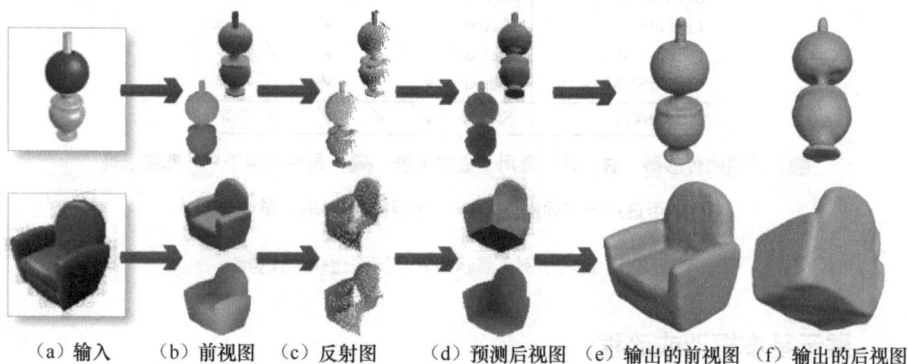

（a）输入　（b）前视图　（c）反射图　（d）预测后视图　（e）输出的前视图　（f）输出的后视图

图 8.8 玩具示例：展示算法的基本流程

展示极简场景下的工作原理

很多论文用玩具示例展示了系统在极简场景下的工作原理。注意，极简场景虽然比实际场景简单很多，但是要保证系统的工作原理是相同的。

以发表在 MobiCom 2016 的论文 "LiFS: Low Human-Effort, Device-Free Localization with Fine-Grained Subcarrier Information"[8]为例。作者在引言中，通过一个在极简场景下的玩具示例给出了系统的工作原理。

图 8.9 展示了这个极简场景，现在想要知道图中人的位置。人的周围有 4 个位置已知的无线收发器（3 个 AP、1 台计算机），而（人和手机）的位置是未知的。图中的 5 个无线设备建立起了 6 组两两通信（AP_1—AP_2、AP_1—计算机，AP_2—计算机、AP_3—计算机、AP_2—手机、AP_3—手机），这样可以建立 6

个方程，而未知数只有 4 个（人的二维坐标和手机的二维坐标），所以可以通过解方程来找到位置。

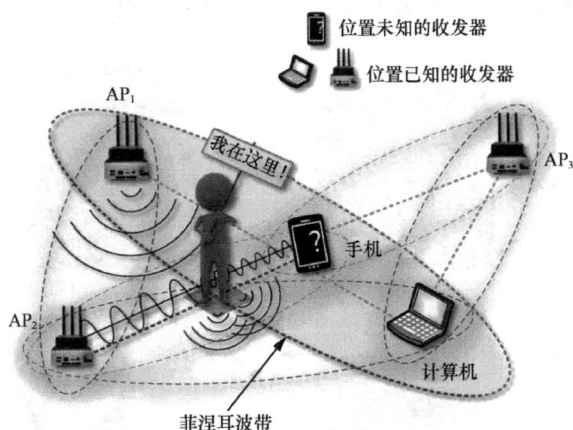

图 8.9　玩具示例：展示工作原理[8]

　　通过这个极简场景（1 人、5 个无线设备），作者展示了这篇论文提出的算法的核心。当然，在实际的场景中，人和无线收发器的数量都会很多，但是基本原理是不变的。

展示背后的观察

　　很多论文是先有一个发现或观察（observation），然后利用其进行方案设计。这个观察极为重要，也是论文提出的方法之所以有效的根本原因。

　　因此很多作者会用玩具示例展示这个观察。当审稿人理解了这个观察之后，审稿人就能够"从情感上"接受作者提出的方法。

　　注意，一旦你让审稿人"从情感上"接受你的方法，那么他们就会更加信服后面的实验结果，大部分情况下不会对你的实验过于苛刻。

　　例如，CVPR 2017 的论文"Look Closer to See Better: Recurrent Attention Convolutional Neural Network for Fine-grained Image Recognition"[9]，设计了一个关于图像识别的神经网络模型。作者在引言部分通过玩具示例展示了为什么这个网络模型会取得较好的效果（见图 8.10）。

　　图 8.10 展示了两种啄木鸟，它们仅仅在头部有一些细微的差别。如果直

接用神经网络来判断，很容易判断错。但是如果放大两只啄木鸟头部的区域，再让神经网络来判断，那么就比较容易看出区别了。上面的这个"不断放大重要区域"的观察，就是作者所提出方法的核心思想。

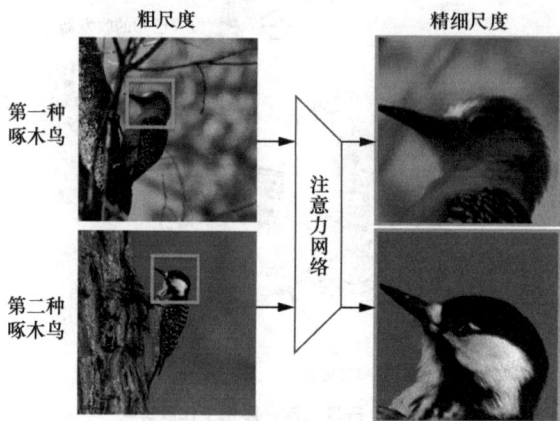

图 8.10　玩具示例：展示背后的观察

当读者可以理解这一点，就会"从情感上"相信作者提出的方法是有效的。

在这一节里，我们介绍了玩具示例。玩具示例使用图作为示例，将论文的贡献以最简洁、最直白的方式展现出来。玩具示例可以展示论文的动机、效果、优势、基本框架或流程、在极简场景下的工作情况，以及背后的观察等。玩具示例完全符合前面提到的"三最原则"：可以让审稿人用最短的时间，以最少的力气，理解你在论文中的最大创新点。

8.3　一个玩具示例的蜕变

玩具示例看起来很简单，但要给出一个漂亮的玩具示例绝非易事。这一节，我们以一篇论文为例，让大家感受一下我们是如何改进玩具示例的。

这篇论文的背景是这样的。假设有多家医院，每家医院都有各自的一批乳腺肿瘤超声图像。现在想要训练一个能够自动识别乳腺肿瘤良恶性的深度学习模型。要知道，深度学习模型的训练需要图像数据，而且数据越多，训练出来的模型效果越好。原本可以将这些医院的图像数据汇总到一台机器上进行训练，但是出于数据所有权和隐私保护，这些医院无法或者不愿将自己的原始超声图像数据分享给别人。那么，在这种情况下，如何让多家医院联合训练出一个好的模型呢？

这时候联邦学习出场了。联邦学习可以让多家医院在不汇总原始图像数据的前提下，共同训练一个深度学习模型。联邦学习通过在多个客户端（对应这篇论文中的多家医院）之间进行分布式模型训练，交换模型参数或中间结果的方式，来达到数据隐私保护和数据共享计算的目的。

具体过程是这样的：每个客户端，用存储在本地的数据训练一轮，各自得到一个模型后，把模型发送给一个服务器；服务器将这些模型进行平均后，再把平均后的模型发给所有的客户端；客户端收到这个模型后，用自己的数据更新一轮，再发给服务器；多次重复以上过程，直至收敛。在这个过程中，客户端之间通过服务器交流模型信息，而数据是没有流出本地的。

联邦学习应用到实际场景中，会遇见通信开销较大的问题，尤其是无线通信的场景。因为客户端每轮都需要上传自己更新后的模型，而深度学习模型的维度很高，因此如何对这些模型进行压缩，是一个值得研究的问题。

这篇论文的核心点是关于如何压缩联邦学习过程中客户端向服务器传输的模型的。

这篇论文提出了一个方法。简单来说，就是在某次服务器接收到所有客户端的模型之后，把这些模型放在一起，形成一个矩阵；然后用"奇异值分解"的方法，找到一组基底向量。这一组基底向量的线性组合，可以用于表示上述的任意一个模型。

服务器将这组基底向量发回给客户端。这样一来，客户端再更新模型，就不需要传输模型，而是用这组基底的线性组合来表示模型，然后只需给服务器传输线性组合的系数即可；服务器收到系数后，可以用这几个系数将模型恢复出来。因为传输几个系数的通信量远远小于传输模型，这样就实现了模型的压缩。

第一版玩具示例

我让学生以这个思路画一个玩具示例，他交上来的第一版如图 8.11 所示。学生很仔细地为我讲解了这两张图，他是这么说的。

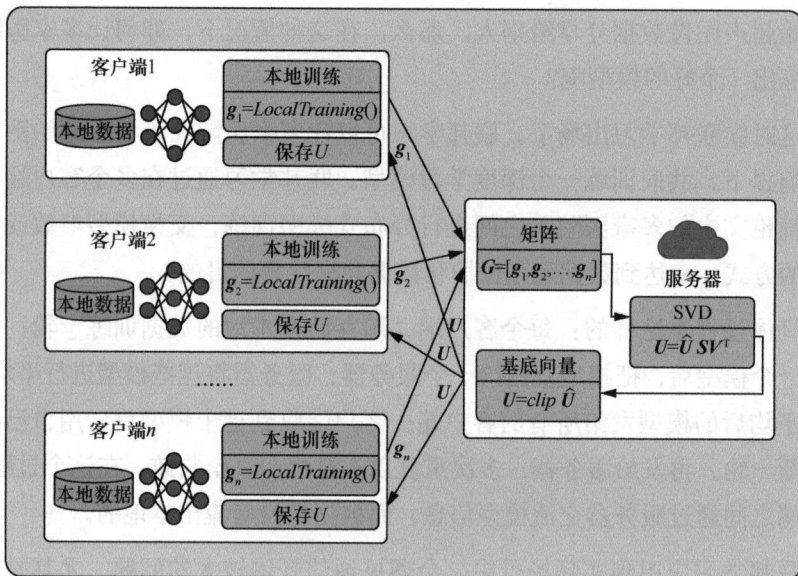

（a）计算基底向量的过程

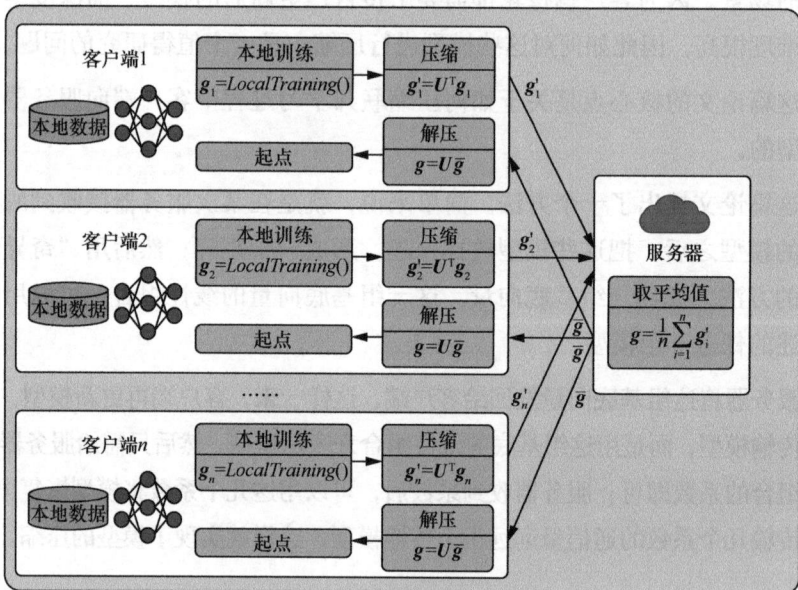

（b）客户端用基底向量进行压缩的过程

图 8.11　一个不好的玩具示例

　　老师，我总结了一下，这个算法流程的核心可以分成两步。第一步，就是计算基底向量的过程，显示在图 8.11（a）中。第二步，就是客户端用基底向量进行压缩的过程，显示在图 8.11（b）中。

第一步的具体流程是这样的。我们先看图 8.11（a）。每个客户端都会进行本地训练，训练后各自得到模型 $g_1, g_2, \cdots, g_n$，然后发送给右边的服务器。服务器接收到模型之后，首先将它们拼接成一个矩阵，并进行奇异值分解（SVD），然后挑选基底，就得到基底向量 U。服务器再把 U 发给每一个客户端。

第二步的具体流程用图 8.11（b）来表示。我们以客户端 1 为例。该客户端首先进行本地训练，得到本地模型 g_1 后，用基底向量 U 对其进行压缩，得到线性组合的系数 g_1'，并将系数发送给服务器；服务器接收到了所有客户端传来的系数之后，取平均值，然后将平均值 $\bar{g}$ 传输给所有的客户端；客户端对这个平均值进行解压，解压后的值将作为下一次更新的起点。

学生解释得很清楚，配合他的解释，这个玩具示例看着似乎也没有什么问题。

这是一个好的玩具示例吗？很可惜，不是。我先问了他一个问题："即使不受篇幅的限制，我们把你刚才说的话都写在引言里，你觉得审稿人会仔细读一遍吗？"

他摇了摇头。很明显，且不说引言部分应不应该写得那么详细，即使允许你写得很详细，绝大部分审稿人也不会仔细阅读流程的细节。

然后我又问了第二个问题："如果审稿人不看这么详细的描述，仅看这个图，他能理解这个算法的核心思想吗？"

答案也是否定的。主要的问题在于，虽然图 8.11 展示得很详细，但是没有把流程顺序展示出来。这篇论文的核心思想是一个算法流程，而顺序对算法流程自然非常重要。以图 8.11（a）为例，仅看这张图，能看出这个图展示的流程顺序，是先从左边的客户端到右边的服务器，再从右边的服务器到左边的客户端吗？

大部分人都看不出来。在没有其他信息提示的前提下，人们默认一幅图中各个部分的顺序，通常是由左到右、由上到下。因此，一般人看图 8.11（a）的时候，会先从左边看起。但是，当人们的视线看到中间部分的时候，就会立刻失去这个顺序。中间部分有好几个方向不同的箭头，这些箭头谁先谁后，完全体现不出来。因此，仅通过看图，人们是无法领悟出"先从左到右，再从右到左"这个顺序的。图 8.11（b）中也存在这个问题。这里就不再赘述了。

总之，好的玩具示例，需要让审稿人在无须仔细阅读对应文字描述的情况下能很快理解。

图 8.11 的这个玩具示例还有一个问题，就是**不够精简**。玩具示例作为一个"极简例子"，需要去掉所有不必要的信息。因此，我接着问了学生几个问题。

首先，这个例子里为什么一定要有 3 个客户端呢？两个行不行？一个行不行？

其次，我看到你在每个模块下面增加了一个伪代码或者类似的公式，有必要吗？

另外，你为每个客户端都画了本地数据和神经网络的示意图，有必要吗？

如果仔细思考过这几个问题，那么这张图起码可以变得更加简洁，也会更清楚。

这个玩具示例的最后一个问题，就是**"颜值不够"**。第一，这张图不是矢量图，清晰度不高，如果一个审稿人放大电子版来看，那么这张图的文字部分是模糊的。第二，这张图的灰色背景框是没有必要的。第三，颜色搭配不够好，中间各种颜色，包括红色、蓝色、灰色、橙色随意使用在一起，颜色过多并且不在一个色系里，看起来很不美观（注：这里指的是原图，本书仅展示黑白图）。此外，直观性也不好。每个客户端输出的 g 到底是什么形式的，客户端返回的 U 又是什么形式的？这些都没能给读者一个直观的印象。

第二版玩具示例

针对以上问题，学生修改了一个新的版本，如图 8.12 所示。

这个版本让人眼前一亮。首先从流程的角度来讲，这个玩具示例有一条从上到下的时间线，并且这条时间线的左边是客户端，右边是服务器端，流程非常清楚。此外，改进后的版本还用"步骤 1""步骤 2"这样明显的标识显示了每一步的顺序，并在旁边总结了每一步进行的流程。

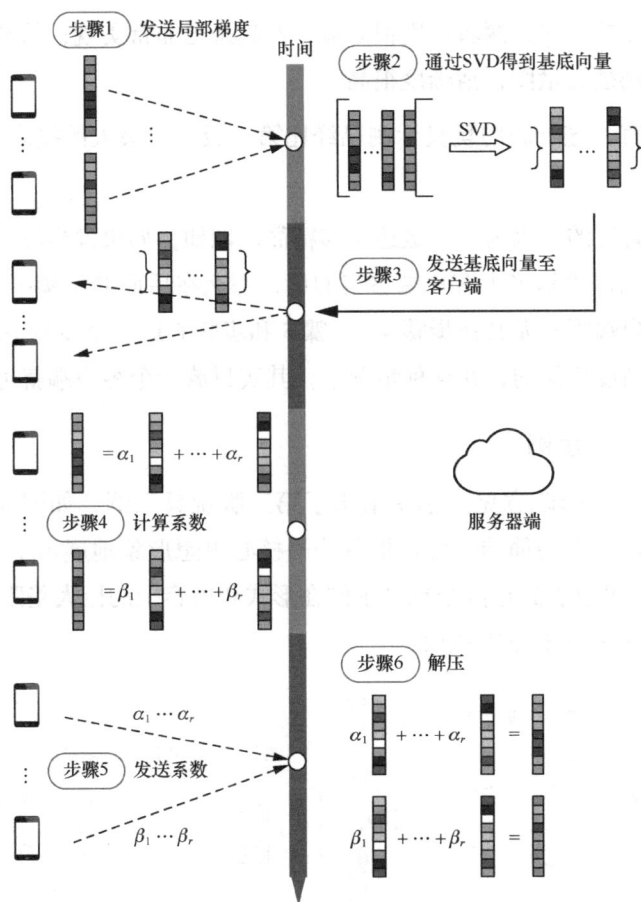

图 8.12 对图 8.11 的玩具示例的改进

其次，这个玩具示例的"颜值"有了很大提高。首先，整体色系是黑白色，原图只在"步骤 1""步骤 2"这样的地方用了红色突出显示。此外，用手机来表示客户端，用一朵云来表示服务器，也是该领域内常见的表示方法。更令人赏心悦目的是，这个玩具示例用"竖棍"来表示每个客户端的模型构成的向量，这样，步骤 2 中这些向量形成的矩阵、步骤 3 中从矩阵中提取的基底向量、步骤 4 中用这组基底向量的线性组合表达的新模型向量，以及步骤 6 中的解压过程，都可以形象地展现出来，非常便于他人理解。

此外，如果仔细看，还有很多细节值得一提：每个客户端模型向量的颜色都略有不同，并且都采用了"莫兰迪"配色，整体色系一致；基底向量则采用了灰度图的形式，两者区别很明显，看起来也非常美观；从清晰度而言，这个玩具示例是矢量图，清晰度很高。

总体而言，这一版的玩具示例已经比第一版有了极大的提高。还能够更好吗？

答案是肯定的。因为这一版还不够精简。例如，如果说步骤 1 中需要展示两个客户端以表示多个客户端参与的话，那么在后面的步骤中，是否仍然需要两个客户端呢？尤其在步骤 4、步骤 5 和步骤 6 这 3 个步骤中，两个客户端的内容是高度相似的。在这种情况下，其实只放一个客户端就可以了。

最终版玩具示例

根据以上的修改意见，学生给出了第三版玩具示例，如图 8.13 所示。这一版玩具示例极为简洁，而且把算法的核心思想形象地展示了出来。对比图 8.11，你就可以看到这两个玩具示例在形式和内容上的巨大差距。最后，这篇论文被 INFOCOM 2023 接收[10]。

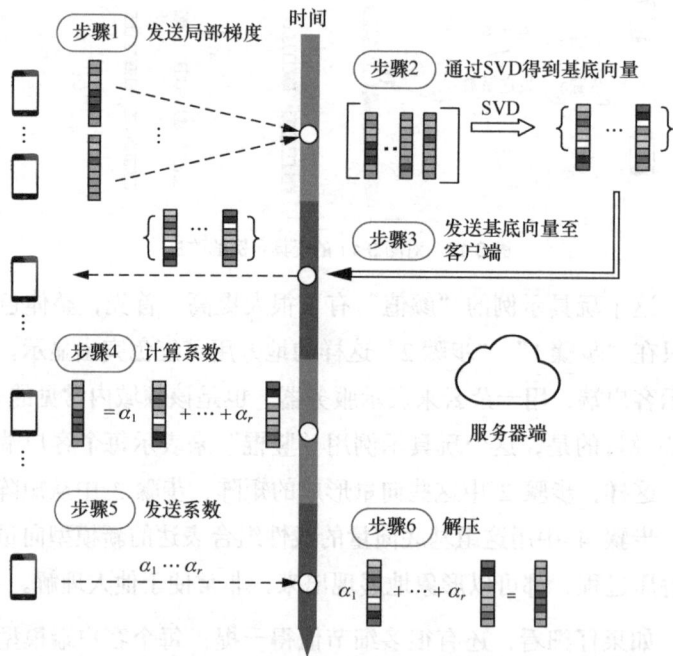

图 8.13　对图 8.12 的玩具示例的改进[10]

8.4 为什么有的论文像"技术报告"？

科技论文中的"挑战"，是最容易被刚开始做科研的人忽略的部分。

我们在前面谈到科技论文的创新点时，说到了创新点需要具备的一个条件，就是"有挑战"。如果一篇科技论文没有挑战，那么它很可能就变成了一篇"技术报告"，没有发表的价值。在写作时，我们也需要在引言中把挑战明确写出来。

我们先来看看什么叫"挑战"。

科技论文中的挑战通常可以分为两类。第一类挑战来自"问题本身"，第二类挑战来自"你提出的方法"。

第一类挑战

第一类挑战问题本身很难。这类问题，往往是某个领域公开的未解决难题（open problems）。对于这类问题，要么当前的解决方案都无法很好地解决，要么索性没有任何解决方案。

很多公开的数学问题就属于这类问题。像千禧年大奖难题（Millennium Prize Problems）中的数学问题，包括 NP 问题、霍奇猜想、庞加莱猜想、黎曼假设等。

许多医学领域、工程领域的多年未解决难题也属于此类问题。通常这些问题已经有一些应对方法，但是这些方法都存在缺点。例如，虽然现在有放疗、化疗、细胞免疫、靶向治疗、基因治疗等各种各样治疗癌症的疗法，但是对大部分的癌症，尤其是晚期癌症而言，还没有真正有效的治疗手段。

这种挑战性的问题很难，但一旦被解决，就会立刻举世瞩目。例如，俄罗斯数学家佩雷尔曼在 2003 年前后证明了庞加莱猜想，引起了数学界的轰动。

但大多数科研人员研究的问题都没有达到这个高度。因此，科技论文中的挑战大都属于第二类，来自"你提出的方法"。

第二类挑战

来自"你提出的方法"的挑战，在科技论文中是最常见的。通常情况下，这种挑战是这样引入的。

首先，在某个领域里，因为某种偶然的机会，或者经过你的长期积累，你有了一个发现或产生了一个洞见。

你针对这个发现或者洞见，提出了一个巧妙的、之前没有人提到过的方法。我们姑且把这个方法称为"版本1号"。"版本1号"是一个"从0到1"的创新。

"版本1号"的创新点已经不小了，如果整理成论文，应该也可以被很多审稿人所欣赏，但是我们还可以做得更好。

因为在大多数情况下，如果直接使用"版本1号"，在实际中会遇到各种各样的困难。这种困难，就是来自"你提出的方法"的挑战。

计算机科学家、畅销书作家吴军在"硅谷来信"课程中提到过一个例子。有一次，他问一位熟悉半导体芯片设计领域的专家，为什么中国很多地方在半导体领域上投了巨资，但没有做出实际的产品。这位专家说，假如做出一款在市场上能够成功的半导体芯片要走一百步，那其实走到第十步就能做出样片了，很多人到这里就觉得看到了胜利的曙光，其实还差得远，接下来遇到的问题可能比想象中的多十倍。

所以说，这种来自方法的挑战，通常是与"实用性"相关的挑战。

在论文中，为了引入这一类的挑战，作者通常会在论文里说："尽管……的想法很简单，但是如果直接将上述的想法实现，会遇到很多挑战。"（Although the idea of … is simple, implementing such an idea however, entails substantial challenges.）

针对这类挑战，我们需要提出应对方法。这些应对方法不需要太巧妙，但是需要很扎实。经过改进以后，你提出了"版本2号"。从"版本1号"到"版本2号"是一个"从1到 N"的创新。尽管从贡献来讲，"版本2号"不如"版本1号"那么重要，但把这种挑战以及应对方法写得清楚明白，是进一步提高论文质量的重要手段。

青霉素的例子

我们以青霉素的发现为例，来说明这两种挑战的区别。

1928 年，英国细菌学家弗莱明偶然发现自己的葡萄球菌培养皿中出现了一块霉斑，并且霉斑附近所有的葡萄球菌都被杀灭了，形成了一个"空白"环状地带。

通过深入研究，弗莱明发现这是青霉菌在起作用。青霉菌会分泌一种物质来杀灭葡萄球菌且防止其生长。他将这种未知的物质命名为青霉素（penicillin，也译作盘尼西林）。1929 年，弗莱明将他所有关于青霉菌的研究成果写成了论文《青霉菌培养物的抗菌作用，特别是其在分离流感杆菌中的应用》[11]发表。

然而，这篇论文并没有引起人们的注意，在发表后的整整 8 年里，引用数始终为"0"。

1939 年，故事在牛津大学继续。林肯学院的病理学教授弗洛里和当时同在牛津大学的钱恩看到了弗莱明的工作成果，意识到了其潜在的价值，因此他们成立了一个团队，专门将青霉菌作为研究对象。该团队还有一个重要成员是机械家诺曼·希特利，他在实验器具制作、青霉菌的培养和检测方法上取得了很多创新。该团队研究出分离与提纯青霉素的方法，并用提纯出来的青霉素粉末进行了多次实验，证实了青霉素的药效极高，把它稀释 50 万倍仍能有效地杀灭细菌，显示了其作为一种抗菌药物的极大潜力。

1940 年，该团队终于成功地提炼出了足够多的青霉素，在小鼠上进行实验并取得了成功。

1941 年，该团队把青霉素用来治疗病人。第一个接受青霉素临床治疗的病人亚历山大的脸部有一道伤口严重感染，引发了致命的败血症，病情危急。将青霉素液注射到他体内一天后，病情就有了惊人的改善。当年，牛津大学的团队用青霉素治疗了更多的病人。

我们可以说，弗莱明有了"青霉菌可以杀灭葡萄球菌"的这个观察，而弗洛里、钱恩和希特利在这个观察之上提出了"用青霉素治疗病人"的方法，并初步进行了实验，取得成功。这种方法，就是我们在前面所说的"版本 1 号"。

"版本 1 号"绝对是"从 0 到 1"的创新。作为印证，弗莱明和钱恩、弗洛里共享了 1945 年诺贝尔生理学或医学奖。

故事还没有结束。那位病人亚历山大最后还是去世了。原因很简单："版本 1 号"从 100 千克的青霉素培养液中提取出的青霉素，只够 1 个病人 1 天的治疗用量。生产青霉素的速度远远比不上病人消耗的速度，"版本 1 号"遇到了量产的挑战。

为了应对这个挑战，1941 年 7 月 2 日，弗洛里和希特利来到美国伊利诺伊州皮奥里亚市的北方地区研究实验室求助。

在随后的几年里，实验室通过大量改进，应对了上述挑战。

第一，实验室找到了产率最高的青霉菌菌株。这个菌株来自实验室人员找到的一个发霉的哈密瓜。

第二，实验室找到了最佳培养基配方。实验室的微生物和真菌学家莫耶用玉米浆加糖，将青霉素的产率提高了 1000 倍，大大缩短了霉菌的生长周期。

第三，实验室改善了发酵技术。北方实验室发酵部门的负责人科格希尔把原来的二维培养改成了三维培养，并且设计了一个类似搅拌式洗衣机的旋转鼓，用一个注射器不断地将无菌空气注入发酵液中，以提高发酵效率。

之后，陆续有一批实力雄厚的制药公司加入青霉素的量产。在战争的压力和巨大商业利润的推动下，青霉素在美国迅速实现了产业化。仅仅在第二次世界大战期间，这些青霉素就挽救了成千上万士兵的生命。

实验室实现了青霉素的量产，这就是"版本 2 号"。这是一个"从 1 到 N"的工作。从科学研究的角度来看，虽然"版本 2 号"的贡献不如"版本 1 号"，但对实际应用来说非常重要。

如果你是这一系列工作的主要发明者，要将这些成果写成论文，那么主线应该是下面这样的。

我们有了一个发现："青霉菌可以杀死葡萄球菌。"基于这个发现，我们提出了一个方法，用于治疗被病菌感染的病人。我们初步从青霉菌中提纯了青霉素，并用青霉素成功地治疗了少数病人。(**观察，以及基于观察的"版本 1 号"**)

然而，上述方法虽然看起来简单，但是在实际应用中面临着很多挑战，其中最大的挑战来自量产。之前培养和提纯青霉菌的方法产量低，无法满足实际需求。(**挑战**)

为了应对上述挑战，我们经过大量实验，找到了高产的青霉菌菌株和最佳的培养基配方，并改善了发酵技术，将青霉素的产量提高了上万倍。(**如何解决该挑战，以及对应的"版本 2 号"**)

在第二次世界大战末期，我们将青霉素用于治疗受伤的士兵，挽救了成千上万士兵的生命。战后，青霉素得到了更广泛应用，拯救了成千上万人的生命。青霉素将人类平均寿命提高了至少 10 年。(**实验效果**)

如何找到挑战

很多同学都问过我这个问题："我的论文写出来以后，感觉平平无奇，好像没有什么挑战。"那么，到底应该怎么找到挑战呢？

我们在前文讲过，挑战通常是把方法放到实际应用中所面临的问题。

因此，要找到挑战，就要想一想，**这个方法应用在实际中会存在哪些问题**。高校科研人员常常喜欢自己搭建一个框架，然后在这个框架下进行优化。但是在很多情况下，这个框架并不符合实际情况。

例如，最近几年联邦学习很热门，每场相关会议都有上百篇联邦学习的论文发表。可是，大部分论文所提出的方法，与实用之间的差距还很远。大部分论文在几个小数据集上测试了结果，发现最后的精度还不错，但是这些论文提出的方法大多在工业界是没法应用的。

工业界需要的是鲁棒性好、简单、可扩展性强的方法，而且要考虑自身系统平台的支撑能力。有的方法训练出来的模型精度尚可，但是消耗的计算资源太多；有的方法只能支持十几个、几十个节点进行并行运算，根本不能扩展到大规模的场景。

这些方法在设定框架时引入了过多的假设，导致在实际应用中可能会遇到诸多问题。

我们来看一篇发表在 MobiSys 2012 上的论文，"How Long to Wait? Predicting Bus Arrival Time with Mobile Phone based Participatory Sensing"[12]。

这篇论文想要解决的问题，是帮助等公交车的乘客了解自己等待的车何时到站。

这篇论文所提出方法的思想也很简单。假设你要等的是 320 路公交车，所有运行的 320 路公交车上一定有乘客，他们的手机上都有定位信息，只要开发一个 App，这个 App 通过收集这些定位信息，就可以知道即将到达你所在的公交站的 320 路公交车的位置，并且可以预测它还要多久才能到达。

我相信，如果把这个基本的想法说出来，一定有很多人会吃惊地说，"啊，这么简单的想法都能写论文？还发到了 MobiSys 上？"

可想而知，就算这些人想到了这个方法，他们也会因为这个想法太简单而放弃。

所以，不要轻视任何一篇顶级会议论文，说："这有什么难的？"因为即使这些论文中的思想很简单，但是难点在细节里。

这里说的细节，就是方法在实际应用中面临的挑战。

以这篇论文所提出的方法为例，如果将这个方法的思想应用在实际中，会面临如下这几点挑战。

首先，该 App 的用户不一定总在公交车上。当用户不在公交车上时，App 收集的位置信息是无用，也会引起用户隐私泄露的危险。所以，在设计方案时，系统要能够自动判断用户是否在公交车上。

其次，在实际情况中，即使在公交车上，大部分人也不会主动在 App 上输入自己在哪一路公交车上（因为很麻烦）。而这个信息对等车的用户非常重要。因此，系统要能够自动判断用户所在的公交车到底是哪路车。

另外，虽然手机用内置的 GPS 可以知道自己的位置，但是一直用 GPS 来定位非常耗电。因此，系统需要使用更为节能的方式来确定用户的位置。

针对上面这些挑战，作者设计了很多精巧的方法来解决，最后取得了满意的效果。

我们不禁要追问一句，作者是如何想到这些挑战的呢？

很简单，作者一定是站在用户的角度，仔细思考了一遍整个流程，考虑**"如果用户使用这个系统，会有什么不便之处"**，然后进行有针对性的改进。

因此，找到挑战的有效方式就是设身处地地思考一下，系统在实际应用中会"有什么问题"，然后"进行改进"。

另外，需要注意的是，"有什么问题"以及"进行改进"不能局限于某一个角度，而是要充分考虑各种角度。

例如，对一个定位系统而言，定位精度固然很重要，但是在实际中，定位精度很可能不是决定性因素。如果有两个系统 A 和 B，其中 B 的定位精度只比 A 低 5%甚至 10%，用户都不会太过在意这个指标。往往价格、能耗、便捷性、可扩展性等因素才更重要。

例如，这篇论文的最后一个挑战，就是针对"能耗"进行改进的。要降低能耗，就要关掉 GPS，加上这个限制，问题就变得困难得多。

也就是说，**挑战通常从限制中产生**。

对一个深度学习模型而言，很多论文都是通过在模型上做一些改进，来提高最后的精度的。在绝大多数工业应用中，没人在乎一点点准确率的提升，真正在乎的，是这个模型的训练需要的数据集的规模能否实现，标注数据的比例是否合适，这个模型的扩展性如何，在新的数据集上是否好用，需要的训练时间有多长，等等。

这些指标，比"精度"重要得多。

因此，要改进某个深度学习模型，对应的挑战可以是：如何降低模型的复杂度？如何降低训练的成本？如何减少训练数据集的数量？如何减少训练数据集中带标注样本的数量？如何让某个模型可以不经过训练，或者稍加训练就可以用于另外一个数据集？

想到这些在实际应用中面临的挑战，是不是你的思路一下子就打开了？

在论文中指出挑战的优势

在论文中指出挑战，能让你的论文具有下面两个优势。

第一，挑战让你的工作变得更"坚实"。我在前面反复说过，一篇科技论文的最大贡献，在于"从0到1"的"版本1号"。但是，很多时候仅有"版本1号"是不能撑起一篇论文的，就单从篇幅上来讲可能都不够。更重要的是，如果一篇科技论文里只有基于你的观察、你的洞见而提出的"版本1号"，那么大多数情况下，审稿人尽管可能欣赏你的想法，但是会在评审意见中说你的方法"缺乏技术深度"（lack of technical depth），也就是说你对问题的思考不够深入，没有考虑实际情况等。

因此，要想避免审稿人的这些想法，你需要对"版本1号"进行大量的完善工作。

例如，你可以进行下面的思考。

我提出的这个"版本1号"，在实际中的测试效果如何？

我提出的这个"版本1号"，一定是最优的吗？这里面有没有什么参数可以进行优化？

我提出的这个"版本1号"，能有一些理论证明吗？

第二，从行文上，在论文里指出挑战并且设计对应的解决方案，也会让你的论文变得跌宕起伏，更加耐看。

以电影为例，好的电影之所以能够引人入胜，精彩的故事必不可少。精彩的故事通常是这样的：开始时主角过着平静的生活，然后出现了危机或冲突，角色在危机中进行了艰苦的斗争，最终战胜了困难，并且在解决困难的过程中成为更好的人。

你仔细想想，写一篇好的论文也一样。

通常，开始时也是不温不火地介绍背景：当前有一个比较重要的问题，当前的其他方法是如何解决的。这时候你就要引入第一个冲突：这些已知的方法有问题、有漏洞！

然后，你就化身为"主角"想办法解决这些问题。你通过苦思冥想，突然受到了某种启发，有了一个洞见，并找到了一条可行的路径。这就是你的"版本1号"。

如果你的"版本 1 号"直接完美地解决了这些问题，那么这篇论文就只有之前的一个"冲突"了，整个故事显得不温不火。

我们需要更多的"冲突"。

于是，当你把"版本 1 号"用在实际中，就会发现多个挑战。然后你绞尽脑汁，在对该问题进行深入研究的过程中克服了重重困难，漂亮地解决了这些问题。实验结果也显示你的方法有效。

每一个挑战，都是一个"冲突"，审稿人看到你遇到的困难、犯过的错误、思考的过程、试错的过程，直到最终解决了这些挑战。在这个过程中，他的感受也会随着你的思路跌宕起伏，也就有了代入感。

总结一下，在论文中指出挑战，以及你解决这些挑战的思考和方案，是提升论文的"可读性"的重要手段。

让你的工作变得"看上去很坚实"，以及让你的论文"看上去有起伏"，就是我们需要在科技论文中指出挑战的目的。

关于挑战的例子

我们以发表在 MobiCom 2020 的论文 "From Relative Azimuth to Absolute Location: Pushing the Limit of PIR Sensor based Localization" [13]为例，看看如何写引言部分的挑战。

作者在引言部分首先介绍了他们的观察。他们发现，当一个人在某个红外传感器的感知范围内走动时，红外传感器的输出是一条类似正弦波的曲线，而曲线中上升沿/下降沿的数量和人穿过扇形区域的数量一致；加之红外传感器的每个扇形区域的角度是已知的，这样就可以计算出人在这段时间内相对于传感器所跨过的角度；根据这个角度建立方程组，就可以实现定位的功能。

到这一步，"版本 1 号"已经介绍完毕了。

紧接着，作者用了　段话来引入挑战："尽管上述估计角度的方法并不复杂，但是在实际执行中，仍然存在很多挑战。例如，在某些情况下，红外传感器的输出变化并不大，再加上噪声的影响，这给上升沿/下降沿次数的统计造成了困难，从而会导致角度估计的误差。"

　　作者接着提出了他们的解决思路："通过分析红外传感器的物理特性，我们发现可以从红外传感器的输出信号推断出其输入信号，用输入信号可以更加准确地估计出上升沿/下降沿的数量。详情将在第 3.1 节中介绍。"

　　作者紧接着给出第二个挑战："此外，我们发现，在一个人突然转身时所估计的角度往往会有较大的误差。我们提出了两种应对这一挑战的方法，详情将在第 3.2 节中介绍"。

　　科技论文有一点区别于技术报告，就是需要有"挑战"。挑战通常可以分为两类。第一类挑战来自"问题本身"，也就是问题本身很难。第二类挑战来自"你提出的方法"，也就是你的"版本 1 号"在解决问题时遇见的困难，你需要对它进行改进，把它变成更好的"版本 2 号"。

　　对绝大部分科研人员而言，第二类挑战更加常见。

　　挑战可以让你的工作变得"坚实"，也会让你的论文变得跌宕起伏，更加耐看。

　　从篇幅上来讲，"版本 1 号"的介绍可能只占论文的 25%甚至更少，而应对了这些挑战的"版本 2 号"，往往在论文中的篇幅要大得多。

　　但是从贡献上来讲，"版本 1 号"比"版本 2 号"更大，因为前者是"从 0 到 1"的创新，而后者只是"从 1 到 N"的创新。

8.5　如何总结自己的 3 个贡献?

　　引言的末尾，通常都会有一段话来总结这篇论文的贡献:

　　这篇论文的主要贡献总结如下:（To summarize, the main contributions of this paper are the following.）

- 首先，……
- 其次，……
- 最后，……

　　这段贡献很重要。换句话说，一篇论文的所有具体内容，都是在为这段话所声称的几个贡献提供佐证。

　　这段贡献可以提醒审稿人，不要遗漏论文中的某些重要贡献。除此之外，这段贡献也可以帮审稿人节省时间——他甚至可以直接从这段贡献中摘抄一些内容，放在审稿意见里。

　　在写一篇科技论文的贡献时，通常只写 3 个最重要的贡献。那么具体而言，这 3 个贡献该如何写呢？

两个通用的贡献

绝大多数计算机类的论文，都可以包含下面这两个贡献。

一个贡献，通常是你提出的方案的最大亮点。下面举两个例子。

- 我们设计了一个……系统，据我们所知，这是第一个可以用于……的系统。

- 我们提出了一个……模型，该模型首次将……引入。与其他方法比较，该模型具有……的优势。

另外一个贡献，是实验效果或者理论分析。这指的是你在什么数据集上或在什么环境下对提出的系统、模型、算法等进行验证，效果如何。同样也给出两个示例。

- 我们在……数据集上对提出的模型进行测试，结果表明……

- 我们在理论上证明了该方法的收敛性，结果表明……

第三个贡献

除了这两个之外，剩下的这个贡献是根据论文的内容来确定的。

　　如果你的论文是通过某些观察和发现有了一些洞见，然后根据这个洞见设计了某个方案，那么你的观察、发现、洞见等，**就可以作为一个贡献。**

　　在这样的论文中，3 个贡献的顺序是：第一个贡献，围绕你的观察和洞见；第二个贡献，围绕你的系统/模型/算法等；第三个贡献，围绕你的系统/模型/算法的效果。

　　我们来举一个例子。

例如，李飞飞发现数据集对深度学习模型的训练很重要，并且提出了 ImageNet 这个数据集，那么在介绍 ImageNet 的论文中，应该如何写贡献呢？下面给出一个示例。

首先，我们发现了一个良好标注的大规模数据集，对深度学习模型的性能非常重要。（**发现**）

其次，基于该发现，我们提出了 ImageNet 数据集。该数据集包括……类型的……张图像。（**提出的内容**）

最后，我们用多个常见模型在 ImageNet 上进行训练，结果显示，经过 ImageNet 训练后的模型，在分类准确度上比未经过该数据集训练的模型有……的提升。（**实验结果**）

另一个例子，是关于论文 "From Relative Azimuth to Absolute Location: Pushing the Limit of PIR Sensor based Localization" [13]的。这篇论文中的贡献可以这么写：

首先，我们发现当一个人经过红外传感器时，红外传感器输出信号的上升沿或下降沿的数量和这个人跨过红外传感器的扇形区域的数量对应，并且据此可以计算人在这段时间内相对于红外传感器所跨过的角度。（**发现**）

其次，基于该发现，我们设计了一个基于红外传感器的定位系统。该系统无须在人身上安装任何传感器，而是通过统计红外传感器的上升沿/下降沿的数量，计算人相对红外传感器所跨过的角度，并据此来确定人的位置。（**提出的系统**）

最后，我们在室内和室外的环境下，测试了该系统的定位精度、实时性和鲁棒性。我们发现，该系统可以达到亚米级的定位精度，并且具有良好的实时性和鲁棒性。（**实验结果**）

如果你的论文的最大特点并不在洞见上，那么 3 个贡献可以参考下面的方式来写。

通常而言，一个系统或方法会包含多个模块。你可以挑一个你感觉最出彩的模块来介绍。出彩的模块通常具有几个特点：关键，是整个系统中的关键要素；有挑战，设计这个模块并不容易；新，当前没有现成的解决方案。

那么具有这样特点的模块，就可以作为一个贡献。

在这种情况下，3 个贡献的顺序可以这样安排：第一个贡献，围绕你的系统/模型/算法的亮点；第二个贡献，围绕这个核心模块；第三个贡献，围绕你的系统/模型/算法的效果。

举一个例子，假设你设计了一个基于无线信号穿墙识别人的手势的系统。那么贡献可以这么写。

首先，我们提出了世界上首个在非视距、穿墙场景下的手势识别系统。（**系统的最大亮点**）

其次，该系统的核心，是一个可以从无线信号中提取手势信息的算法。该算法从无线宽带信号中提取多普勒偏移信息，并从该信息中提取手势。（**系统的核心模块**）

最后，我们实现了原型系统，并通过多个场景下的实验，验证了该系统可以很好地检测多达 9 个以上的手势。（**实验**）

参考文献

[1] JIANG M, CHEN S, YANG J, et al. Fantastic answers and where to find them: immersive question-directed visual attention[C]//Proceedings of the IEEE/CVF Conference on Computer Vision and Pattern Recognition. [S. l.]: IEEE, 2020: 2980-2989.

[2] HE K, SUN J, TANG X. Single image haze removal using dark channel prior[J]. IEEE Transactions on Pattern Analysis and Machine Intelligence, 2011, 33(12): 2341-2353.

[3] ZHU J Y, PARK T, ISOLA P, et al. Unpaired image-to-image translation using cycle-consistent adversarial networks[C]//Proceedings of the IEEE International Conference on Computer Vision. Venice, Italy: IEEE, 2017: 2223-2232.

[4] CHEN C Y, LIN B Y, WANG J, et al. Keep others from peeking at your mobile device screen![C]//Proceedings of the 25th Annual International

Conference on Mobile Computing and Networking. Los Cabos, Mexico: ACM, 2019: 1-16.

[5] LIAO Y, LIU S, WANG F, et al. PPDM: parallel point detection and matching for real-time human-object interaction detection[C]// Proceedings of the IEEE/CVF Conference on Computer Vision and Pattern Recognition. [S. l.]: IEEE, 2020: 482-490.

[6] HUANG J, YANG S, MU T J, et al. ClusterVO: clustering moving instances and estimating visual odometry for self and surroundings[C]// Proceedings of the IEEE/CVF Conference on Computer Vision and Pattern Recognition. [S. l.]: IEEE, 2020: 2168-2177.

[7] RASHID M T, ZHANG D Y, WANG D. SocialDrone: an integrated social media and drone sensing system for reliable disaster response[C]// IEEE INFOCOM 2020-IEEE Conference on Computer Communications. Toronto, Canada: IEEE, 2020: 218-227.

[8] WANG J, JIANG H, XIONG J, et al. LiFS: low human-effort, device-free localization with fine-grained subcarrier information[C]// Proceedings of the 22nd Annual International Conference on Mobile Computing And Networking. New York: ACM, 2016: 243-256.

[9] FU J, ZHENG H, MEI T. Look closer to see better: recurrent attention convolutional neural network for fine-grained image recognition[C]// Proceedings of the IEEE Conference on Computer Vision and Pattern Recognition. Honolulu, Hawaii: IEEE, 2017: 4438-4446.

[10] WANG H, LIU X, NIU J, et al. SVDFed: enabling communication- efficient federated learning via singular-value-decomposition[C]// IEEE INFOCOM 2023 - IEEE Conference on Computer Communications. New York: IEEE, 2023: 1-10.

[11] FLEMING A. On the antibacterial action of cultures of a penicillium with special reference to their use in the isolation of B. influenzae[J]. British

Journal of Experimental Pathology, 1929, 10(3): 226-236.

[12] ZHOU P, ZHENG Y, LI M. How long to wait? Predicting bus arrival time with mobile phone based participatory sensing[C]//Proceedings of the 10th International Conference on Mobile Systems, Applications, and Services. Lake District, United Kingdom: ACM, 2012: 379-392.

[13] LIU X, YANG T, TANG S, et al. From relative azimuth to absolute location: pushing the limit of PIR sensor based localization[C]// Proceedings of the 26th Annual International Conference on Mobile Computing and Networking. London: ACM, 2020(1): 1-14.

第9章

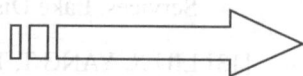

相关工作

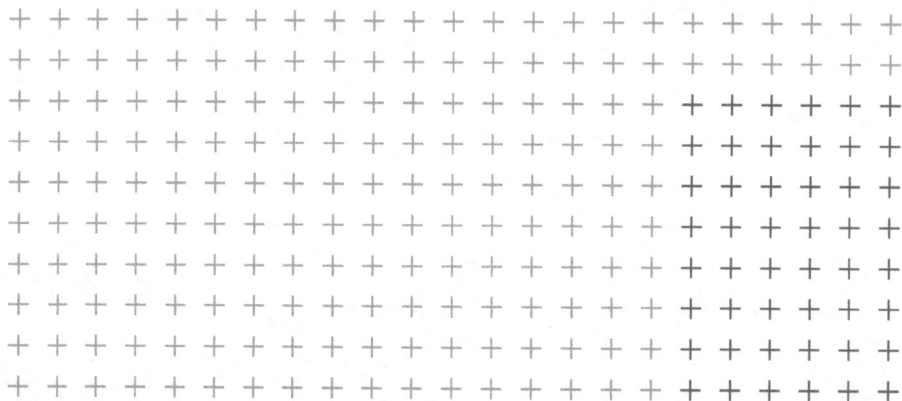

9.1　相关工作的本质：借他人的工作来突出自己

相关工作（related work）在很多人眼里是科技论文中不太重要的部分。很多人会这么想："相关工作不就是罗列出和自己论文相关的一些工作吗？这个真的那么重要吗？"

然而，相关工作的确很重要。很多人的论文之所以被审稿人拒稿，就是因为相关工作没写好。

例如，很多被拒稿的论文的审稿意见里，都会出现类似这样的话："这篇论文的作者，遗漏了某些重要的相关工作。"稍微认真一点的审稿人，还会把这些相关工作在审稿意见中一一列举出来，这属于**"遗漏重要工作"**。

还有的审稿人会在审稿意见中这么说："作者在相关工作中提到了……方法，但是并没有清晰地说明作者提出的方法相比于这些方法的优点。"这属于**"没有说清楚自己提出的方法和相关工作的区别"**。

还有的审稿人会说："作者声称他们是第一个提出……方法的人，但是据我所知，这并不是第一个，因为……工作也使用了类似的思想。"这属于**"过度宣称"**。

只要审稿意见中有类似于上面这些话，通常这篇论文就会被直接拒稿。我们在这一节里，谈谈很多人对相关工作的误解，以及如何避免上面这几种问题。

很多学生认为，相关工作就是列举这个领域的已有工作，这种思想是对相关工作的最大误解。

要想在论文中写出漂亮的相关工作，首先需要明确相关工作的目的。在科技论文中列举相关工作，要实现下面 3 个目的。

首先，让审稿人看出，你精通这个领域。

其次，让审稿人明白，你的工作和别人的工作有较大区别，甚至根本"没有人做过"。

最后，让审稿人"从情感上"相信，你的工作比别人的工作好。

如果仔细分析一下这 3 个目的，你就会立刻发现：**相关工作表面上是介绍他人的工作，但实际上是为了突出自己的工作！**

这就好比图 9.1 中的冰山一样，你看到的浮冰是他人的工作，但是实际上埋藏在下面的主体，即自己的工作。这一点非常重要，**相关工作的本质，是用他人的工作来凸显自己工作的创新性。**

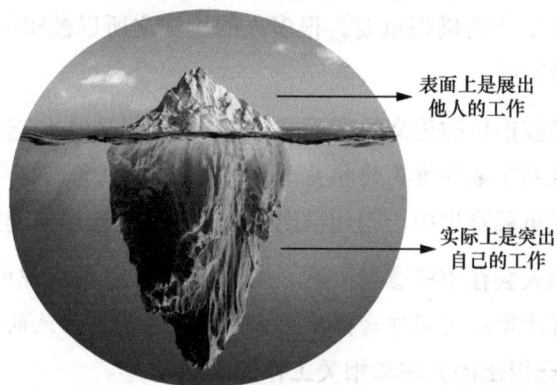

表面上是展出
他人的工作

实际上是突出
自己的工作

图 9.1　相关工作表面上是展示其他人的工作，但实际上是突出自己的工作

要想达到这 3 个目的，我们需要做好两项工作。首先，要挑选合适的相关工作。其次，要把这些工作有条理地组织起来。

9.2　如何挑选相关工作？

很多学生都会在挑选相关工作的文献上遇到问题，要么挑出的文献和自己的相关度不高，要么遗漏了一些看似不相关但关系紧密的工作。

挑选和你的论文解决同一问题的其他工作

一篇科技论文的"创新性"建立在和相关工作比较的基础之上。所以，如果两个科研工作研究的问题不同，那么显然无法直接比较。因此，首先要挑选出来的，是那些和你的论文解决同一问题的其他工作。通过和这些工作比较，说明你的方法和它们的区别，并且通过理论或者实验证明你的方法性能更好。

我们以几篇论文为例，来看看这些论文的相关工作是如何写的。

发表在 MobiCom 2015 的论文"See Through Walls with COTS RFID System!"[1]主要提出利用一个射频识别（RFID）系统来进行穿墙识别，也就是跟踪墙后面人的位置。

我们能够看到，这篇论文的目的在于"穿墙识别"。因此，相关工作是所有能够实现穿墙识别的系统。

发表在 CVPR 2020 上的论文"PPDM: Parallel Point Detection and Matching for Real-time Human-Object Interaction Detection"[2]，是通过并行点检测和点匹配，来实现实时的人-物交互检测（human-object interaction detection）。所以，这篇论文的目的是"人-物交互检测"，因此相关工作就是当前可实现人-物交互检测的各种方法。

按照这种方式来选择相关工作看似简单，但用在实际中经常会遇到一个问题：在很多情况下，和自己的论文解决同一个问题的其他工作，要么完全没有，要么太多了。

我们来举个例子。发表在 JCST 2020 的论文"DG-CNN: Introducing Margin Information into Convolutional Neural Networks for Breast Cancer Diagnosis in Ultrasound Images"[3]，题目翻译过来，就是"DG-CNN：将边缘信息引入卷积神经网络中来实现超声图像中的乳腺癌自动诊断"。

首先，这篇论文的目的，就是"判断超声图像中乳腺肿瘤的良恶性"。如果只看这个目的，那么相关工作会非常多。通过超声图像来判断乳腺肿瘤的良恶性，可以大致分为人工方法（医生通过自己的经验判断），以及计算机辅助诊断方法（用模型来自动判断超声图像中乳腺肿瘤的良恶性）。这两种方法，每种都至少有上千篇的相关论文。我们不可能也没必要把所有这些工作都列举出来。此外，在这么多相关工作中，如果仔细分析，很多论文和这篇论文的相关性没有那么强。例如，那些用人工方法来判断乳腺肿瘤的工作，和该论文的关系就没有那么紧密。

究其原因，是因为我们选的这个目的"判断超声图像中乳腺肿瘤的良恶性"颗粒度太粗了。在这个颗粒度上选择相关工作，数量过多，而且相关性不强。

解决方法是选择和这篇论文的目的完全一致的其他论文，这些论文的数量就不会很多了。

从这里可以看出，相关工作的数量和相关工作与该论文的相关性之间往往存在矛盾：相关性越弱，数量越多；相关性越强，数量越少。

注意，我们不能走极端，非要找那些和自己的论文完全相关的工作，因为这些工作的数量往往过少。我们需要在这两者之间找到一个平衡。通常的做法是，在保证相关工作数量的前提下，选择那些和该论文关系最紧密的相关工作。

图 9.2 展示了这种做法的核心思想，其中"★"代表该论文，而"●"代表这篇论文的相关工作。我们可以看出，按照相关工作和该论文相关性的大小排序，从内到外有 3 个层次，我们用 3 个椭圆来表示。最里圈的椭圆中相关工作和该论文的相关性最强，但是数量太少；最外圈的椭圆中相关工作的数量足够了，但是相关性不强；只有在中间这个椭圆中，相关工作和该论文有较高的相关度，并且数量适中。所以我们应该选择中间这一层的相关工作放入论文中。

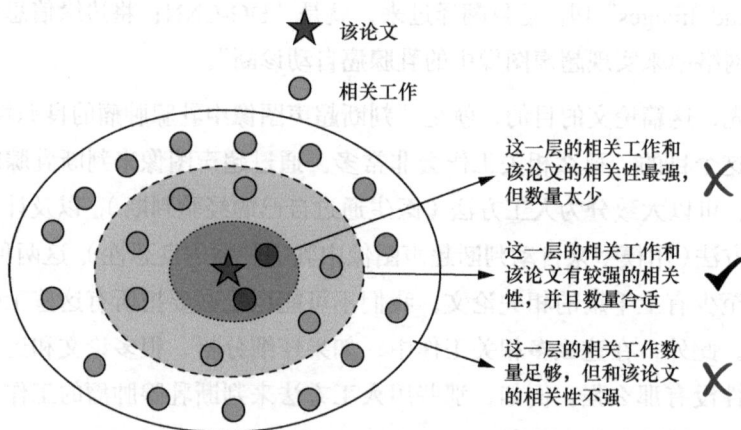

图 9.2　如何挑选相关工作

根据这个思想，我为大家提供一个简单有效的方法，来找到最适合的相关工作，我把它称为"分层描述法"。

分层描述法，就是根据由粗到细的颗粒度，将你要做的事情描述出来，然后找到那个颗粒度相对较细，而且相关工作数量足够的层次，在这个层次上找相关工作。

我们以这篇有关乳腺癌诊断的论文来举例。

对于这篇论文的目的，最粗的粒度是"**乳腺癌诊断**"，但是这个层次上的相关工作太多，我们需要缩小范围，在更细的颗粒度上找相关工作。

更细的颗粒度可以通过在前一层的颗粒度上加限制来实现。对于这个例子，细一点的颗粒度对应的就是"**计算机辅助乳腺癌诊断**"。

这个层次的相关工作还是太多，因此我们继续细化颗粒度。该论文提出的方法，是"将边缘信息引入卷积神经网络"。边缘信息本质上属于"医生的先验知识"。因此，更细一层的颗粒度对应的就是"**融入医生先验知识的计算机辅助乳腺癌诊断**"。

随着颗粒度越来越细，相关工作的数量越来越少，但是这些相关工作和论文的相关性会越来越高。

通常而言，在这个层次上的相关工作，数量就不会那么多了。

我们可以继续细化。因为这篇论文中利用的医生先验知识具体来说是"边缘信息"，那么再细一点的颗粒度对应的就是"**利用边缘信息的计算机辅助乳腺癌诊断**"。

如果在这个层次上有数量合适的相关工作，那么我们就在该层次上整理相关工作。

而如果这一层次没有足够数量的相关工作，那么我们就回到上一层，直接把"**融入医生先验知识的计算机辅助乳腺癌诊断**"作为相关工作的层次。

有时候往往会出现这种情况。在第 n 层，有一定数量的相关工作，但是在更细颗粒度的第 $n+1$ 层，只有一两篇论文有这样的相关工作。这时候，你应该首先介绍第 n 层的相关工作，然后重点将你的方法与第 $n+1$ 层的相关工作进行比较。在论文里可以这么说："*也许和我们工作最相关的是[*]提出的……。这个方法和我们有本质的区别，例如……*"

选取和你的问题不尽相同，但很可能对解决你的问题有帮助的相关工作

用分层描述法找到相关工作，都是和你的论文解决同一问题的工作，只不过颗粒度有粗有细而已。

但是，仅仅找到和自己的论文解决同一问题的工作很可能是不够的。因为你会遇到一个新的问题：如果审稿人知道一些其他工作，虽然和你的论文解决的问题不尽相同，但有可能直接用来解决你的问题，那么他就会质疑你的创新点。

我们举一个例子。

假设你设计了一种可以快速摘枣的采摘机器。采摘时，该机器的一个手臂会握住枣树的主干晃动，然后在树下方围成一个兜子来接住枣。

如果让你写一篇关于这种机器的科技论文，那么相关工作应该怎么挑选呢？

很显然，首先应该考虑之前的那些能够实现摘枣的相关工作。例如，传统的手工摘枣方法等。如果有其他的具有"自动摘枣"功能的机器，也应该放在里面。

有经验的审稿人会有一些疑问。例如，如果当前市面上有可以自动摘苹果的机器，那么这个摘苹果的机器能否直接用来帮你摘枣呢？

如果答案是肯定的，那么你的创新点的价值就会大大下降。

我在参加一次研究生答辩时，就遇到了类似的事情。一个学生介绍他的论文，他设计了一个算法，通过分析视频数据来判断办公室里的某个人是否疲劳。

他所列举的相关工作都是那些通过视频来分析人的行为的工作。他还解释说："严格来说，现在还没有人做在办公室环境中判断一个人是否疲劳的工作。"

一个答辩老师立刻提出了反驳："我看过很多通过视频检测一个人是否疲劳的工作啊！"

这个学生回答："是的，但是这些工作都是检测运动车辆上的驾驶员是否疲劳的。"

这个老师立刻反问了一句："难道在车辆上检测驾驶员是否疲劳的算法，不能直接用在办公室环境下吗？"

这个学生哑口无言，最后他的答辩没有通过。

像这样的例子还有很多。拿前文中诊断乳腺癌的论文来说，如果之前有相关工作在诊断肺癌的过程中利用了"边缘信息"，而你在论文的相关工作中没提到这个工作，那么审稿人就会产生疑虑："是不是这些诊断肺癌的算法，可以直接用来检测乳腺癌呢？"以至于他开始怀疑："这篇论文所声称的贡献真的很大吗？"

所以，相关工作不仅仅是那些和你的论文解决同一问题的工作，还应该包括"和你的问题不尽相同，但很可能对解决你的问题有帮助"的工作。

例如，对于前面摘枣的论文，你还需要找到一些相关工作，这些工作和摘枣的目的不同，但是类似（例如摘苹果、摘桃子等），以至于它们"看起来有潜力"，可以直接用来摘枣。你还需要解释清楚，为什么这些"和你任务不一致，但有点像"的工作，不能直接用到摘枣的任务中。

例如，你可以介绍："当前市面上已经有了可以实现自动摘苹果、摘猕猴桃的机器，但是这些机器都是基于图像识别技术识别出水果，然后用机械臂逐一抓取。因为一棵枣树的果实数量远远超过苹果树或猕猴桃树，如果使用这些机器来摘枣，效率很低。而我们的方法则是基于摇晃枣树主干，效率会远远高于当前的这些方法。"

不要遗漏重要工作

首先，挑选相关工作时不要遗漏那些发表在顶级期刊、会议上，以及引用量很高的相关工作。这些工作很重要，因此曝光率很高，如果审稿人看过而你没有引用，那么审稿人就会认为你对该领域的认知有漏洞，甚至会怀疑你可能是因为某些原因故意不引用这些工作，从而怀疑你的创新性。

其次，要特别重视你所投的期刊或会议上的相关工作。这一点往往不被初涉科研的人重视。原因也很简单，因为审稿人通常是编辑从系统里挑选出来的，而系统一定会记录那些过去在该期刊或会议上发表过类似论文的人，这些人有很大的概率成为你的审稿人。因此，如果某个审稿人看到你和他做的方向相似，但是压根没有提到他的工作，这显然对你的这篇论文是不利的。

总结一下，相关工作通常而言会包含两部分的工作。

第一部分是和本论文要达到的**目的一致**的现有其他工作。第二部分是和**本论文目的不完全一样**，但可能可以直接用来解决本论文提出的问题的工作。

此外，在选择相关工作时，我们也要注意选择那些**发表在顶级期刊或会议上的论文、引用量高的论文，以及你所投稿的期刊或会议上的相关论文**。

9.3　如何组织相关工作？

当我们找到了足够数量的相关工作后，接下来的任务，就是把这些工作组织好并写在论文里。那么究竟应该如何整理和组织这些相关工作呢？

很多人的相关工作是按照下面这种风格来整理的。

针对本文的研究领域，A 提出了一个方法，这个方法具体是这样的：……。B 提出了一个方法，这个方法具体是这样的：……。C 提出了一个方法，这个方法具体是这样的：……

这种相关工作的写法，就是把当前你知道的工作以某种顺序（通常是时间顺序）"**堆砌**"在一起。这种写法会让审稿人觉得"你不够专业"，甚至会拉低你的工作在他心里的印象。这有点像一个人收拾屋子时，拿了一个大箱子，把所有的东西都扔在里面（见图 9.3）。

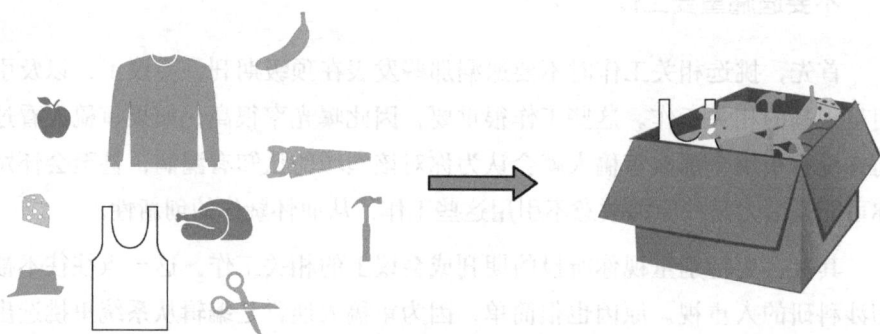

图 9.3　相关工作的错误组织方式

"堆砌"相关工作很容易，但是这种形式，既不能让审稿人相信你在这个领域很精通，也不能让审稿人明白你的工作和别人有较大的区别，当然也无法让审稿人"从情感上"相信你的工作比别人的好。

那么应该如何组织相关工作呢？

组织相关工作的几个要点

首先，为了显示你对论文所涉及的领域有较深的理解，你首先要知道这个问题是什么，**然后按照某个较好的角度，对已知工作进行分类。** 能够对相关工作进行较好的分类，是对该领域有较深的理解的前提。这就像你把屋子里的东西按照不同的类别放在不同的箱子里一样（见图 9.4）。

其次，为了让审稿人明白你的工作和别人的工作有较大区别，你需要在介绍完某类相关工作之后，直接点出这些工作和自己工作的本质区别。此外，为了让审稿人"从情感上"相信你的工作效果会比当前的工作好，说明这些区别时尽可能用"大白话"。例如，之前的工作没有利用某个信息，之前的工作在某一点上没有进行优化等，而你的工作则针对这些缺点进行了改进。这样审稿人就可以"从情感上"相信你的方法是有效的。

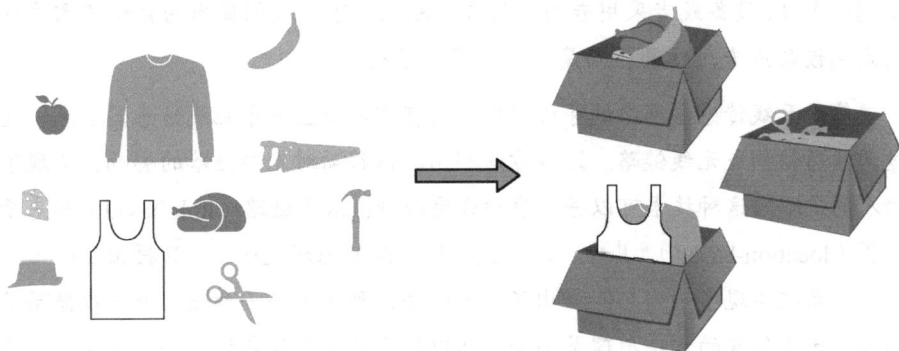

图 9.4　相关工作的正确组织方式

举例说明 |

我们来看一个例子。发表在 MobiCom 2015 的论文 "See Through Walls with COTS RFID System!" [1]主要提出了一个用商用现成品（COTS）射频识别

系统，来跟踪墙后面人的位置。

可以看出，这篇论文的目的在于"穿墙识别"。因此，相关工作是那些现有的与穿墙识别相关的工作。作者的相关工作是这么写的。

在该小节中，我们简单总结一下当前的穿墙识别技术。按照系统硬件的不同，当前的穿墙识别技术可以分为"基于雷达的穿墙识别"（see through walls with radar），"基于 WiFi 的穿墙识别"（see through walls with WiFi）和"基于无线传感器网络的穿墙识别"（see through walls with WSN）。

基于雷达的穿墙识别技术的基本原理是……。具体而言，A 最早提出了基于雷达的穿墙识别技术，可以实现……；B 提出了另外一个基于雷达的穿墙识别系统，该系统可以实现……。然而，这两种方法本质上都利用了 UWB。而 UWB 会占据较大的一片连续无线宽带，并可能对共享相同频率的其他设备产生干扰。而我们的系统则采用了现有商用的 RFID 设备，只使用了 50 kHz 窄带通道，弥补了 UWB 的上述缺点。

针对雷达穿墙技术的缺点，最近人们提出了基于 WiFi 的穿墙识别技术。其中，C 提出了……方法，该方法利用了……，实现了……而 D 提出了……方法，该方法的原理是……。然而，这些基于 WiFi 的穿墙识别技术，都基于定制的 WiFi 设备或者采用专用的信号。相比之下，我们提出的系统不需要任何定制设备或专用信号，而是真正在窄带运行。

基于无线传感器网络的穿墙识别，则在室内布置多个无线传感器节点，通过两两通信形成无线链路。这种方法利用人体移动对无线链路的影响，实现了对人的追踪。这种技术可以进一步细分为两种：基于链路（link-based）和基于位置（location-based）。其中，基于链路的方法的原理是……。E 提出了……系统，该系统实现了……。F 提出了……方法，利用了……原理，进一步提高了精度。基于位置的方法原理是……。其中代表性的工作包括……。然而，这两类方法都基于无线信号中的一个叫作接收信号强度（RSSI）的指标，该指标在 RFID 系统中并不稳定。

从上面的论述可以发现下面几点。

首先，作者对"穿墙识别"这个领域有着较深入的研究。

我们可以看到，他对该领域的技术进行了详细的分类（基于雷达的穿墙识别、基于 WiFi 的穿墙识别和基于无线传感器网络的穿墙识别）。

作者在具体介绍每一类时，也能够对该类技术的核心思想、优点和缺点娓娓道来。

有详细的分类，还知道原理和优缺点，这样审稿人就会相信，作者对这个领域研究得很深，进而才能对他建立起信任。

其次，作者在介绍每一类具体相关工作之后，都会用一个"然而"，介绍这些相关方法的缺点，然后引出自己的方法相比这些方法的优点。虽然是在介绍相关工作，但最后都会落脚到自己的工作上。因此，审稿人可以清楚地看出作者的工作与相关工作的区别。

这就达到了我们之前提出的相关工作的 3 个目的：让审稿人看出你精通这个领域，让审稿人明白你的工作和别人的工作有较大区别，以及让审稿人"从情感上"相信你的工作比别人的工作好。

举例说明 II

我们再来看一篇论文，这是发表在 CVPR 2020 上的论文，标题是 "Dynamic Multiscale Graph Neural Networks for 3D Skeleton-based Human Motion Prediction" [4]。这篇论文提出了一个动态多尺度图神经网络，用来预测三维人体骨架的运动。

这篇论文的目的是预测人体运动（human motion prediction），因此相关工作也是围绕这个目的来组织的。我们来看一下。

为了预测人体的运动，研究者早期提出了一些传统方法，例如隐马尔可夫模型、高斯过程和随机森林等。近年来，深度网络在该任务中发挥了越来越重要的作用。例如，出现了一些基于循环网络的模型，一步一步产生预测的运动姿态；一些基于前馈网络的模型，通过减少误差的积累以实现稳定的预测；还有一些方法是基于模仿学习的。

然而，这些方法没有对在不同尺度下的人体部位和人体结构给予足够的重视，而这些信息可以很好地帮助模型理解人类行为。在本文中，我们构建了一个动态多尺度图神经网络，它通过抓取丰富的多尺度关系信息，提取灵活的语义信息，最终实现准确的人体运动预测。

首先，作者将"人体运动"的相关工作分成"传统方法"和"基于深度网络的方法"两类。

其次，作者指出了相关工作的缺点；而与之对应的，指出自己的方法可以避免这些缺点。

当我们看到这里，就会立刻"从情感上"接受作者提出的方法比之前的方法好：因为该方法提取了多尺度信息，而多尺度信息对理解人类的运动有重要的帮助。

9.4 评价别人工作的 3 个原则

我们在前文中提到，介绍相关工作时需要说明之前工作的缺点，以及你所做工作的优势。

说缺点时，必然会带有一定的"批评"意味，这时候要特别小心，原因很简单，因为你批评的某篇相关文献的作者，很可能就是审稿人本人。一个人看到自己的方法被批评，内心深处很可能会自然地产生抵触情绪。

既然这种情况不可避免，那我们应该怎么办呢？我们需要注意几个原则。

原则一：批评要客观

说别人工作的缺点时要客观，要能够让别人对你提出的缺点无法辩驳。

我们来看看沃森和克里克那篇让他们获得诺贝尔生理学或医学奖的论文，论文的标题是"Molecular Structure of Nucleic Acids: A Structure for Deoxyribose Nucleic Acid"[5]（核酸的分子结构：脱氧核糖核酸的结构）。

在这篇论文里，沃森和克里克是这么评论一个相关工作的。

Pauling 和 Coreyi 已经提出了核酸的结构。他们好心地在该论文出版前把手稿提供给我们。他们的模型由 3 条相互缠绕的链组成，磷酸盐（phosphates）

靠近纤维轴（fibre axis），而碱基（bases）在外部。我们认为，这种结构不能令人满意，原因有二：（1）我们认为给出 X 射线图的物质是盐（salt），而不是游离酸（free acid），没有了酸性的氢原子（acidic hydrogen atoms），还不清楚是什么力量让其结构保持稳定，特别是考虑到靠近纤维轴的带负电的磷酸盐会互相排斥；（2）有些范德华距离（van der Waals distances）似乎太小了。

这两条理由清楚明白地说明了之前结构的问题，自然会得到该领域专家的支持。

发表在 MobiCom 2015 上的论文 "See Through Walls with COTS RFID System!" [1]提出了用一个 COTS 射频识别系统来跟踪墙后面人的位置。作者在相关工作中提到了两类工作。

一类相关工作利用了 UWB。此时作者写的缺点非常明确："UWB 将占据较大的一片连续无线宽带，并可能对共享相同频率的其他设备产生干扰。"这的确是 UWB 公认的缺点，因此无可辩驳。

另一类相关工作利用了 RSSI 信息，作者写的缺点也很清楚："该指标在 RFID 系统中并不稳定。"这一点，对熟悉无线通信的人来讲也是常识。

写相关工作的缺点时，如果用到很多模糊的词，就特别容易引发争议。

例如，我的团队之前在一篇关于红外定位的投稿中，提到"WiFi 定位的系统价格比较贵"。而返回的评审意见中，其中一个审稿人就提出了异议："WiFi 定位系统通常可以利用现有的路由器，价格并不贵。"产生异议的原因是我们用了一个很模糊的词"比较贵"。如果我们当时详细地列举出 WiFi 定位系统的价格（包括利用现有路由器情况下的价格），以及我们自己系统的价格，那么审稿人就不会有异议了。

我们来看一个好的例子。发表在 MobiCom 2017 的论文 "Pulsar: Towards Ubiquitous Visible Light Localization" [6]，介绍了一个可见光定位系统。在介绍相关工作时，作者提到了前人提出的一个可见光定位系统 LiTell。在介绍该系统时，作者是这么介绍它的缺点的。

最近，有人提出了一种基于相机的可见光定位系统 LiTell，该系统甚至可以用传统的荧光灯来实现定位。但 LiTell 系统中使用相机的视场窄、功耗高（约 2 瓦特），同时有较高的处理延迟时间（约 2 秒），使其无法支持泛在、实时、节能的位置跟踪场景。

在介绍缺点时，作者给出了具体的数字（2 瓦特、2 秒延迟），这无疑避免了可能的争议。

此外，要避免使用任何带有浓烈感情色彩的表述，例如，"很大的缺点"（significant drawbacks），"完全无法胜任"（totally fails to...），等等。这些表述不应该出现在科技论文中。此时，更好的替代表述，是如"可能"（could/might）等较委婉的词。

原则二：指出别人缺点时，自己要做得更好

如果你在相关工作中批评了别人工作的某个缺点，请一定确保你的工作在这个方面做得比别人的工作做得好。

很多人，尤其是初涉科研的人，都容易犯这个错误：批评别人的方法有某个缺点，但是在后面对自己的方法是否能解决这个缺点却含糊其词。

我们组里有一个学生在做联邦学习（一种分布式的机器学习框架）中的客户端采样问题（选择部分客户端参与共同训练）。他在一篇投稿论文中，提到相关工作的缺点是这些工作"缺乏理论依据，无法在理论上证明这些方法的最优性和可扩展性"。但是他自己的工作也没有关于最优性的理论证明。于是审稿人直接给出了下面这段审稿意见。

我发现，本文指出了现有客户端采样方法的主要缺点是"既不能保证最优性，也不能保证泛化能力"，然而，本文提出的算法并没有很好地解决这一缺点，因为该算法的主要优点是通信效率和精度较高。本文最严重的问题是，该算法的最优或接近最优的性能并未得到形式上的证明，本文对提出的算法缺乏理论分析。

总结一下，指出别人工作的某个缺点时，请确定自己的工作在这一点上比别人的工作做得好！

原则三：毫不吝啬对其他工作的夸奖，以及受到的启发

写相关工作时，不一定只能指出它们的缺点。很多情况下，指明相关工作的亮点以及它们带给你的启发，更真实。

有人认为相关工作只能批评，其实不然，在很多情况下，如果某个相关工作的亮点启发了你，大大方方地说出来，反而会成为加分项。

很多人认为，如果自己写到受到了某个相关工作的启发，那么创新性会不会被削弱？答案是否定的。**"受到启发"**和**"直接借鉴或完全照搬"是完全不同的。**这两者之间的不同在于，你受到某个工作的启发之后形成的方法和这个工作是有本质不同的。只要你能在说完受到的启发之后，写明你的工作和这个相关工作的区别，就不会削弱自己论文的创新性。

我们来举例说明"受到相关工作的启发"应该如何写。

发表在 MobiCom 2017 的论文 "Pulsar: Towards Ubiquitous Visible Light Localization"[6]介绍了一个可见光定位系统，它就提到了之前的一个工作（LiTell）。

我们的工作受到了 LiTell 的启发，LiTell 系统不需要专门定制的发光二极管（LED）。然而，LiTell 只适用于荧光灯（fluorescent lights），其特征频率可以从相机拍摄的图像中推断出来。它不适用于亮度比荧光灯弱得多的 LED，也不适用于面积较小的灯具，这些灯具在相机拍摄的图像中不能留下足够的样本……

而我们在本文中提出的 Pulsar，通过克服传统可见光定位技术的高成本、高功耗和间歇性覆盖，可以显著加速光定位技术在日常生活中的应用。

注意，在写完受到某个工作的启发之后，作者直接就指明了自己的工作和这个工作的区别，并且在后面介绍了自己工作的优点。

CVPR 2009 的最佳论文——何恺明的 "Single Image Haze Removal Using Dark Channel Prior"[7]，也提到了受到其他工作的启发。

我们方法中的暗通道先验（dark channel prior），受到了来自多光谱遥感系统中广泛使用的、众所周知的暗物体消减技术（dark-object subtraction technique）的启发。工作通过减去与场景中最暗的对象对应的常量值，来消除空间均匀分布的雾霾（spatially homogeneous haze）。在此，我们对这一思想进行了推广，提出了一种新的自然图像去模糊先验算法。

同样，在介绍完受到的启发之后，作者点明了区别：他们提出的工作是对相关工作的推广。

所以，有可能的话，请毫不吝啬地对其他工作进行夸奖，并且直接说出你受到的启发吧。

参考文献

[1] YANG L, LIN Q, LI X, et al. See through walls with COTS RFID system![C]//Proceedings of the 21st Annual International Conference on Mobile Computing and Networking. Paris, France: ACM, 2015: 487-499.

[2] LIAO Y, LIU S, WANG F, et al. PPDM: parallel point detection and matching for real-time human-object interaction detection[C]//Proceedings of the IEEE/CVF Conference on Computer Vision and Pattern Recognition. [S. l.]: IEEE, 2020: 482-490.

[3] XIE X, NIU J, LIU X, et al. DG-CNN: introducing margin information into convolutional neural networks for breast cancer diagnosis in ultrasound images[J]. Journal of Computer Science and Technology, 2022, 37: 277-294.

[4] LI M, CHEN S, ZHAO Y, et al. Dynamic multiscale graph neural networks for 3D skeleton-based human motion prediction[C]//Proceedings of the IEEE/CVF Conference on Computer Vision and Pattern Recognition. [S. l.]: IEEE, 2020: 214-223.

[5] WATSON J D, CRICK F H C. Molecular structure of nucleic acids: a structure for deoxyribose nucleic acid[J]. Nature, 1953, 171: 737-738.

[6] ZHANG C, ZHANG X. Pulsar: towards ubiquitous visible light localization[C]//Proceedings of the 23rd Annual International Conference

on Mobile Computing And Networking. Snowbird, Utah: ACM, 2017: 208-221.

[7] HE K, SUN J, TANG X. Single image haze removal using dark channel prior[J]. IEEE Transactions on Pattern Analysis and Machine Intelligence, 2011, 33(12):2341-2353.

第10章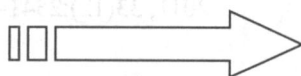

系统设计

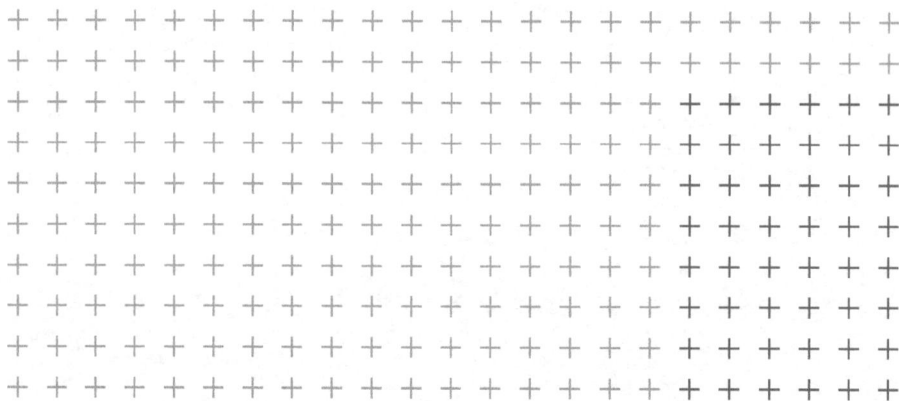

10.1　系统设计的内容及架构

在系统设计部分，要详细介绍你提出的方法的细节。系统设计往往是一篇论文中篇幅较长的部分。

系统设计写什么

前文提到，论文的摘要和引言会介绍系统的一些亮点，包括洞见、创新点等。但是一个系统除了亮点之外，还包括其他很多模块。这些模块可能创新性不如核心亮点，但却是系统必不可少的组成部分，因此也需要展示出来。再者，因为篇幅的限制，摘要和引言无法将一些细节展示出来。此外，系统所面临的挑战以及对应解决方法的细节，也无法在前面的部分中详细描述。这些都需要在系统设计部分进行阐述。

因此，系统设计的关键特点就是：**完整度高，体现细节，体现深度**。系统设计需要展示构成整个系统的所有部件（完整度高），详细介绍每个部件的细节（体现细节），并清楚阐述如何针对挑战解决问题（体现深度）。这样，当读者读完系统设计这一部分之后，就可以复现你的系统。

此外，系统设计要能够把你在摘要、引言中体现出来的创新点具体化（substantialize）。也就是说，在摘要和引言中，你可能只是介绍了创新点背后的洞见和核心思想，而在系统设计中，你需要把这一切具体化，即把贯彻这些洞见和核心思想的细节写清楚。这样，读者就会对你的创新点更加信服。

系统设计的结构

系统设计部分通常的写作方法有两种，一种是总分结构，另一种是递进结构。

总分结构的系统设计通常先进行系统概述（system overview），然后再介绍系统的各部分内容，我们来举一个例子。

发表在 INFOCOM 2020 上的论文 "TagRay: Contactless Sensing and Tracking of Mobile Objects using COTS RFID Devices" [1]，主要介绍了一个跟

踪系统。该系统使用 COTS RFID 设备，对移动对象进行非接触式的传感和跟踪。这篇论文的系统设计部分就使用了典型的总分结构。

首先，在论文的第 2 节，作者对系统进行了概述。在这一部分中，作者直接说明了该系统包括的 3 个模块：数据预处理（data preprocessing）、目标跟踪（object tracking）和材料识别（material identification）。

按照这个结构，作者分别在论文的第 3～5 节，详细介绍了数据预处理、目标跟踪和材料识别，整体逻辑非常清晰。

发表在 CVPR 2020 上的论文 "Front2Back: Single View 3D Shape Reconstruction via Front to Back Prediction"[2]，提出了一个用二维图像构建三维形状的方法。这篇论文的系统设计部分也使用了总分结构。

首先，在论文第 3 节的开始部分，作者给出了系统结构图（翻译后的结构图见图 10.1），并且指出系统从左到右分成 4 个模块：正交前视图预测（orthographic front view prediction）、对称性检测（symmetry detection）、后视图贴图预测（back view maps prediction）和表面重建（surface reconstruction）。

对于这 4 个模块，作者依次在论文的第 3.1～3.4 节进行了具体阐述。

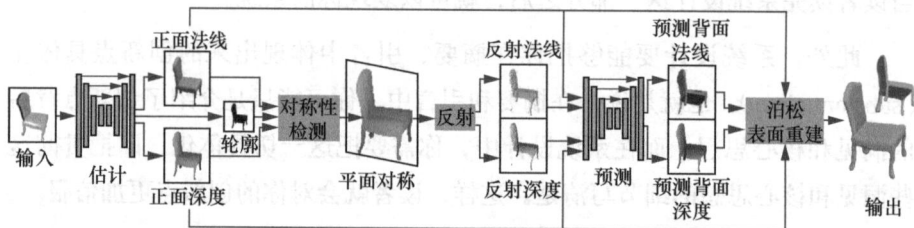

图 10.1　系统结构图[2]

递进结构的系统设计通常是这样组织的：首先，给出一个初始的系统设计（preliminary system design）；然后，指出该设计可能会面临的一些问题；接着，不断针对这些问题进行改进，给出进阶系统设计（advanced system design），通常一个小节改进一个问题；每一次改进之后，都通过展示改进的结果来体现改进方案的有效性。

发表在 MobiCom 2020 的论文 "From Relative Azimuth to Absolute Location: Pushing the Limit of PIR Sensor based Localization"[3]，提出了一个基于红

外传感器的定位系统。该论文的系统设计部分使用的就是典型的递进结构。

该定位系统的核心，是要通过红外传感器输出来估计一个叫作"方位角"（azimuth）的量，进而估计人的位置。因此，重点在于如何估计方位角。

在系统设计部分，作者首先给了一个估计方位角的初步方案，详细介绍如何根据红外传感器的输出估计方位角。

在后面的小节中，作者不断针对这个初步方案进行改进。

具体地，在论文第 4.1 节中，作者用实验的方式证明了使用初步方案来估计方位角会出现的两个问题：第一是噪声会让方位角的估计产生误差；第二是当人突然停止运动时，也会造成方位角估计的误差。在论文第 4.1 节的后半部分，作者给出了第一个改进方案，同时解释了这一改进方案为什么有效，并且展示了改进后的效果。

在论文第 4.2 节中，作者用实验展示了当人在急转弯时，论文第 4.1 节提出的改进方案仍然会出现估计误差。因此，作者在论文第 4.2 节的后半部分提出了一个改进策略：检测人急转弯的时刻。

接下来，作者在论文第 4.3 节进一步提出了一个更高精度估计方位角的方法：双窗口法。

在这篇论文中，作者首先给出初始设计，然后在后续各节中，不断对初始设计进行改进完善，这就是递进结构的系统设计。

那么，总分结构和递进结构，哪一个更好呢？

这个问题没有一个标准答案。通常来说，总分结构是一个中规中矩的结构，新手非常容易掌握，按照这个结构写不容易出错，但是也不太容易出彩。而递进结构由于一环套一环，更容易吸引读者，但是对写作的要求更高。

10.2 "为什么这么做"往往比"怎么做"更重要

在写系统设计部分时，很多学生都会忽略一点，就是只给出了系统是怎么设计的，并没有提供这么设计的理由。

我的博士导师利芬教授和我的一次谈话，让我隔了很多年仍然记忆犹新。

我博士毕业答辩前，他专门把我叫到办公室嘱咐答辩注意事项。利芬教授对我说了一件事，他几天前作为答辩委员会外部评审专家参加一个博士生的毕业答辩，那位博士生做的课题是关于结构的损伤检测的。他的博士毕业论文使用了一种特殊的神经网络——RBF 神经网络来解决该问题。在答辩时，利芬教授问的第一个问题就是：“为什么用 RBF 神经网络，而不是其他类型的神经网络？”这个博士生估计没想到会有人问这样一个基本问题，直接愣住了。因为他的整篇论文都是建立在 RBF 神经网络的基础之上的，所以他没能通过这次博士答辩。利芬教授讲完这件事之后，认真地对我说：“Liu，你的论文中，也需要避免这样的错误，你需要为你做的每件事提供充足的说明。”

我们都知道，在议论文中，你提出一个主张（claim）之后，就应该用论据来证明这个主张是正确的。对于科技论文，系统设计从本质上来讲也是一个主张，所以，你也需要为你的主张提供论据。

我的一位硕士生向一个会议投稿被拒，其中一段审稿意见如下。

为了解决……问题，作者在系统设计的各部分中，提出了很多方法，例如遗传算法、选择互补的节点、KLD 测量、多目标优化、并行化算法、聚类算法等，但作者没有讨论为什么要选择这些算法。

没有讨论自己为什么提出这些方法，是这篇论文被拒稿的直接原因。

有人会问，我提出的是一个算法或者设计，又不是提出一个数学定理，如何提供论证呢？

我们以计算机科学方面的科研来举例。计算机科学家总是希望一个算法在性能方面能够达到“最优”或者“尽可能最优”（best effort）。

当看到一篇论文提出某个设计时，计算机科学家脑子里浮现出来的问题往往是：还有更好的设计吗？

因此，我们需要说明自己提出的方法不是“拍脑袋就能想出来的”，或者说，你的方法一定比那些“拍脑袋想到的方法”有更好的效果。

所以，要证明自己提出的设计足够好，我们通常需要找几个大部分人都能够想到的“候选方案”，然后说明自己提出的方案相比于这些候选方案的优点。

这种方式虽然不能严格证明自己的方法是最优的，但是审稿人也会在心里认同，作者的设计已经是深思熟虑过后的最好方案了。

我们来举个例子。现在，我们要往墙上钉一个钉子（目标）。如何找到一个工具（方法），让我们更方便省力地完成这个目标？

很多人会直接回答：拿榔头敲不就行了。

这种写法就不是科技论文的写法，因为直接给出了方法（选择榔头），而没有说明选择榔头的动机。

符合科技论文规范的写法是下面这样的。

为了完成这个任务，我们可以选择的工具包括砖头、扳手、螺丝刀等。（**找几个候选方案**）

但是这些方案都存在缺点。砖头的硬度通常不如钉子头，如果墙面阻力过大，使用砖头无法完成任务。扳手虽然一般是不锈钢材质，硬度较高，但是较轻，接触钉子的部位较小，用其钉钉子效率较低，还会经常砸在钉子周围的墙面上。使用螺丝刀将钉子旋入墙面，会因为墙面阻力较大而无法实现。（**说明候选方案的缺点**）

因此，我们选择用榔头来完成该任务。榔头的头部一般为不锈钢材质，硬度较高，而且榔头的锤柄适合人们握住，容易控制方向和力度。此外，榔头的头部较重，根据动量定理 $W = \dfrac{1}{2}mv^2$，很容易对钉子施加足够的力而使其进入墙体。（**提出自己的方案，说明自己方案相比于候选方案的优点**）

这才是符合科技论文写法的方案设计。

当然，上面关于自己的方法比其他方法好的论证，只是一种"定性分析"。定性分析的优势是容易理解，也往往包含一些对问题本身的洞见（insight），审稿人容易"从情感上"相信你的方法的确比其他的方法更好。

但是定性分析也有缺点，就是没有量化，不够严密。

为了弥补定性分析的缺点，我们还需要进行补充说明。通常，我们需要在后面的实验中，用数据说明自己方法的效果比其他方法好。另外，如果能够从理论上证明自己的方法比其他方法好，那就更好了。

　　此外，在系统设计中，除了总体设计需要我们提供论据之外，大到方法的基本思想，小到某个超参数的选择，都需要我们说明为什么要这么做。

　　例如，发表在 MobiCom 2020 上的论文"ApproxDet: Content and Contention-Aware Approximate Object Detection for Mobiles"[4]，在系统设计部分，就为系统的每个设计提供了依据。我们以其中的一小段为例。

　　我们使用数量和总面积这两个特征来对跟踪器的延迟进行建模。之所以采用这两个特征，是因为我们发现很多跟踪器的延迟会随着对象的数量和总面积的增加而成比例地增加。

10.3　创新性的想法重要，还是坚实的系统设计重要？

　　我们之前讲过，科技论文的创新点非常重要，要想写出一篇优秀的科技论文，我们需要用像水晶般清澈（as clear as crystal）的文字，清晰地将论文的创新点展现出来；此外，论述还需要像岩石般坚实（as solid as rock），审稿人费尽心思来挑你的刺儿，都找不到明显的漏洞。"坚实"这个特点主要体现在系统设计和实验部分。例如，在系统设计中，我们需要对各种情况进行针对性的思考，并且说明为什么我们提出的设计方案比其他的设计方案好。

　　那么，到底是创新性的想法重要，还是坚实的系统设计重要呢？

　　很多人下意识的答案可能是"都重要"。但是这个答案并没有把两者的关系讲清楚。这一节，我们主要谈谈这个问题。

翡翠的种水和颜色哪个更重要？

　　翡翠是玉的一种，广受人们的喜爱，通常作为首饰。一件翡翠的价格主要由两个指标决定，一个是翡翠的种水，另一个是翡翠的颜色。

　　翡翠的种水指翡翠的质地和透明度。种水好的翡翠，质地细腻、透明度高，而种水差的翡翠颗粒粗且不透明。

　　翡翠中，种水最差的被称为豆种，最好的被称为玻璃种。中间水平的翡翠按种水从低到高，还有糯种、糯冰种、冰种等。图 10.2 从左到右展示了种水从低到高的 4 个翡翠手镯，它们分别是豆种、糯种、糯冰种和冰种。

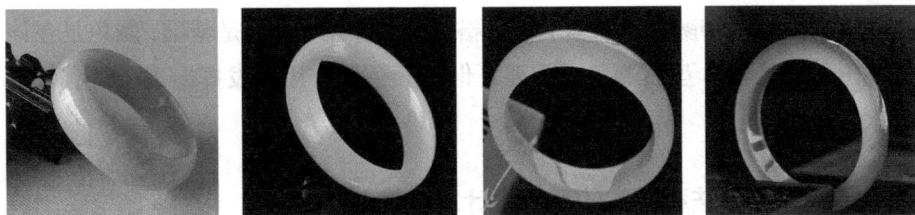

图 10.2　不同种水的翡翠手镯

种水对翡翠的价格影响很大。行内有句话叫作"水多一分，银增十两"。豆种翡翠手镯，小几百元就可以买到，糯种翡翠手镯大概要几千元，糯冰种翡翠手镯可能要接近万元，而冰种翡翠手镯的价格可能要十万元以上。

影响翡翠价格的另一个重要因素就是颜色。行内也有一句话，叫作"色差一分，价差十倍"。翡翠以绿为尊，单就绿色翡翠而言，颜色评级从低到高，分为豆绿、芙蓉绿、秧苗绿、阳绿、苹果绿、帝王绿等诸多等级。

那么"种水"和"颜色"，到底哪个对翡翠的价格影响更大呢？

简单地说，**种水是基础**，**"颜色"是在该基础上的倍增器**。我们可以从两个角度来解释这句话。

首先，**种水非常重要**。如果一件翡翠的种水不好，颜色再好，其价格也不会太高。

其次，**光有种水是不够的**。在有好种水的前提下，好颜色会让一件翡翠的价格得到极大的提高。

换句话说，对于差种水的翡翠手镯，好颜色对价格的提升作用不大；而对于好种水的翡翠手镯，好颜色可以让价格飙升，如图 10.3 所示。

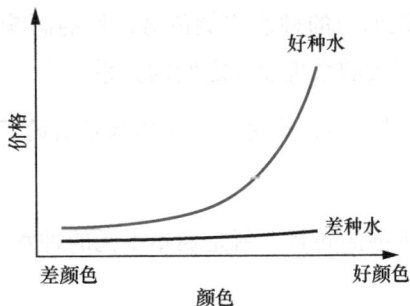

图 10.3　对于不同种水的翡翠手镯，颜色对价格的影响

这就是种水和颜色对翡翠手镯价格的影响作用：种水是基础，颜色是在该基础上的倍增器。虽然颜色很重要，但是颜色的作用要发挥出来，得有好的种水才行。

创新性的想法和坚实的系统设计之间的关系

创新性的想法和坚实的系统设计到底哪个更重要，也可以用上面的思想来分析。

在科技论文中，创新性的想法相当于翡翠手镯的种水，而坚实的系统设计相当于翡翠手镯的颜色。

因此，创新性的想法是基础，坚实的系统设计则是基础之上的倍增器。

首先，创新性的想法非常重要。如果一篇科技论文没有好的创新性的想法，那么哪怕系统设计再坚实，也远算不上好的科技论文。我们在前面的章节中提到，很多论文靠"虚张声势"的数学公式，或者堆积了各种方法，试图让自身看起来比较复杂，但是，充其量也就是一篇合格的技术报告，与一篇好的科技论文相差甚远。

其次，只有创新性的想法是不够的。因为基于一个想法直接设计出来的系统往往实用性不强。如果一篇论文的基本想法具有创新性，那么在基本想法的基础之上不断改进优化，进行坚实的系统设计，则会让论文的质量得到大幅度提升。

总结一下，这两者都重要，只不过创新性的想法是前提条件，而坚实的系统设计，则是在其之上的进一步提高。

在本节中，我们以翡翠的种水和颜色对价格的影响为例，回答了科技论文中创新性的想法和坚实的系统设计之间的关系。

记得有学生问我："老师，你对'生活不只眼前的苟且，还有诗和远方'怎么看？"

我的理解是，"眼前的苟且"就是翡翠手镯的种水，而"诗和远方"，则是翡翠手镯的"颜色"。

"眼前的苟且"，是要让自己首先能够谋生，这是我们首先要做好的。如果没有"眼前的苟且"，那么"诗和远方"做得再好，也会变得没有多大价值。

其次，我们不能仅仅满足于"眼前的苟且"。因为在满足了"眼前的苟且"之后，"诗和远方"，才是让人生精彩绽放的所在。

10.4　要想有说服力，给出数学证明吧！

我们在第 5.4 节中说过，对问题的公式化描述通常不能算创新点。有的读者看完之后可能对论文中的数学公式产生一种错误的认识，认为论文中的数学公式都是用来"强撑颜值"的。这种认识是不对的，在计算机、电子、控制等领域的论文中，数学公式的最大作用就是**证明你的方法在性能上的理论边界**。

为什么要有数学证明？

很多有影响力的论文都提出了领域内的一个开创性成果。这些论文大部分都在数学上证明了提出的方法在性能上的理论边界，我们来举两个例子。

如果一个人在机器人、控制论或航空航天工程学等方面有过一定的研究，那么他一定听说过卡尔曼滤波器。卡尔曼滤波器就是以其发明者卡尔曼的名字命名的。卡尔曼是美国数学家，1930 年出生于匈牙利，1957 年于美国哥伦比亚大学获得博士学位。卡尔曼滤波器正是源于他在 1960 年发表的论文"A New Approach to Linear Filtering and Prediction Problems"[5]。卡尔曼曾获得无数的奖项和荣誉，其中包括 2009 年由时任美国总统奥巴马授予的美国国家科学奖章。

卡尔曼的这篇论文虽然迄今已经被引用了超 44 000 次（这是一个非常惊人的数字！），但如果你直接看这篇论文的话，其实非常艰涩难懂，因为卡尔曼在论文中严格地证明了他所提出的算法在某些假设前提下，可以从理论上得出的最优解。我们把部分数学证明放在图 10.4 中。

这篇论文的价值不仅在算法本身，还和算法的数学证明有很大的关系。因为从数学上给出的证明，可以让这个算法在各种条件下的有效性不存在任何争议。

Solution of the Wiener problem

Let us now define the principal problem of the paper.

Problem I. *Consider the dynamic model*

$$\mathbf{x}(t+1) = \mathbf{\Phi}(t+1; t)\mathbf{x}(t) + \mathbf{u}(t) \qquad (16)$$

$$\mathbf{y}(t) = \mathbf{M}(t)\mathbf{x}(t) \qquad (17)$$

where $\mathbf{u}(t)$ *is an independent gaussian random process of n-vectors with zero mean,* $\mathbf{x}(t)$ *is an n-vector,* $\mathbf{y}(t)$ *is a p-vector (p ≤ n),* $\mathbf{\Phi}(t+1; t)$, $\mathbf{M}(t)$ *are n × n, resp. p × n, matrices whose elements are nonrandom functions of time.*

Given the observed values of $\mathbf{y}(t_0)$, ..., $\mathbf{y}(t)$ *find an estimate* $\mathbf{x}^*(t_1|t)$ *of* $\mathbf{x}(t_1)$ *which minimizes the expected loss. (See Fig. 2, where* $\mathbf{\Delta}(t) = \mathbf{I}$.)

This problem includes as a special case the problems of filtering, prediction, and data smoothing mentioned earlier. It includes also the problem of reconstructing all the state variables of a linear dynamic system from noisy observations of some of the state variables (p < n!).

From Theorem 2-a we know that the solution of Problem I is simply the orthogonal projection of $\mathbf{x}(t_1)$ on the linear manifold $\mathcal{Y}(t)$ generated by the observed random variables. As remarked in the Introduction, this is to be accomplished by means of a linear (not necessarily stationary!) dynamic system of the general form (14). With this in mind, we proceed as follows.

Theorem 3. (*Solution of the Wiener Problem*)

Consider Problem I. The optimal estimate $\mathbf{x}^*(t+1|t)$ *of* $\mathbf{x}(t+1)$ *given* $\mathbf{y}(t_0)$, ..., $\mathbf{y}(t)$ *is generated by the linear dynamic system*

$$\mathbf{x}^*(t+1|t) = \mathbf{\Phi}^*(t+1; t)\mathbf{x}^*(t|t-1) + \mathbf{\Delta}^*(t)\mathbf{y}(t) \qquad (21)$$

The estimation error is given by

$$\tilde{\mathbf{x}}(t+1|t) = \mathbf{\Phi}^*(t+1; t)\tilde{\mathbf{x}}(t|t-1) + \mathbf{u}(t) \qquad (23)$$

The covariance matrix of the estimation error is

$$\text{cov } \tilde{\mathbf{x}}(t|t-1) = E\tilde{\mathbf{x}}(t|t-1)\tilde{\mathbf{x}}'(t|t-1) = \mathbf{P}^*(t) \qquad (26)$$

The expected quadratic loss is

$$\sum_{i=1}^{n} E\tilde{x}_i^2(t|t-1) = \text{trace } \mathbf{P}^*(t) \qquad (27)$$

The matrices $\mathbf{\Delta}^*(t)$, $\mathbf{\Phi}^*(t+1; t)$, $\mathbf{P}^*(t)$ *are generated by the recursion relations*

$$\left.\begin{array}{l} \mathbf{\Delta}^*(t) = \mathbf{\Phi}(t+1; t)\mathbf{P}^*(t)\mathbf{M}'(t)[\mathbf{M}(t)\mathbf{P}^*(t)\mathbf{M}'(t)]^{-1} \qquad (28) \\ \mathbf{\Phi}^*(t+1; t) = \mathbf{\Phi}(t+1; t) - \mathbf{\Delta}^*(t)\mathbf{M}(t) \qquad (29) \\ \mathbf{P}^*(t+1) = \mathbf{\Phi}^*(t+1; t)\mathbf{P}^*(t)\mathbf{\Phi}'(t+1; t) \\ \qquad\qquad\qquad\qquad + \mathbf{Q}(t) \qquad (30) \end{array}\right\} t \geq t_0$$

图 10.4　卡尔曼论文中的部分证明[5]

　　2016 年 11 月 19 日，国际移动通信标准化组织 3GPP 确定了将我国华为公司力挺的 Polar 码（极化码）作为 5G-eMBB（增强型移动宽带）场景的控制信道编码方案。极化码的最初工作，是由土耳其的科学家阿里坎在 2009 年提出的，发表在期刊 *IEEE Transactions on Information Theory* 上[6]。和卡尔曼类似，在这篇论文里，阿里坎不仅提出了极化码的编码方案，还严格证明了极化码可以达到的信道容量（部分内容放在图 10.5 中）。

Theorem 1: For any B-DMC W, the channels $\{W_N^{(i)}\}$ polarize in the sense that, for any fixed $\delta \in (0,1)$, as N goes to infinity through powers of two, the fraction of indices $i \in \{1, \cdots, N\}$ for which $I(W_N^{(i)}) \in (1-\delta, 1]$ goes to $I(W)$ and the fraction for which $I(W_N^{(i)}) \in [0, \delta)$ goes to $1 - I(W)$. This theorem is proved in Sect. IV.

A. Proof of Theorem 1

We will prove Theorem 1 by considering the stochastic convergence properties of the random sequences $\{I_n\}$ and $\{Z_n\}$.

Proposition 8: The sequence of random variables and Borel fields $\{I_n, \mathcal{F}_n; n \geq 0\}$ is a martingale, i.e.,

$$\mathcal{F}_n \subset \mathcal{F}_{n+1} \text{ and } I_n \text{ is } \mathcal{F}_n\text{-measurable}, \qquad (39)$$

$$E[|I_n|] < \infty, \qquad (40)$$

$$I_n = E[I_{n+1}|\mathcal{F}_n]. \qquad (41)$$

Furthermore, the sequence $\{I_n; n \geq 0\}$ converges a.e. to a random variable I_∞ such that $E[I_\infty] = I_0$.

Proof: Condition (39) is true by construction and (40) by the fact that $0 \leq I_n \leq 1$. To prove (41), consider a cylinder

Theorem 2: For any B-DMC W with $I(W) > 0$, and any fixed $R < I(W)$, there exists a sequence of sets $\mathcal{A}_N \subset \{1, \cdots, N\}$, $N \in \{1, 2, \cdots, 2^n, \cdots\}$, such that $|\mathcal{A}_N| \geq NR$ and $Z(W_N^{(i)}) \leq O(N^{-5/4})$ for all $i \in \mathcal{A}_N$. This theorem is proved in Sect. IV-B.

B. Proof of Theorem 2

We will now prove Theorem 2, which strengthens the above polarization results by specifying a rate of polarization. Consider the probability space $(\Omega, \mathcal{F}, P)$. For $\omega \in \Omega$, $i \geq 0$, by Prop. 7, we have $Z_{i+1}(\omega) = Z_i^2(\omega)$ if $B_{i+1}(\omega) = 1$ and $Z_{i+1}(\omega) \leq 2Z_i(\omega) - Z_i(\omega)^2 \leq 2Z_i(\omega)$ if $B_{i+1}(\omega) = 0$. For $\zeta \geq 0$ and $m \geq 0$, define

$$T_m(\zeta) \triangleq \{\omega \in \Omega : Z_i(\omega) \leq \zeta \text{ for all } i \geq m\}.$$

For $\omega \in T_m(\zeta)$ and $i \geq m$, we have

$$\frac{Z_{i+1}(\omega)}{Z_i(\omega)} \leq \begin{cases} 2, & \text{if } B_{i+1}(\omega) = 0 \\ \zeta, & \text{if } B_{i+1}(\omega) = 1 \end{cases}$$

which implies

$$Z_n(\omega) \leq \zeta \cdot 2^{n-m} \cdot \prod_{i=m+1}^{n} (\zeta/2)^{B_i(\omega)}, \quad \omega \in T_m(\zeta), \ n > m.$$

图 10.5　阿里坎论文中的部分证明[6]

　　有了这些数学证明，业界就可以非常放心地使用该方案，这也是极化码在不到十年间就从实验室被应用到工业领域的一个重要原因。

　　很多人提出的方法都是基于经验的。但是真正坚实的工作，最好要通过数学证明给出方法有效性的理论边界（最好的情况、最坏的情况、平均情况下能够达到的效果等）。有经验的科研人员都知道，一个理论证明，可以抵得上无数个实际实验。

　　而如果没有数学证明，仅仅只有实验结果证明你的方法，审稿人就会对方法的效果有疑虑。例如："是不是你的方法只在特定的数据集，或者特定的环境中起作用？"因为在一些情况下，很多投机取巧的科研人员会做大量的实验，然后挑选出好的结果在论文中展示出来。

　　因此，要想通过实验来证明你的方法很好，往往需要花很大力气。例如，你需要找多个数据集，数据集的规模要大，并且最好是公开数据集；你需要详细说明你的实验设置（硬件）、实验场景、所有参数设定；你需要分析实验结果，通过消融实验（ablation study）来证明你的方法效果好是因为你的设计而不是其他原因，并且提供源代码；等等。

　　但是，如果你能从数学理论上证明你的方法效果好，那么这些实验就仅仅起到锦上添花的作用，甚至可以完全不在论文中体现。

因为没有数学证明而被拒稿的例子

　　我的一个学生向 AAAI 年会[①]投稿，所有的审稿人都指出了这篇论文的理论分析不足这个缺点。部分审稿意见如下。

　　该方法在实验中表现良好。如果作者能够提供一些理论分析来验证提出方法的有效性会更好。

　　通过与其他基线的实验比较，验证了所提出算法的优越性，但并不一定能证明其最优性。本文缺乏对其所提出的算法的理论分析。

　　可以提供一些理论分析，例如，在哪些条件下可以在理论上实现最佳的

---

① AAAI 是 Association for the Advancement of Artificial Intelligence（国际先进人工智能协会）的缩写，AAAI 年会是国际顶级人工智能学术会议之一。

训练计划？所提出的算法与通信效率或准确性的最优解有多接近？

所以，有可能的话，请为你的方法的性能提供一些理论依据吧！

关于数学证明的两个误区

很多同学对科技论文中的数学证明有畏难情绪。很多情况下，是因为他们对数学证明的认识有两个误区。

第一个误区，就是很多人认为，既然要证明，就需要全面地、无遗漏地给出方法在所有性能上的理论证明。

这是不对的，要知道，即使对一个数学专业的人来说，给出一个方法在所有性能方面的证明都非常困难。

所以，很多情况下，我们不需要给出方法有效性的全面证明，而只需要给出方法的某个性能指标，甚至是在某个小的方面的证明即可。

例如，在发表在 MobiCom 2020 的论文 "From Relative Azimuth to Absolute Location: Pushing the Limit of PIR Sensor based Localization" [3]中，作者提出了一个基于红外线的定位系统。

通常而言，一个定位系统的性能都是通过实验来证明的，从这个角度来说，好像没有什么可以从理论上证明的东西。

但作者在论文中专门用一小节"关于运动轨迹和传感器部署对定位精度影响的理论分析"来进行理论证明。

作者给出了两段轨迹（轨迹 1 和轨迹 2），如图 10.6（a）所示。这两段轨迹具有相同的长度，但彼此垂直。作者通过实验发现，人在轨迹 1 上行走时的定位精度高于在轨迹 2 上行走时的定位精度。

作者用 Cramer Rao 下界（CRLB）来解释这个现象。CRLB 被广泛用于评价定位精度。作者介绍了如何计算这两段轨迹的 CRLB，并且把它们显示在图 10.6（b）中。我们可以看到轨迹 1 上的 CRLB 比轨迹 2 上的要小得多，这证明了上述实验发现。

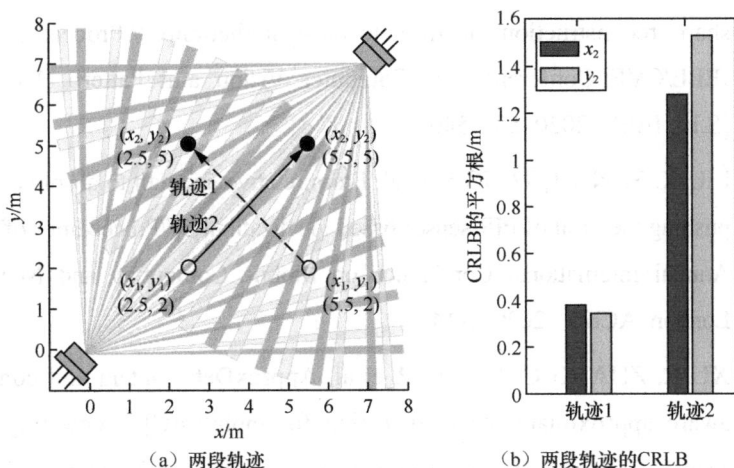

（a）两段轨迹　　　　　　　（b）两段轨迹的CRLB

图 10.6　上述论文配图[3]

　　我们可以看到，作者并没有给出系统的理论性能边界，但是他们针对一个特定的场景，用数学公式对系统的某个现象进行了解释。

　　第二个误区，就是很多人认为，需要从头开始自己推导出证明。

　　但是在绝大多数情况下，我们都可以借鉴其他论文的证明。例如，在前文提到的被拒稿的论文中，作者提出的方法是将原本在集中式场景下对训练样本"由少到多，由易到难"的采样模式，推广到在分布式的场景下对客户端"由少到多，由易到难"的采样模式。

　　因为已经有一些论文证明了在集中式场景下该采样训练样本的有效性，所以要证明他提出的方法的有效性，只需要将之前的采样模型进行扩展，从样本层次扩展到客户端层次即可，这个理论证明的难度就大大降低了。

参考文献

[1] CHEN Z, YANG P, XIONG J, et al. TagRay: contactless sensing and tracking of mobile objects using COTS RFID devices[C]// IEEE INFOCOM 2020-IEEE Conference on Computer Communications. Toronto, Canada: IEEE, 2020: 307-316.

[2] YAO Y, SCHERTLER N, ROSALES E, et al. Front2back: single view 3D

shape reconstruction via front to back prediction[C]//Proceedings of the IEEE/CVF Conference on Computer Vision and Pattern Recognition. [S.l.]: IEEE, 2020: 531-540.

[3] LIU X, YANG T, TANG S, et al. From relative azimuth to absolute location: pushing the limit of PIR sensor based localization[C]//Proceedings of the 26th Annual International Conference on Mobile Computing and Networking. London: ACM, 2020: 1-14.

[4] XU R, ZHANG C, WANG P, et al. ApproxDet: content and contention-aware approximate object detection for mobiles[C]//Proceedings of the 18th Conference on Embedded Networked Sensor Systems. New York: ACM, 2020: 449-462.

[5] KALMAN R E. A new approach to linear filtering and prediction problems[J]. Journal of Basic Engineering, 1960, 82(1): 35-45.

[6] ARIKAN E. Channel polarization: a method for constructing capacity-achieving codes for symmetric binary-input memoryless channels[J]. IEEE Transactions on Information Theory, 2009, 55(7): 3051-3073.

第11章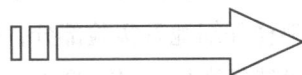

实验

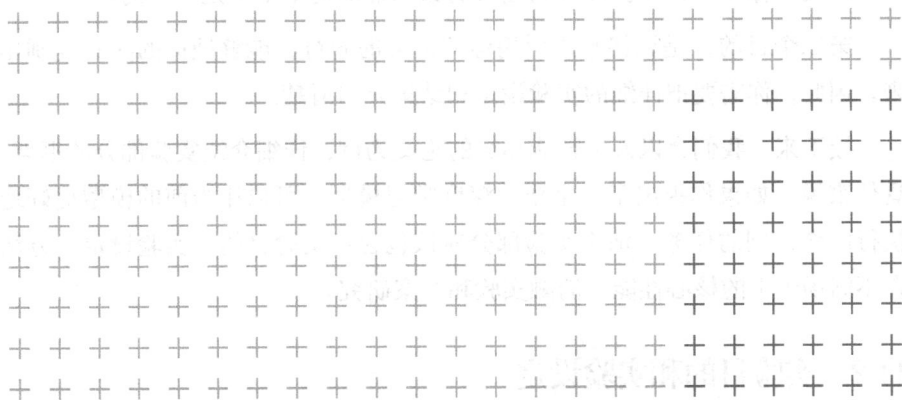

11.1　实验的重要性和目的

实验的重要性毋庸置疑。在一篇科技论文中，实验部分所占的篇幅比重通常也是最大的。例如，对于一篇 9 页的科技论文，实验部分应该在 3 页以上。

但是，因为顺序的原因，审稿人通常不会像阅读摘要、引言、系统设计那样仔细地看实验部分，但是如果实验部分没有给审稿人一个好的印象，他可能很容易以"实验结果不扎实"（The experimental evaluation is weak.）为由，拒收你的论文。

那么，实验的目的是什么呢？通常有两个。

实验的第一个也是最重要的目的，是为你在论文前面得出的结论，特别是在"方法的创新性和有效性"上的结论提供具体的数据支持。

例如，你在摘要和引言中通常会给出下面的结论。

我们在多个数据集上测试了我们的方法。实验表明，我们的方法在精度方面比现有的方法更好。

因此，你需要在实验部分用翔实的数据证明这个结论是可靠的。

第二个目的，是让将来想引用你的论文的同行，能够把你的实验复制出来。因此，你需要把详细的实验设定和结果介绍清楚。

接下来，我们会以人工智能领域的论文为例，详细介绍实验部分的框架。具体来说，如果你提出了一个新的深度学习模型，可以比当前的模型更好地执行图像识别的任务，那么实验部分应该包含：实验目的、实验设定、方法在不同场景下的核心性能、消融实验和个案研究。

11.2　实验目的和实验设定

首先，实验部分需要介绍实验目的和实验设定。这一部分至少需要包含 3 个方面的内容：

- 评价指标（evaluation metrics）；
- 比较对象（baselines）；
- 实验设定（experimental settings）。

评价指标通常是指从哪些方面来对不同的模型进行评价，用哪些指标来衡量等。

比较对象通常包括两类，第一类是最新、效果最好的其他方法（state-of-the-art，SOTA），与这些方法比较，是为了说明你的方法"效果好"；第二类是你自己想出来的一些初始方法（preliminary design），这些方法通常是大部分人经过思索，或者直接"拍脑袋"就能想到的方法，与这些方法比较，是为了说明你的方法是经过深思熟虑的。

实验设定通常是和实验相关的细节，便于让读者复制你的实验。实验设定通常包括如下 3 个方面的内容：

- 数据集（data set），即在哪些数据集上测试性能；
- 实验环境，包括在什么样的 GPU 上测试，框架（如 PyTorch 或 Tensor-Flow）是什么，等等；
- 一些超参数的设定，例如训练集、验证集和测试集的划分情况，输入图像大小，学习率，卷积层超参数，池化层超参数，等等。

11.3　在不同场景下的核心性能

介绍完实验目的和实验设定之后，就要展示在不同场景下，你的方法的核心性能。

在核心场景下的核心性能

首先应该展示在核心场景下，你的方法与当前的一些主流方法，以及 SOTA 方法相比，在核心性能上的优势。

注意这里有两个限制，一个是核心场景，另一个是核心性能。

核心场景，是你所提出的系统性能发挥最好的场景。核心性能，则是那些用户所关心，并且你所提出的系统表现较好的性能。我们来举个例子。

一家汽车制造商专门为大城市的上班族量身定制了一款新车，这款新车不仅价格便宜、油耗低，而且安全舒适。如果要想充分展示这款新车和其他品牌汽车相比所具有的优势，那么选择的核心场景应该是"在上下班时间内城市的典型道路"；而核心性能，则是上班族在该场景下最关心的价格、油耗和安全性等。

如果汽车制造商为喜欢山区自驾游的人设计了一款适合山区、远途的汽车，那么，要想充分展示这款车的优势，选择的核心场景应该是"在山区的复杂地段长时间驾驶"；而核心性能，则是自驾游爱好者在该场景下最关心的安全性、通过性、动力性等。

在核心场景下的核心性能表现良好，对一个产品来说至关重要，科技论文也同样如此。

我们以发表在 MobiCom 2020 上的论文 "From Relative Azimuth to Absolute Location: Pushing the Limit of PIR Sensor based Localization"[1]为例，这是一篇关于利用红外传感器定位的论文。

论文中提及的红外定位系统主要用于单人室内定位。"单人室内定位"就是该系统的核心场景。这是一个定位系统，因此核心指标通常是定位精度。

作者首先应该展示的，就是系统在室内场景下对单人的定位精度。具体而言，作者首先展示了 6 种不同的场景，如图 11.1 所示。这些场景就是核心场景，几乎代表了人们可能用到该系统的所有重要场景。紧接着，作者在

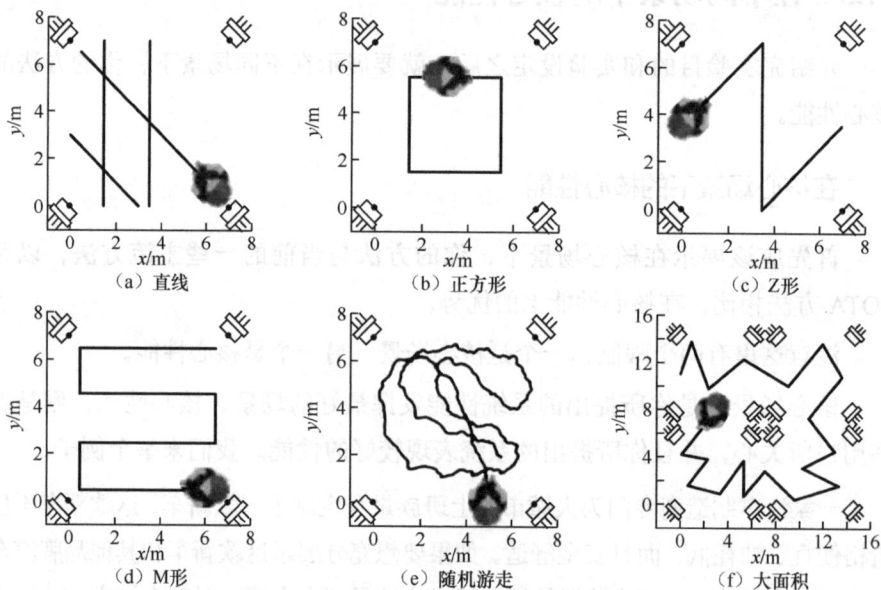

（a）直线　　　　　　　　　（b）正方形　　　　　　　　　（c）Z形

（d）M形　　　　　　　　　（e）随机游走　　　　　　　　（f）大面积

图 11.1　定位系统的核心场景[1]

图 11.2 中展示了在这些场景下的核心性能（定位精度），这里用定位误差的累积分布函数（cumulative distribution function，CDF）来表示。

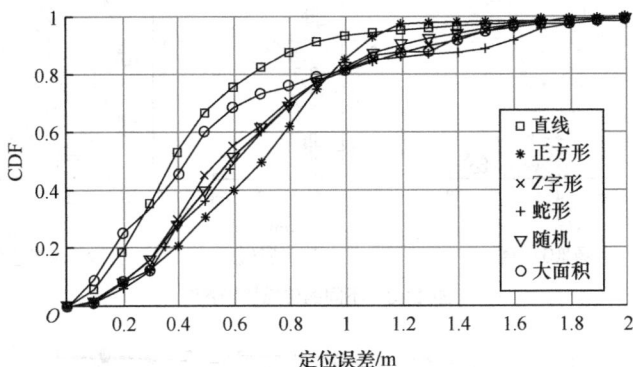

图 11.2　核心场景下的核心性能（定位精度）[1]

在"超参数"的不同设定下，系统在核心场景下的核心性能

对于核心场景，作者提出的方法和系统的性能会受到很多因素的影响。特别是对于某些可以量化的因素，取值不同，系统的性能可能会有较大的差别。这些可以量化的因素，就像机器学习中的"超参数"。我们往往需要展示系统在这些"超参数"的不同设定下的性能。

我们仍以推销汽车为例，为了验证设计的车辆在城市道路上油耗很低，我们可以直接展示车辆的百公里油耗。但是有经验的司机都知道，车辆的油耗受交通状况的影响很大。即使在同一条路线上，不同交通状况下的油耗差别也比较大。因此交通状况就是一个决定油耗的重要"超参数"。

所以，为了更准确地显示车辆油耗，我们可能需要测量在不同交通状况下（例如早晚高峰、中午、周末等不同时段）车辆的百公里油耗。

以前面研究定位系统的论文[1]为例，对定位系统而言，传感器的数量和传感器的位置对系统的定位精度有较大的影响。它们就是定位系统的"超参数"。作者在论文中展示了 7 种不同传感器数量、不同传感器位置的场景（见图 11.3），以及在这些场景下的定位误差（见图 11.4）。

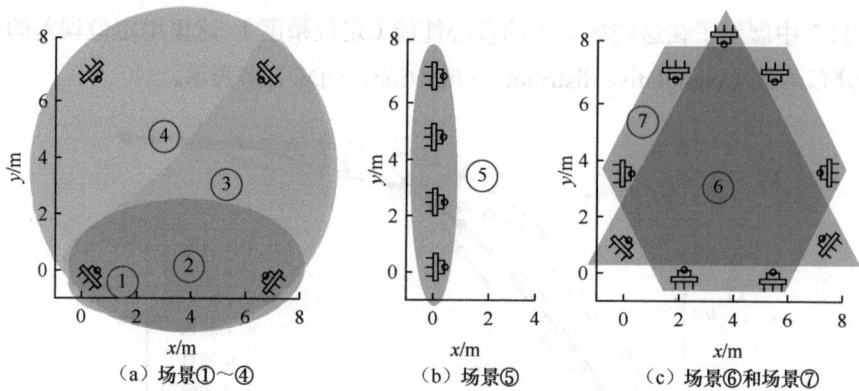

（a）场景①～④　　　（b）场景⑤　　　（c）场景⑥和场景⑦

图 11.3　不同的传感器场景[1]

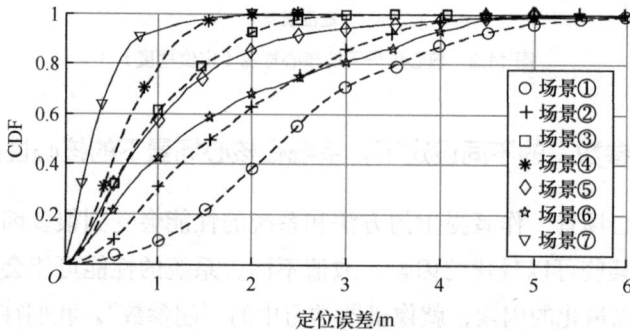

图 11.4　不同的传感器场景下的定位误差[1]

　　可以看出，在这些场景下，大部分的定位误差在可接受的范围内。通过比较，我们也可以得到一些信息，例如，传感器的数量越多，定位误差越小；同样数量的传感器，分散布置比布置在一条直线上效果更好。

　　发表在 BIBM① 2021 的论文 "DK-consistency: A Domain Knowledge Guided Consistency Regularization Method for Semi-supervised Breast Cancer Diagnosis"[2]，研究的是半监督学习下的分类模型。"半监督"是指数据集中有一部分是有标注数据，剩下的是无标注数据。因此对这篇论文而言，有标注数据在整个数据集中的比例就是一个重要的"超参数"。

　　因此作者直接给出了他们提出的方法 "DK-Consistency" 和基线方法在不

---

① 全称为 IEEE International Conference on Bioinformatics and Biomedicine，即 IEEE 国际生物信息与生物医学会议，是生物信息学领域的重要会议。

同比例的有标注数据的场景下系统的性能比较（见图 11.5 ）。

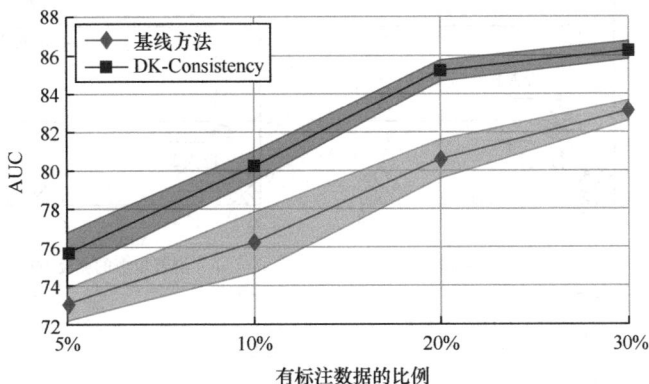

图 11.5 不同比例的有标注数据的场景下系统的性能比较[2]

在次要场景和不利场景下的核心性能

在阅读了核心场景下的核心性能之后，审稿人已经知道了你的方法在这些关键场景下的优势。但是，他们也很想知道，你提出的方法在那些不是很常见，甚至在不利场景下的表现。这些信息可以帮助审稿人了解你提出的方法的适用边界。

通常，你的方法在这些"次要场景"下的性能可能不如在核心场景下的性能好，但是仍然需要是"可用"的。

还是以前文中研究定位系统的论文[1]举例，其次要场景是多人定位。因为作者虽然明确指出单人定位是主要场景，但是也做了少量实验来验证系统在双人定位下系统的性能。图 11.6（a）和（b）展示了两种双人行进的场景（同向而行和反向而行）。图 11.6（c）和（d），则分别展示了这两种情况下的定位精度（定位误差的累积分布函数）。我们可以看出，与单人定位相比，双人定位的精度有所下降，但是仍然在可以接受的范围内。

作者紧接着又展示了一组三人的实验，并把结果与双人实验的结果对比展示在图 11.7 中。可以看出，三人场景的定位精度进一步下降。

除了核心场景和次要场景，还有一种"不利场景"。

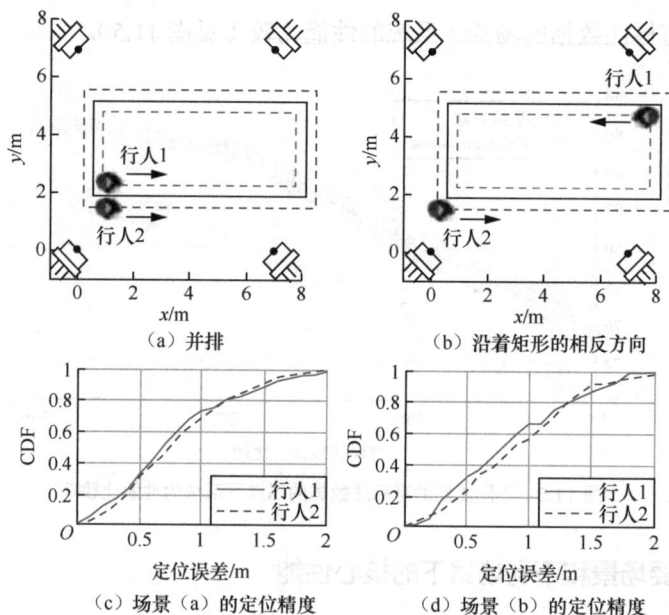

（a）并排

（b）沿着矩形的相反方向

（c）场景（a）的定位精度

（d）场景（b）的定位精度

图 11.6　次要场景及其定位精度（双人）[1]

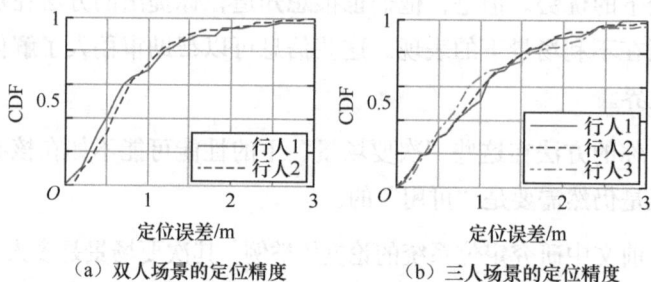

（a）双人场景的定位精度

（b）三人场景的定位精度

图 11.7　次要场景下的定位精度（双人场景与三人场景的对比）[1]

　　所谓的不利场景，就是审稿人很容易想到在一些场景下，你的系统的表现可能会大打折扣，这些场景就是不利场景。

　　我们来举个例子。对红外传感器定位系统而言，传感器根据感受人体的温度来定位人，那么显然环境的温度就是一个影响因素。如果环境温度很高，或者有一个明显的热源（如正在烧水的水壶），那么很有可能会影响定位精度。这就是一个不利场景。

　　此外，当人体离某个红外传感器很近时，红外传感器的"分辨率"会下降，因此有可能造成定位精度下降，这也是一个不利场景。审稿人很关心在这些不利场景下系统的表现，所以作者应该通过实验向审稿人展示系统在这些不利场景下的表现。

通常核心场景和次要场景不同，更具体地说，次要场景是核心场景的扩展。而不利场景则可能是核心场景或次要场景中某些特别的子场景。图 11.8 展示了核心场景、次要场景和不利场景之间的关系。

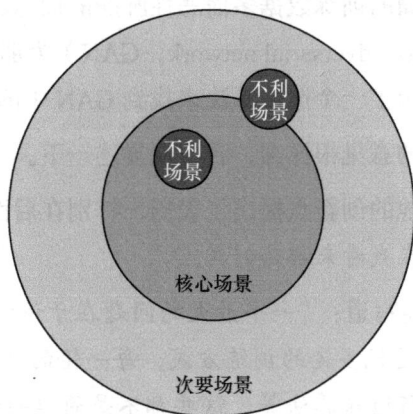

图 11.8　核心场景、次要场景和不利场景之间的关系

需要注意的是，不管是核心场景、次要场景还是不利场景，都需要符合实际，而且具有一定的普适性，通常不需要考虑特别奇怪而少见的场景。通常如果不清楚应该考虑哪些场景的话，那么最简单的方法，就是看看前人的工作都是在哪些场景下做实验的，并把这些场景作为重点考虑。

11.4　在不同场景下的非核心性能

前面，我们介绍了在实验部分需要展示方法在多种场景下的核心性能。需要注意的是，任何方法都是有缺陷的。因此，我们往往需要主动说出自己的方法可能存在的缺点。也就是说，我们需要展示那些"用户可能会关心，而你的系统可能表现得并不理想"的性能，我们把这些性能叫作"非核心性能"。

　　例如，你设计了一个很复杂的神经网络模型来对乳腺超声图像中的肿瘤良恶性进行分类。这个复杂模型要想有好的性能，往往需要通过大量的有标注数据进行训练，这就是模型的缺点。我们需要主动向审稿人展现这个缺点。

　　我的一个学生投稿的一篇论文，是关于如何解决联邦学习下类别不平衡问题的。简单地说，就是参与联邦学习的多个机构的训练数据类别不平衡（例如，某个机构良性肿瘤的训练数据多而恶性肿瘤的训练数据少）。他利用了生成对抗网络（generative adversarial network，GAN）为那些数量较少的类别生成更多的图像，还采用了一个遗传算法来找到 GAN 中的优化参数。

　　其中一个审稿人的意见很详细，我大概复述一下。

　　首先，审稿人对他的创新点提出了表扬，特别在后面总结道："这篇论文中提出的这些方法，在我看来都是创新点。"

　　然而笔锋一转，他写道："一个最大的问题在于该方法带来的额外开销。因为该方法使用的是迭代多轮的训练方式，每一轮的训练，包括采样节点、训练 GAN 模型、执行遗传算法等。这些都不是简单的任务，都需要大量的计算资源和时间。然而，我没有在论文中看见关于该方法带来的开销的任何讨论。"

　　基于此，该审稿人给出了一个负面评分。

　　在这篇论文中，作者应该详细地给出该方法带来的额外计算开销。可以通过理论分析、实验来说明这个方法的计算开销和其他方法相比到底有多大。如果非常大，那么应该通过某些方法来改进（这也将成为论文的一个亮点），直到改进后的方法带来的额外开销并不算太大为止。

　　很多方法的设计都会有缺点，我们需要仔细地、主动地把这些缺点向审稿人展示出来。

11.5　消融实验和个案研究

　　很多科技论文在实验部分，还会包含两部分内容，一个是消融实验（ablation study），另一个是个案研究（case study）。我们先来说消融实验。

在很多情况下，你的创新点往往只是整个系统中的一个子模块。尽管实验已经验证了系统的性能超过已有的系统，但是这不足以证明这个性能的提高是由你的创新点引起的。

所以，审稿人仍然会有疑问："你的创新点真的起作用了吗？会不会是你通过调整参数把系统性能提上去了？"

这时候，我们就需要通过另外一类实验，来证明系统性能的提高就是由创新点带来的，这就是消融实验。

消融实验本质上是一种"控制变量法"，或者医学实验中的"双盲实验"，通过实验比较两个系统的性能，一个包含了某个模块，另一个未包含该模块，这两个系统的其他部分完全相同，就能确定该模块对整个系统性能的影响。

除了消融实验，实验部分中还要进行个案研究。

我们在前面介绍的实验结果，例如定位系统的误差分布（累积分布函数），分类系统的精度（如敏感性、特异性）等，都是基于大量实验结果的统计数据。

统计数据的好处就是全面且严谨，但是往往缺乏"可视性"，审稿人很难对方法的效果产生一些直观的认识。

这时候就轮到"个案研究"出场了。所谓的个案研究，就是把方法或系统在某个特定情况下的效果形象地展现出来。

在个案研究中，往往还可以展示系统的某些中间结果。这些结果通常不会在最后的统计数据中展示出来。

我们来举个例子。发表在期刊 *Journal of Computer Science and Technology* 上的论文 "DG-CNN: Introducing Margin Information into Convolutional Neural Networks for Breast Cancer Diagnosis in Ultrasound Images" [3]，设计了一个融入医生先验知识的神经网络，用来对乳腺肿瘤的良恶性进行分类。作者除了在最后的性能指标上给出了论文模型和基线模型的比较之外，还给出了若干个案研究，来展示模型在某个例子上的细节，如图 11.9 所示。

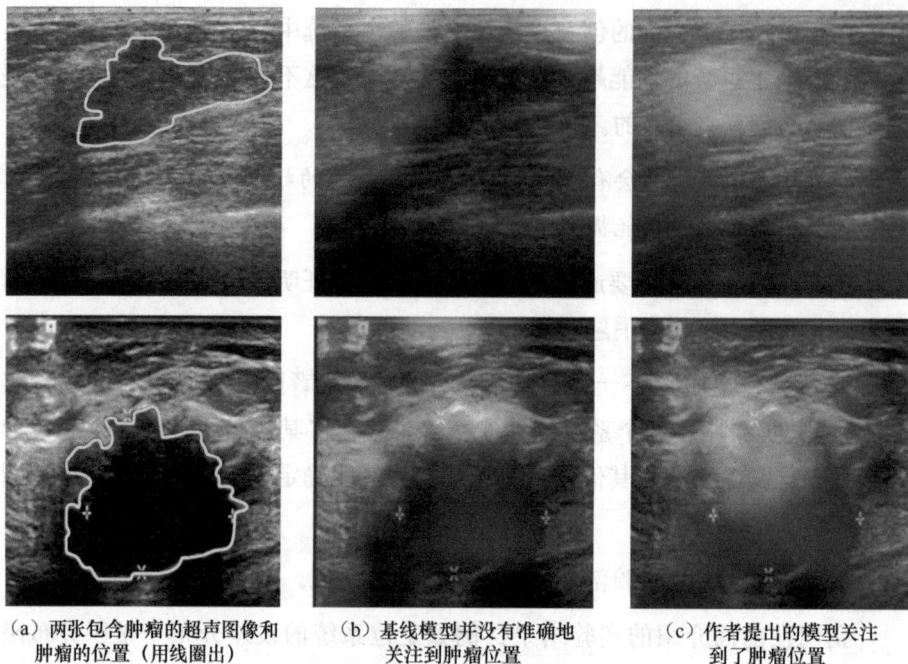

(a) 两张包含肿瘤的超声图像和　　(b) 基线模型并没有准确地　　(c) 作者提出的模型关注
　　肿瘤的位置（用线圈出）　　　　　　关注到肿瘤位置　　　　　　　到了肿瘤位置

图 11.9　个案研究示例[3]

图 11.9（a）展示了两个肿瘤的超声图像，其中圈起来的部位是肿瘤区域。

图 11.9（b）展示了基线模型的效果，其中高亮区域是模型重点关注的区域。我们可以看出，基线模型并没有正确地关注到这两张图像中肿瘤的位置。

图 11.9（c）则展示了作者提出的模型的效果。我们可以看出，相比于基线模型，作者提出的模型更准确地关注到了肿瘤的位置。因此我们有理由相信，至少在这两张图像上，作者提出的模型在乳腺肿瘤良恶性的诊断上比基线模型有更好的表现。

值得注意的是，个案研究虽然形象，并且能够展示细节，但是相比于用统计数据来展示，个案研究仅仅通过个例来展示效果，不能作为强有力的证据来证明你的方法比其他方法好。

11.6　写实验部分时容易犯的错误

很多学生在写实验部分时都很容易犯一个错误，就是直接把图或者表展示出来，而没有在正文中加入足够的解释。在他们的认识中，这些图表是"不言自明的"，审稿人应该可以一眼看出来实验的结果是什么。

我们以图 11.10 为例，图 11.10 展示了一个定位系统在 6 种不同场景下的定位误差。

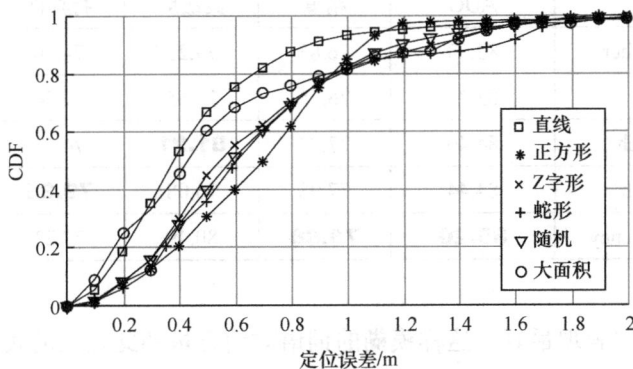

图 11.10　6 种不同场景下的定位误差[1]

学生画完这个图以后，在正文中只介绍了这样一段话。

图 11.10 以累积分布函数的形式展示了在 6 种不同场景下系统的定位误差。从图中可以发现，我们的系统在这 6 种情况下都可以达到很高的精度。

用"很高的精度"这样模糊的措辞来概括这张图，不仅会漏掉很多重要的信息，也不能给审稿人留下任何印象。

后来，学生在上面的那段话之后增加了一段具体的描述，修改后的版本如下。

我们可以看到，在所有场景中，我们的系统以 80% 或更高的概率实现了亚米级的定位。特别是，我们的系统在直线场景中实现了最佳性能（定位误差在 1 米以内的概率为 92%）。所有场景的定位误差的均值约为 0.64 米，标准差约为 0.48 米。即使在最坏的情况下，我们的系统也能够以 99% 的概率实现小于 1.9 米的定位误差。上述实验结果有效地体现了我们系统的定位精度。

我们再举一个例子。一个学生列出了表 11.1 之后，对该表给出了下面的描述。

我们将提出的方法（DK-Consistency）与其他 4 种半监督方法比较，比较结果显示在表 11.1 中。从表中可以看出，我们的方法在 3 个指标（AUC、精度和 F1）上表现最好。

表 11.1　和其他半监督学习方法的比较结果

方法	AUC	精度	灵敏度	特异性	F1
MeanTeacher	83.33	76.83	79.28	74.30	77.69
UDA	83.30	76.75	79.65	73.74	77.71
MixMatch	84.46	77.73	**81.21**	74.13	78.77
FixMatch	84.44	77.98	76.08	**79.94**	77.85
DK-Consistency	**85.20**	**78.88**	80.49	77.23	**79.51**

同样，"表现最好"这样模糊的词语对信息量如此之大的表来说过于粗略了。修改过后的描述如下。

我们将提出的方法（DK-Consistency）与其他 4 种半监督方法比较，比较结果显示在表 11.1 中。从表中可以看出，DK-Consistency 在大多数指标（即 AUC、精度和 F1）上大大超过了其他方法。特别是，DK-Consistency 的 AUC 和精度分别为 85.20%和 78.88%，比 FixMatch 提高了 0.76%和 0.90%。我们注意到，虽然 FixMatch 达到了最高的特异性，但其代价是灵敏度低得多。在与 MixMatch 的比较中也可以发现类似的现象（以低特异性为代价获得最高的敏感性）。总体而言，DK-Consistency 在灵敏度和特异性上取得了较好的平衡，并且在最重要的指标（AUC 和精度）上达到了最高。

总结一下，在给出图表以后，在正文中对应的描述切忌泛泛而谈，而是应该有细节、有数字、有分析。

参考文献

[1] LIU X, YANG T, TANG S, et al. From relative azimuth to absolute

location: pushing the limit of PIR sensor based localization[C]//Proceedings of the 26th Annual International Conference on Mobile Computing and Networking. London: ACM, 2020(1): 1-14.

[2] XIE X, NIU J, LIU X, et al. DK-Consistency: a domain knowledge guided consistency regularization method for semi-supervised breast cancer diagnosis[C]//2021 IEEE International Conference on Bioinformatics and Biomedicine. Houston, Texas: IEEE, 2021: 3435-3442.

[3] XIE X, NIU J, LIU X, et al. DG-CNN: introducing margin information into convolutional neural networks for breast cancer diagnosis in ultrasound images[J]. Journal of Computer Science and Technology, 2022, 37: 277-294.

第12章

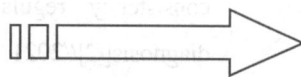

讨论和总结

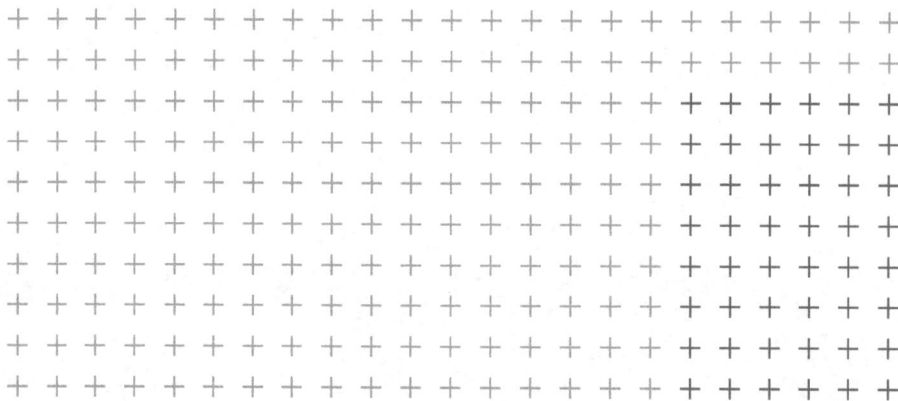

12.1　如何正确地讨论不足？

我们在第 11 章中提出，实验部分通常需要展示出系统可能的缺点和不足之处。如果出于某些原因，这些不足没有在实验部分展现出来，那么就需要在最后的讨论（Discussion）部分补足。

一个疑虑

在写缺点时，很多学生最大的疑虑是："会不会因为我明明白白地写出了方法的缺点，本来审稿人没有发现，现在因为了解这些缺点而直接拒收我的论文？"

答案是肯定的。我组里的两个学生都有过这种经历。

例如，第一个学生在讨论部分中专门写了一句话，"该方法的一个潜在缺点是，当客户端数量大时，算法的计算量会很大"，并且在后面补充，"我们将来会针对这个缺点做优化工作"。

结果就是，3 个审稿人都说了类似的话："提出的这个方法计算量很大，在实际中的应用，尤其是在大规模的场合中，可能受到很大的限制。"因此论文被拒稿了。

另一个学生提交了一篇关于利用红外传感器定位的论文。他在写讨论部分的时候，说到自己方法的缺点："当前的方法只适用于单人的定位。"为了防止审稿人对这一点有意见，他还自作聪明地在未来工作部分中提到："将来，我们会将这个系统延伸到多人的定位中。"

结果也很不幸，审稿人直接说："这个方法在实际中的用途受到较大的限制，因为实际场景大都需要多人定位。"因此论文被拒稿了。

很多学生会觉得很委屈："为什么我的诚实换不来审稿人的理解？难道我应该把这些缺点隐藏起来吗？"

当然不是，且不说这个涉及学术诚信的问题，如果你刻意隐藏的缺点被审稿人发现，他就会认为你的工作不够严谨，以至于开始质疑你的论文质量，因此会毫不犹豫地拒收你的论文。

问出上面问题的学生错误地把"缺陷"（flaw）当成了"不足"（limitation）。**审稿人可以接受你的方法存在不足，但是不能接受你方法有缺陷。**

缺陷和不足的区别

要想知道一个问题到底是缺陷还是不足，有一个很简单的方法，就是看这个问题会不会在很大程度上影响你的方法在实际中的可用性。如果答案是否定的，那么就是"不足"；如果答案是肯定的，那么就是"缺陷"。

我们可以把"不足"放在未来工作中去讨论，而对待"缺陷"，则需要在当下解决之后，再投稿。

我举个具体的例子来说明这两者之间的区别。

很多年前，我和同事一起去和一家私营公司的 CEO 谈项目合作。这个公司是国内做高压电线自动检测最好的公司之一。他们设计了一个设备，可以用一根很长的杆子将这个设备挂到高压电线上，然后这个设备可实时检测输电线路是否正常工作。这个 CEO 在谈到他们的开发思路时，说了一段话。

像我们这样的小公司开发产品，尤其是科技含量较高的产品，不能想着一步到位。最开始，一定要把一个**不完美，但可用的产品**搞出来。这样我们心里就有底了。将这个产品拿到现场去用，工程师在部署后会提出很多我们设计之初没想到的问题，用户也会给我们提出更多的要求，我们就在这些基础上一步步改进。别看我们现在这个产品的功能这么强，但是第一代产品刚设计出来时问题非常多。

这么多年过去，我仍然记得清楚地记得他说的这个"不完美，但可用的产品"的概念。后来我才知道，这就是最简可行产品。

最简可行产品就是一个具有不足的系统，但是注意，这个系统一定要"可用"。如果可用性受到影响，那就是缺陷。

前面那两个学生在论文中提出的方法，都是有"缺陷"而非"不足"。

第一个学生提出的方法计算量过大，这会严重影响方法在实际中的实用性。在实际应用中，该方法很可能会因为需要消耗海量计算资源而完全不可行。所以，当前的这个方法并不是最简可行产品，而是"不实用产品"。

第二个学生提出的方法，正如审稿人指出的，在实际应用中，单人定位的场景并不常见，因此实用性也受到较大的限制，也不是最简可行产品。

所以，如果你的方法或系统存在缺陷，那么你需要努力弥补这些缺陷，至少让它们成为最简可行产品，再投稿。

而如果你的方法或系统存在不足，那可以在论文中提出来。

如何写不足？

那么不足应该怎么写呢？

简单来说，在这个部分应该写的是如何在这个"可用版本"的基础之上做进一步改进，让它的性能更好。这个性能，包括但不限于精度、可扩展性、鲁棒性、价格等。

对前文提到的关于利用红外传感器定位的论文，在收到拒稿意见之后，学生通过改进算法，将这套系统扩展到多人定位的场景中，大大提高了系统的可用性，后来论文就被接收了。

那么在最后被接收的版本中，不足是怎么写的呢？学生写了两点。

第一，通过实验证明，传感器的布置会影响定位系统的性能。如何从理论上找到一个最优的传感器布置方案，是将来一个有趣而重要的研究方向。

第二，实验显示，系统在双人、三人情况下仍然可以达到较高的定位精度，但当需要定位的人数继续增加时，该系统的定位精度会进一步下降。我们认为，一种很有前景的方法是将红外传感器的物理模型与数据驱动方法相结合，这样就可以在多人场景中提高精度。

这两个不足都是针对当前已经可用的系统的改进，让它在某个方面的性能进一步提高。

此外，在写不足时还需要注意一点：要尽可能把对不足的解决方案写出来，让审稿人建立对你的信心。

总结一下，要想写好不足，我们首先要能够区别"不足"和"缺陷"。如果发现你的不足实际上是缺陷的话，你应该在论文中解决它。解决缺陷的过程同样可以作为"挑战"写在论文中，甚至可以成为你的论文的亮点之一。此外，在讨论不足时，需要给出明确的改进方案。

12.2　如何写结论？

很多学生在写论文的结论（conclusion）部分时，都会直接复制摘要，这样的写法是不对的。接下来，我们来谈谈如何写结论。

结论和摘要的不同之处

很多学生认为，科技论文的结论和摘要一样，都是对整篇论文的高度凝练，因此没有什么区别。

这种认识是错误的。要厘清结论的写法到底和摘要有什么区别，我们需要从它们针对的读者对象和目的说起。

摘要针对的是"还没有读过该论文的读者"，因此，摘要只有一个目的，就是引起他的阅读兴趣，让他能够接着往下看。

摘要就好比电影的预告片。预告片会从电影中剪辑出精彩片段，吸引观众去电影院看这部电影。

结论则针对的是"已经读完该论文的读者"。针对这些读者，结论要达到两个目的。第一，他读了很多内容，你需要帮他梳理一下思路，再次强调你的创新点和贡献。第二，你要告诉他，当他了解了你的工作之后，他能用来做些什么事情。也就是回答"怎么样"，以及"下一步怎么办"的问题。

打个比方，摘要好比你的简历。你的简历要面对的是公司的招聘人员，你需要引起他们的兴趣，因此在简历中要"突出亮点"。而结论类似于述职报告。你的听众通常是上级领导和团队同事，他们对你的工作或多或少都有所了解，只是不够系统，也没有充分意识到你的工作的价值。因此，你需要让他们在短时间内厘清你的工作成果，并认识到你的工作的重要性。

针对的读者对象不同、目的不同，内容和行文方式也会不同。

　　对摘要而言，摘要的内容需要包含动机（为什么要做这件事）、核心亮点、具体方法、效果等内容。这里最重要的是"动机"和"亮点"，因为这个是决定一个人是否愿意看论文其他部分的关键因素。从行文来说，为了吸引读者看下去，摘要要避免出现专业的词汇，不要全面详细但缺乏亮点的介绍，而要用"大白话"讲出动机，突出亮点。

　　对结论而言，结论的内容不需要包含动机，而要重点强调做了什么、效果如何、未来展望，以及工作的重要意义。结论的行文风格和摘要相似，需要言简意赅。

一个总结的例子

　　我们以本茨的汽车为例，来看看总结该如何写。大家可以对比一下之前的摘要（参见第 4.2 节）。

　　首先，用一句话总结全文：在这篇论文中，我们详细地描述了我们设计的一种新型交通工具——汽车。

　　其次，回顾工作的亮点：汽车采用二冲程汽油发动机，通过链条和齿轮驱动后轮前进，驾驶员通过前端的操纵杆控制方向。我们在实际城市中对设计的汽车做了大量的实验，结果证明了汽车相对于马车的优势。

　　再次，强调未来的发展方向：在将来，我们将针对当前汽车的可靠性、舒适性、可操控性等进行改进。

　　最后，强调意义：我们认为，由于在运输成本、对城市的污染，以及长距离方面的巨大优势，汽车极有潜力成为未来一种新的交通方式。

第13章

行文的注意事项

13.1　科技论文的"颜值"

科技论文也是有"颜值"的。资深的科研人员都会有这样一个体会，在很多情况下，不看内容，只需要根据一篇论文的排版、图、公式等情况，就可以大致知道这篇论文的质量。

有人会质疑，这不是伪科学吗？形式和内容是两个不同的东西。但好的论文通常也会有"颜值"，这个结论是有实验证明的。

好论文的"颜值"是什么样的？

2018 年 12 月，美国弗吉尼亚理工大学的 Jia-Bin Huang 教授利用神经网络生成了一个识别论文好坏的分类器。这个分类器不关心论文写了什么内容，而是仅从论文整体版面的视觉情况（即"颜值"），来预测一篇论文会不会被接收。

为了训练这个模型，他选用了计算机视觉领域的论文作为数据集，把发表在顶级会议上的论文记为好的论文，因为无法获取到被拒稿的论文，所以他把发表在次一档的子会议（workshop）上的论文记为差的论文。

有了这个数据集之后，他开始使用神经网络进行训练。用训练好的模型测试 CVPR 2018 的论文，准确率竟高达 92%！

这就是说，一篇论文的"颜值"和录用率有很强的相关性。

那么，好论文的"颜值"是什么样的呢？ Jia-Bin Huang 生成的分类器也给出了以下几个答案：

- 第一页通常会有一张很吸引人的图像来阐释主要的思想；
- 正文需要有令人印象深刻的公式；
- 在实验部分穿插很多表格和图来充分展示各种定量的实验结果；
- 在实验部分用很多彩色的图来展示定性的实验结果；
- 写满最后一页。

我想强调的是，Jia-Bin Huang 教授通过数据统计得到的上述答案非常扎实。

这几个标准，除了最后一个，我们在前面的内容中都直接或间接地提到过：

- 放在第一页的那张很吸引人的图片，就是我们在第 8.2 节中介绍的玩具示例；
- 对于印象深刻的公式，我们在第 10.4 节中，介绍了数学证明的重要性；
- 对于在实验部分用很多表格和图来充分展示各种结果，就是我们在第 11 章中介绍的，要展示方法在核心场景、次要场景和不利场景下的核心性能；
- 对于用很多彩色的图来展示定性的结果，这就是我们在第 11.5 节中介绍的个案研究。

为什么要写满？

现在我来单独说一下最后一点：写满最后一页。有人会说，如果我的想法很好，我只要说明白就行，为什么要写满呢？

其实，很多直接或间接和数学紧密相关的论文，你只要完成了证明，这篇论文就直接可以结尾，当然没必要写满。

网上流传的最短科技论文是 1966 年发表在期刊 *Bulletin of the American Mathematical Society* 上的论文"Counterexample to Euler's Conjecture on Sums of Like Powers"[1]，这篇论文推翻了欧拉猜想，即

$$a_1^k + \cdots + a_n^k = b^k \qquad (13.1)$$

在 $k > n$ 时无整数解。

证明也很简单，作者找到了一个反例来证明这个猜想不正确。这篇论文非常严谨，因为要证伪一个数学猜想，只需要一个反例即可。整个论文只有一段话（见图 13.1）。

在计算机领域，也有不少只有短短几页但非常重要的论文。例如，大名鼎鼎的迪杰斯特拉算法（Dijkstra's algorithm），可以用于计算一个节点到其他节点的最短路径。首次介绍该算法的论文"A Note on Two Problems in Connexion with Graphs"[2]，引用次数已经接近 3.5 万，但这篇论文只有两页。为什么这么短呢？答案很简单，因为这本质上也是一个数学问题。作者迪杰

斯特拉在论文中介绍了数学问题、方法的步骤，并提供了证明。

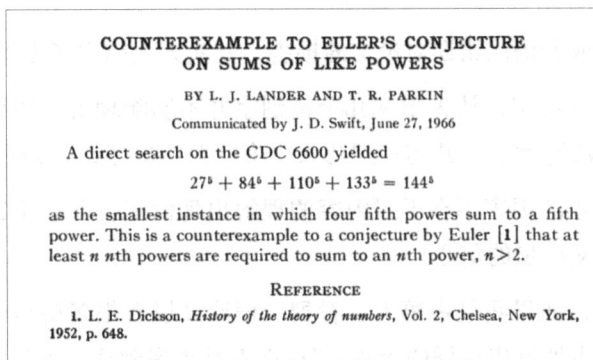

COUNTEREXAMPLE TO EULER'S CONJECTURE
ON SUMS OF LIKE POWERS

BY L. J. LANDER AND T. R. PARKIN

Communicated by J. D. Swift, June 27, 1966

A direct search on the CDC 6600 yielded

$$27^5 + 84^5 + 110^5 + 133^5 = 144^5$$

as the smallest instance in which four fifth powers sum to a fifth power. This is a counterexample to a conjecture by Euler [1] that at least n nth powers are required to sum to an nth power, $n > 2$.

REFERENCE

1. L. E. Dickson, *History of the theory of numbers*, Vol. 2, Chelsea, New York, 1952, p. 648.

图 13.1　一篇极其简短的论文

我们可以看出，这种不需要担心篇幅太短的论文，通常都和数学有关。只要数学的证明过程完成了，那么当然无须写得很长。

但是对于计算机领域的论文，我们提出的通常是方法、模型或者系统。那么，如果要把你的方法、模型或者系统做得很坚实且无可挑剔，把实验做得非常细致且充分，那么你写出的初稿的页数，在绝大多数情况下，都会大大超出正常科技论文页数的限制。

就我个人的经验而言，如果一篇论文的页数限制是 9 页，那么我们通常会在投稿截止日期的前几天，完成一个内容上完整、页数达到 11～13 页的初稿。于是剩下几天的任务，就是把这个长度超出页数限制的论文，用各种方法"压缩"至 9 页。压缩的方法包括精简文字、缩排图表，以及把一些证明的过程放到网上并在论文中提供链接等。

不难想象，按照这种方式压缩后的论文，大部分都是刚好写满页数上限的。

因此，如果一篇论文没写满，那么给审稿人的印象就是，作者对提出方法或系统的细节思考不足，没有充分做实验。所以能写满，就尽量写满吧！

13.2　在"颜值"上常犯的错误

这一节，我来重点讲一下学生在科技论文的"颜值"上常犯的错误。

拼写错误和语法错误

拼写错误或者语法错误对论文的损害，其实大大超出了很多人的预期。

可能会有人辩解，认为出现几个错别字并不影响理解。审稿人在评论里不过也就轻描淡写地提了几句："论文中有一些错别字，比如……"

但是，真正的损害不在于对内容的理解出现偏差，而在于错别字会降低审稿人对你论文质量的信心！

换位而言，如果我是审稿人，看到一篇论文里有很多拼写或语法错误，我就会不由自主地冒出这样的念头："这个人对文字都这么不认真，他给出的系统真的可靠吗？实验真实吗？"一旦审稿人有了这个念头，他对你的论文就会格外挑剔。

在很多情况下，审稿人如果发现一篇论文中有很多拼写或语法错误，他不会直接根据这一点拒收这篇论文，而是找一个万金油似的拒稿理由，例如"创新性不够、实验不充分"等。

所以，当你的论文被拒稿了，而且审稿意见同时有"创新性不足"和"有很多语法错误"的时候，有可能被拒稿的真正原因不在创新性，而在语法错误。

关于拼写错误，我的学生经常会把"server"写成"sever"，把"performance"写成"preformance"，等等。

通常最容易犯的语法错误包括以下两类。

第一类是谓语的单复数问题。这种问题特别简单，但是又很常见。在这里我不具体举出例子。请大家记住：单数主语+单数谓语，复数主语+复数谓语。

第二类是冠词问题。最容易弄错的就是在单数可数名词前面忘记加冠词。例如，"We designed neural network to ..."，这里的"network"是一个可数名词，前面一定要有一个冠词（这里应为"a"）。

此外，在复数名词前面，通常不加冠词，但如果特指的话，需要加定冠词。

我们来看一个例子："The extent to which scientific researcher collaborates with colleagues depends on personality."

这句话有很多关于冠词和代词方面的错误。

首先，"researcher"是一个单数可数名词，前面一定需要有一个冠词。因为表达的是泛指某个用户，而不是一个特定用户，所以"scientific researcher"要改成"a scientific researcher"。

其次，虽然"colleagues"是复数，但是，它们都是针对前面所说的"a scientific researcher"而言的，所以，这里要加一个定冠词，我们可以用"the"，但更好的是用物主代词"his or her"，因为后者可以更清楚地表明是针对前面的"a scientific researcher"的。

再次，"personality"在这里也是一个可数单数名词，所以前面需要有一个定冠词，我们可以用"the"，但因为 personality 指的是"a scientific researcher"，所以前面最好是用物主代词"his or her"。

所以，这句话正确的说法应该是这样的："The extent to which a scientific researcher collaborates with his or her colleagues depends on his or her personality."

最后谈一下科技论文的时态。我可以直接说结论，在绝大多数情况下，一篇论文的几乎所有内容，都可以用"**一般现在时**"。或者说，如果你不确定用哪个时态，那么用一般现在时是最可靠的。此外，在介绍将来的工作时，可以少量用一些将来时。

如何检查拼写错误和语法错误

检查论文的拼写错误和语法错误有一套标准的流程。

首先，用专业的软件来检查。现在有很多专业软件可以帮你排查英文论文的拼写错误和语法错误。我经常用的是 grammarly。这个软件可以帮你在线检查英文中的拼写错误和语法错误。现在的大模型，包括 GPT 系列，也是很好的检查工具。

专业软件可以帮助你排除很多拼写错误，甚至可以帮你修改一部分冠词、代词方面的错误。但是，在使用这些工具时，不要无条件接受它们给你的所有建议，一定要仔细考虑每个建议。

此外，永远不要认为这些专业软件可以替你解决所有的拼写问题和语法问题。因为它们在检查时只检查形式而不管内容和逻辑，但内容和逻辑往往决定了你应该使用什么样的表述。

其次，把你的论文打印出来，找一个安静的地方，拿一支笔修改。

很多时候，当你一遍又一遍地在计算机上检查论文的错误时，你的大脑会对很多错误不够敏感。这时候，一个好的方法就是把这篇论文打印出来。然后拿一支笔，找一个远离计算机的地方，逐字逐句地修改论文。这种方式非常适合在论文最后提交日的前几天使用。在纸上阅读的体验，和在计算机上看电子文档的体验完全不同，这种不同的新鲜感，会让你仿佛在读一篇新的论文，从而找到很多之前没有发现的问题。

最后，把论文拿给朋友们看看。

如果你是学生，而你所在实验室的同学恰好也有论文要投稿，那么你们可以相互检查彼此的论文。这种方法之所以有效，除了看别人的论文会带来新鲜感之外，还可以有效避免"知识诅咒"（the curse of knowledge）。

"知识诅咒"是一种认知偏差，指一个人一旦了解了某种知识，就很难站在没掌握这个知识的角度去思考。写论文也一样。很多人的论文写得逻辑混乱，内容的跳跃性过大，但是自己读起来却很通顺，因为其大脑自动地将那些逻辑跳跃的地方补全了。

因此，如果把你写的论文给其他人看，因为他们不具备你的背景，所以会在你写得不清楚的地方卡住，这时一定要让他们把看不懂的地方标注出来。请注意，这些地方肯定是写作有问题的地方。此外，不要试图向他们解释，因为你是没有机会向审稿人解释的。

一句话和一段话都不要过长

除了拼写错误和语法错误之外，很多人还容易犯两种错误。

第一种，是一句话过长，例如在一句话里嵌套了多层定语从句。我通常告诉学生，在双栏排版的论文中，如果某句话超过了 4 行，那么这句话一定是过长了，需要把它拆成两句话。

第二种，是一段话过长。图 13.2 是一篇论文的初稿截取，可以直接感受一下过长的段落给读者带来的阅读压力。

However, there is no relevant work to predict the sentiment changes of users during the epidemic by using social media data. This is essentially a social recommendation problem. Social recommendation is based on one common assumption that a user's preference is similar to or influenced by the people around him/her (nearest neighbors), which can be proven by social relationship research [18], [19]. Therefore, the information of the neighbor nodes in the social network can be used to predict the user's preferences. With the development of deep neural network models in recent years, the application of deep neural network in social recommender systems began to emerge. ARSE [20] modeled users' complex dynamic and general static preferences over time by fusing social influence among users with two attention networks for the temporal social recommendation task. DiffNet [21] proposed a deep influence propagation model to stimulate how users are influenced by the recursive social diffusion process for social recommendation. EATNN [22] was a social recommendation model based on transfer learning. Attention mechanisms was introduced to automatically assign a personalized transfer scheme for each user. ScAN [23] was based on a co-attention neural network to assign different attention weights to the user and her friends when the user interacts with different items. More recently, Graph Neural Network (GNN) have been proven to be capable of extracting information from the graph structure [24]–[26]. In the task of social recommendation, the user social networks are a typical graph data. GraphRec [7] encoded both user-user graph and user-item graph and captured information from the two graphs jointly. [8] used RNN and GAT to model both users' session-based interests as well as dynamic social influences. [9] designed a layer-wise influence propagation structure to model how users' latent embeddings evolve as the social diffusion process continues.

图 13.2　一个过长的段落例子

与公式相关的问题

公式的"颜值"也很重要。要解决公式的问题很简单。第一点，写科技论文，尤其是公式较多的论文，强烈建议用 LaTex，而不是 Word 来排版。

图 13.3 展示了用 Word 和 LaTex 排版同一段内容的效果。可以明显地看出，用 LaTex 排版的论文所展示出来的"颜值"（包括公式的段落等）比 Word 要高得多，尤其在上下标、数学符号上，LaTex 的优势非常明显。

Fig. 4 presents the structure of the GCAM. The global channel attention was calculated by two steps. Given a local feature map $X \in R^{C \times H \times W}$, we first used a 1×1 convolution layer W_t to aggregate channel information, and then applied a softmax layer to obtain the spatial attention map $S \in R^{H \times W}$:

$$S = SoftMax(W_t X) \tag{4}$$

Then we reshape X and S to $R^{C \times N}$ and $R^{N \times 1}$, respectively. Spatial squeeze was performed by multiplying X and S, producing vector $z \in R^{C \times 1}$, with its kth element:

$$z_k = \sum_i^N X_i^k S_i \tag{5}$$

This operation embeds the global spatial information in vector z. To model channel-wise interdependencies, we passed the vector z through two fully-connected layers, ReLU operation [30], and sigmoid function [31]. The transformed vector z_t was calculated as follows:

$$z_t = \sigma(W_1(\delta(W_2 z))) \tag{6}$$

（a）用Word排版的论文

Fig. 4 presents the structure of the GCAM. The global channel attention was calculated by two steps. Given a local feature map $X \in R^{C \times H \times W}$, we first used a 1×1 convolution layer W_t to aggregate channel information, and then applied a softmax layer to obtain the spatial attention map $S \in R^{H \times W}$:

$$S = SoftMax(W_t X) \tag{4}$$

Then we reshape X and S to $R^{C \times N}$ and $R^{N \times 1}$, respectively. Spatial squeeze was performed by multiplying X and S, producing vector $z \in R^{C \times 1}$, with its kth element:

$$z_k = \sum_i^N X_i^k S_i \tag{5}$$

This operation embeds the global spatial information in vector z. To model channel-wise interdependencies, we passed the vector z through two fully-connected layers, ReLU operation [21], and sigmoid function [22]. The transformed vector z_t was calculated as follows:

$$z_t = \sigma(W_1(\delta(W_2 z))) \tag{6}$$

（b）用LaTex排版的论文

图 13.3　用 Word 和 LaTex 排版的论文比较

另外，如果需要展示公式的推导过程，不要把推导过程写成一个多行的公式（见图 13.4），这种形式不仅从形式上显得很空，让审稿人觉得你有凑篇幅的嫌疑，而且可读性差。

$$
\begin{aligned}
\tilde{\vartheta} &= \arg\min_{\vartheta} \sum_{k=1}^{K} L_{\vartheta}(D_k) \\
&= \arg\max_{\vartheta} \exp(-\sum_{k=1}^{K} L_{\vartheta}(D_k)) \\
&= \arg\max_{\vartheta} \prod_{k=1}^{K} e^{-L_{\vartheta}(D_k)} \\
&\triangleq \arg\max_{\vartheta} \prod_{k=1}^{K} P(D_k|\vartheta)
\end{aligned} \tag{14}
$$

图 13.4　错误的公式写法

如果要展示证明部分，那么一个提高"颜值"的方法是把结论放在正文中，而把证明部分放在附录（Appendix）中。

最后强调一点，公式中出现的所有变量，都要说明其代表的意思。很多同学在论文中只挑几个自己觉得重要的变量进行定义，这是不对的。因为公式中变量的含义并非不言自明，因此对所有的变量都要有明确的定义。

图的"颜值"

图的"颜值"对论文非常重要。图中的信息量一定要看起来很密集，不要在图中有大片空白，因为这会给审稿人一种凑篇幅的感觉，这一点很重要，却经常被忽视。

我们来看看图 13.5（a），左右两边都有很大的空白。这种空白给人的直接感受就是信息量不足，有凑篇幅的嫌疑。更好的方法是把这两张图放在一排，如图 13.5（b）所示，就会显得非常紧凑。

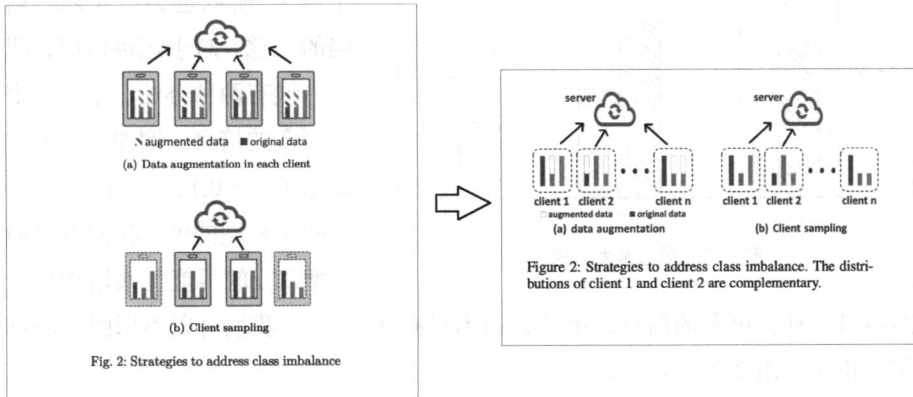

（a）空白较大的图   （b）紧凑的图

图 13.5　空白较大的图 vs 紧凑的图

我们再来看看图 13.6（a）。虽然表面上看起来页边距并没有那么大，但是如果仔细看图的内部，就会发现无非是 3 个函数（对应 3 条线）在 5 个点上的值而已。我们完全可以让每张图变得“瘦一点”而不会影响对这张图的理解。所以，可以直接把每张图纵向压缩，然后放在一排，如图 13.6（b）所示。

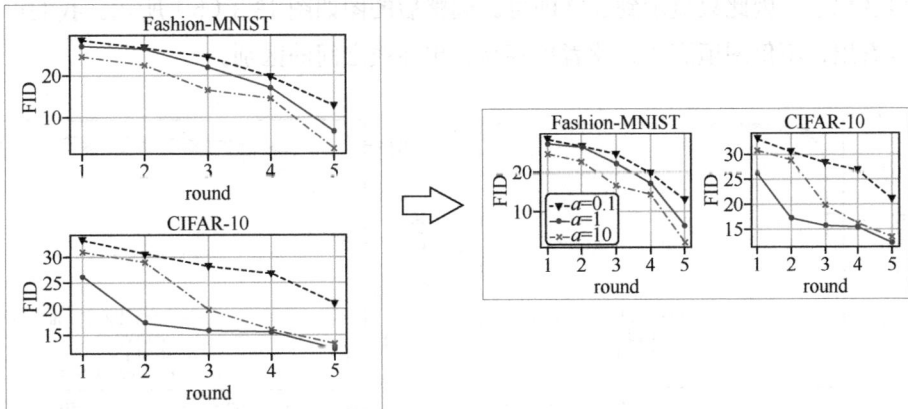

（a）竖排的图   （b）横排的图

图 13.6　竖排的图 vs 横排的图

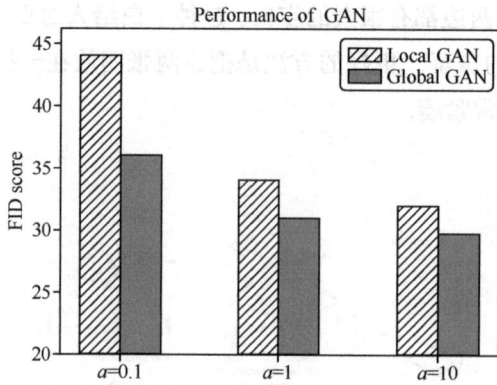

图 13.7　信息量太少的图

类似地，图 13.7 占了一整列，但是信息量很少，本质上只有 6 个值（每个柱形对应一个值），所以也会给人以凑篇幅的感觉。对于这种情况，我们一般有两种办法。第一，增加更多的信息。例如，图 13.7 展示了 $a=0.1$、$a=1$、$a=10$ 时两个模型的值，我们可以通过增加 a 的可能值来增加柱形的数量，补充更多的信息。第二，因为只有 6 个值，我们可以不用图，而直接在正文中用文字表示出来。

另外一种典型情况，就是图 13.8（a）展示的这种情况。我们可以看到，图中间有很大的空白。不仅如此，所有的曲线都堆叠在了一起，读者很难看清楚它们之间的区别。

改进方法也很简单：首先调整纵轴，不要从 0 开始，而是从高一点的值（如 0.90）开始，这样能够更好地显示区别；其次，我们可以看到图 13.8（a）显示的横坐标范围为 0~500，但是实际上所有的曲线到了 300 之后就几乎不再变化了，因此只显示到 300 即可。调整后的图如图 13.8（b）所示。我们可以看出，不仅图填满了，读者也容易看出曲线之间的区别。

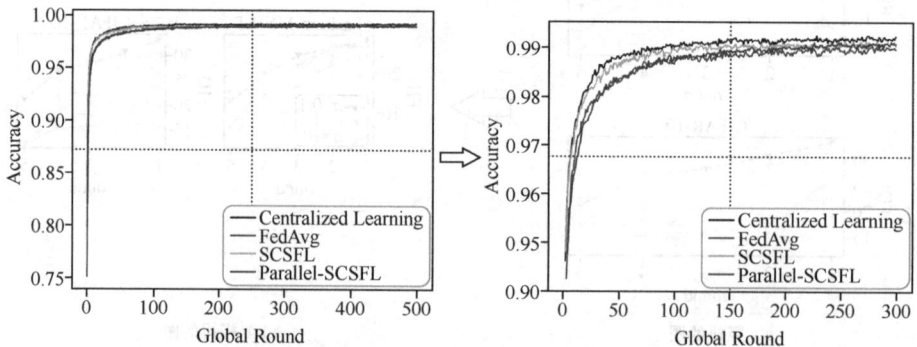

（a）有很大空白且看不清曲线的图　　（b）紧凑且清晰的图

图 13.8　有很大空白且看不清的图 vs 紧凑且清晰的图

此外，图中的字号也经常被人忽视。图中的图例（legend）、文字标注、横坐标、纵坐标的描述，应该和图题、图注或者正文的字号大小类似，或者稍微小一点。在图 13.9（a）中，图中的文字（Client sampling、Training 等）的字号，就比图题（GIAFL Framework Overview）大太多，这样放在论文里就很不好看。而图 13.9（b）则恰好相反，图例字体（Centralized learning、FedAvg 等）比图题（$a = 0.01$）要小太多，也不合适。

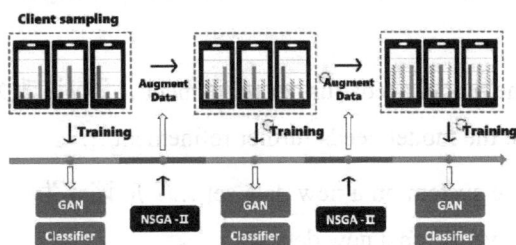

（a）图中的字号比图题要大很多　　　　　　　　（b）图中的字号比图题要小很多

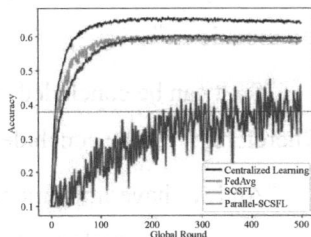

图 13.9　图中字号与图题字号的大小

还有几点要注意的，首先，图一定要尽可能使用矢量图，也就是即使放大，仍然可以看清楚细节的图。

其次，有的审稿人会把论文打印出来看，这时候如果你的某幅图里有多条曲线 [见图 13.9（b）]，这些曲线虽然在电子版本中靠颜色可以区分，但是打印成黑白的就看不出区别了。所以更好的方法是像图 13.10 这样，用不同的线型或不同点的形状来加以区分。

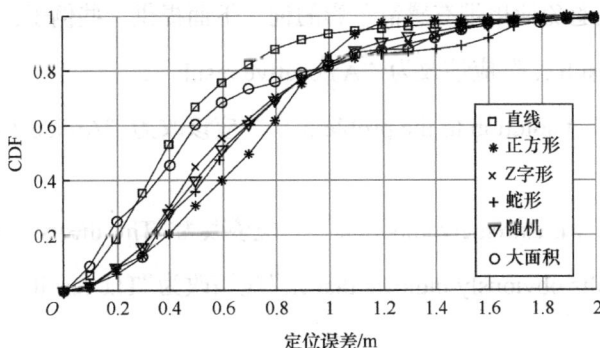

图 13.10　用线型而不是用颜色来区分不同的曲线

其他注意事项

科技论文中要尽量避免使用过于口语化的单词。下面提供一些例子。

"A lot of studies …"应该改为"A great number of studies …"。

"We use this data set …"应该改为"We utilize this data set …"。

"Also, we designed a new module …"应该改为"Moreover, we designed a new module …"。

"So it can be concluded that the model needs further refinement …"应该改为"Therefore, it can be concluded that the model needs further refinement …"。

"And we have implemented the system on a new data set …"应该改为"In addition, we have implemented the system on a new data set …"。

"Besides, we asked all the participants to sign an agreement …"应该改为"Additionally, we asked all the participants to sign an agreement …"。

"A big number of samples …"应该改为"A large number of samples …"。

"This research area gets much attention …"应该改为"This research area receives much attention …"。

"This section gives an overview …"应该改为"This section provides an overview …"。

"The below figure shows …"应该改为"The below figure illustrates …"。

此外，应避免使用带有感情色彩的词。下面提供一些例子。

"A bad result …"应该改为"A negative result …"。

"The perfect solution to the problem …"应该改为"An ideal solution to the problem …"。

"This theory is extremely important …"应该改为"This theory is important …"。

"The results obviously indicate that …"应该改为"The results clearly indicate that …"。

"A good example …" 应该改为 "A useful example …"。

另外，在英文论文里，不要使用缩写。所以 "can't" "won't" "isn't" "aren't" 应该改为 "cannot" "will not" "is not" "are not"。还要注意单数和复数的问题。有些词，如 "data" "criteria" 等，本身就是复数形式；有些词，如 "information" "performance" "equipment" 等，是单数不可数名词。

很多学生弄不清楚 "fewer" 和 "less" 的区别。"fewer" 修饰可数名词，而 "less" 修饰不可数名词。

例如，"The improvement is less than we expected." "This data set has fewer samples than the previous one."

还有一个容易犯的错误。很多人分不清 "compared to …" 和 "compared with …"。注意，前者是 "和……类似"，后者是 "和……比较"。所以，如果要表达你的方法比其他方法好，应该用 "compared with"，例如，"Compared with the baseline method, the proposed approach can achieve much higher accuracy"。

最后一个小的问题是，括号等符号与前面的正文之间要有空格！例如，"Data in clients are independent and identically distributed（i.e., iid）"。

13.3　用好连接词、重复词和照应词

经常有学生问我，为什么有人写的论文非常通顺，而自己写的却读来有一种说不出来的别扭呢？

原因当然有很多，例如用词的选择、句式的使用、长短句的搭配等。但是其中很重要，也是大多数人容易出现的一个问题，就是上一句和下一句之间**没有关系**，简单地说就是前后句之间断开了。

举个例子：这个饭店服务一般，菜不错，总体而言我还是推荐的。

这个句子就存在上面的问题。上一句对理解下一句没什么帮助。这样行文导致的结果，就是把不同的句子堆叠在读者的脑海里。这种机械的堆叠，对理解你的内容是非常不友好的，因为读者需要自己 "脑补" 出句子与句子之间的关系。

那么好的行文风格是什么样子的呢?

具有好的行文风格的论文,通常前后句之间是有呼应的。下面我们就来说说实现前后呼应的几种方式。

用连接词来实现前后呼应

第一种是借助于**连接词**。连接词包括表示因果关系的连接词,如"因此""所以""因为""于是"等;表示顺序关系的连接词,如"此外""另外""其次"等;表示转折关系的连接词,如"但是""然而"等;表示示例关系的连接词,如"例如""比如"等。

这些连接词会帮助读者理解不同句子之间的关系,使得之前"无意义的堆叠"变成"有序的连接"。连接词还有一个重要作用,就是**让读者在读到连接词的时候,就能对下面一句有所预测,能够猜出来你要说的是什么,这样读起来也会更轻松。**

我用连接词把上面的例子改写一下:

尽管这个饭店服务一般,但是菜不错,所以总体而言我还是推荐的。

怎么样,稍微改动一些,就会让人觉得流畅很多吧。

具体分析一下:前半句话表达的意思是贬义,然而读者一看到"但是"这个词,就知道下面那句话要说优点了。"但是"这个转折词让读者对后面的内容有了预期。读完中间半句之后,读者看到了"所以",就知道你下面该做总结了。

再举一个例子:这个饭店好吃的菜有很多,例如宫保鸡丁、鱼香肉丝、木须肉等。

这个"例如"就用得很好,它让读者提前知道,后面是举例说明。这样一来,如果他不想读这些例子,完全可以跳过去,也不会影响对论文的理解。

英语中的连接词有很多。有的连接词,例如 as、since、else 等,连接的是同一个句子的前半部分和后半部分;有的连接词连接的则是前后两个完整的句子,举例如下。

- However/Nevertheless：提示后面的内容有所转折。

- In addition：提示后面的内容是对前文的递进。

- Fortunately/Unfortunately：提示后面的内容是个好消息/坏消息。

- Surprisingly：提示后面的内容是让人吃惊的。

- The implications are two-fold：提示后面有两个影响。

- As an example：提示后面是举例说明。

有的连接词用在两个段落之间，举例如下。

- To address the above challenge：提示这一段是针对前文提出的挑战进行的设计。

- From the experiment above, we have the following observations：提示这一段是针对前文实验结果的发现。

使用连接词可以让读者清楚地知道下一句和前一句之间的关系。读者不用去"脑补"，甚至有时候直接看连接词就知道接下来的内容了，这样就可以根据情况选择仔细阅读或者直接跳过连接词后面的内容。

用重复词来实现前后呼应

下面介绍第二种实现前后呼应的方式——前后两句之间用共同的名词串联起来。这个名词可以不一样，但通常指的是同一个事物，或者有联系的两个事物。下面举个通俗化的例子。

今天我和朋友去一家饭店吃饭。这家饭店有几个菜很好吃。我最喜欢吃的菜是鱼香肉丝。这个鱼香肉丝的最大特点就是咸甜酸辣兼具。这些复杂的味道有机地组合在一起让我印象颇深。

注意，上面这段话的每一句都包含下一句话的某个名词。例如，第一句的"饭店"在第二句中出现，第二句中的"菜"在第三句中出现，第三句则用"鱼香肉丝"串联了第四句，而第四句中的"咸甜酸辣"，和最后一句的"味道"是呼应的。我把这种呼应关系放在图 13.11 中。具有这样串联关系的段落，往往读起来很顺畅。

今天我和朋友去一家饭店吃饭。

这家饭店有几个菜很好吃。

我最喜欢吃的菜是鱼香肉丝。

这个鱼香肉丝的最大特点就是咸甜酸辣兼备。

这些复杂的味道有机地组合在一起让我印象颇深。

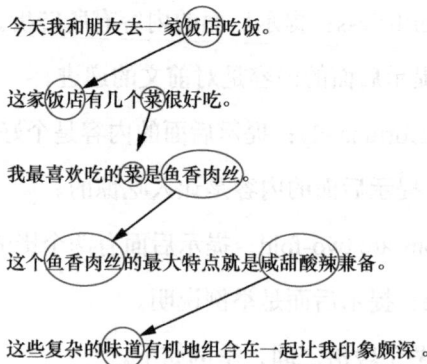

图 13.11　用名词串联实现呼应

　　连接词和重复词经常一起使用。图 13.12 展示了一篇论文的摘要。中间的连接词我用黑体加粗了，相邻句子的重复词用箭头进行了标注。我们可以看到，在这个摘要中，几乎每句话都有对应的词将自己和前面的句子串联起来，读起来非常顺畅。

The visual storytelling (VIST) task aims at generating reasonable, human-like and coherent stories with the image streams as input. **Although** many VIST models have achieved promising results, most of them do not directly leverage the sentiment information of stories. **To address the above problem**, we propose a sentiment-aware generative model for VIST called SentiStory. The key of SentiStory is a multi-layered sentiment extraction module (MLSEM). The lower layer of the MLSEM extracts fine-grained but usually unreliable visual sentiments, while the higher layer gives accurate but coarse-grained ones. The two layers are combined strategically to generate coherent and rich visual sentiment concepts for VIST tasks.

图 13.12　用连接词和名词串联实现前后呼应

　　通过使用重复词，论文中的语句形成了一定的前后呼应，让整篇论文的逻辑变得更加通顺。

　　很多学生不太愿意使用重复词。一个学生曾经和我说："老师，您说的和之前语文老师、英语老师讲的不一样啊？他们都说，写作文的时候，同一个概念最好使用同义词，要避免使用重复词，这样文章看起来才漂亮。"

其实，避免使用重复词，主要针对的是**动词**，而不是**名词**。尤其在科技论文中，很多名词有着微妙的差别，所以对于同一个名词概念，一篇科技论文里最好统一使用同一个词。我见过很多同学为了避免使用重复词，针对自己提出的系统，一会儿使用"system"，一会儿使用"method"，一会儿又换成"approach"，这样不仅让行文没有照应，也容易让读者感到困惑。

用照应词来实现前后呼应

要让自己的论文更通顺，除了使用重复词在形式上进行前后呼应之外，我们也要做到"内容上的呼应"。也就是说，**前面的句子中提到的重要的词，在后面的句子中一定要有某些词与其呼应。**

我们来举一个反例。这是我的一个学生交给我的摘要初稿。为了方便，我把这段摘要拆成 3 小段。

近几年，在联邦学习的场景下，由多个客户端共同训练一个生成对抗网络（GAN）得到了很多研究者的关注。尽管当前已经有一些相关工作，但是当客户端内部的训练数据存在类别不平衡时，训练过程很难收敛。原因主要在于这种场景下，不同客户端的数据在更新模型时的梯度方向不一致，从而导致收敛缓慢。

为了解决这个问题，我们提出了 BCFL-GAN（Boosting and Continual Federated Learning GAN），一个提升持续联邦学习 GAN 模型。BCFL-GAN 采用了一种分而治之的训练方法，将 GAN 的训练任务划分为一系列由不同客户端执行的小任务，并分别解决这些小任务。

我们用包括 Fashion-MNIST 和 CIFAR-10 在内的基准数据集测试 BCFL-GAN。实验结果表明，BCFL-GAN 算法的性能优于目前最先进的算法。

第一小段的逻辑基本正确：介绍了背景和相关工作的缺点。

第二段出现了很大的问题，里面有很多新的词汇，但是这些词汇不仅在后面没有呼应，也没有和第一段中的关键词呼应。

首先，作者提出的方法的名字中有"Boosting"，这个词应该和机器学习中的提升学习（boosting method）有关，也有"Continual"，这个词应该和机器学习中的持续学习（continual learning）有关。作者还提到了计算机思想中的"分而治之"。但是从字面上看，既然这个方法叫作 Boosting and Continual GAN，那么在这一段后半部分介绍方法的亮点时，应该出现呼应"Boosting"和"Continual"的词，但是后面却很奇怪地出现了"分而治之"。"分而治之"到底与"Boosting"和"Continual"有什么关系？起码从字面上看不出来。

更为严重的是，第二段竟然没有出现第一段的核心词"类别不平衡"。"类别不平衡"是第一段的关键，是相关工作的问题所在。但是在作者针对这个问题提出的解决方案中，找不到任何一个可以和"类别不平衡"相呼应的词。

后面没有照应词与前面提到的关键词相呼应，是这个摘要的最大问题。

用问答来实现前后呼应

现在我们来讲第三种实现前后呼应的方法，也是更高级的方法，这就是"问-答"。简单地说，就是前一句显式或者隐式地提出一个问题，然后下一句直接回答这个问题。

这种方法的高明之处在于，当读者在读某一句时，他会很自然想到一个问题。此时，作者仿佛猜到了读者所想一般，会立刻在下一句给出该问题的答案。有时候，这个过程会不断产生，作者会用"问题-答案-问题-答案"牢牢地牵着读者的思路，带着读者一直读下去。

我们来举一个例子。发表在期刊 *IEEE Transactions on Mobile Computing* 上的论文"Contactless Respiration Monitoring via Off-the-Shelf WiFi Devices"[3]，在引言部分就使用了这样的写作方法。

这篇论文用无线设备来进行非接触式监测呼吸。作者首先提到，最近已经有一些无线设备可以在不接触人体的情况下监测呼吸，并且给出了工作原理：无线设备采集人体周边的一种叫作 RSS 的信号，这个信号的幅值会伴随人体的呼吸出现高低起伏（见图 13.13 中的灰色线）。同样我们可以看出，RSS 原始信号的噪声很大。幸运的是，如果人正常平稳地呼吸，那么我们可以通过某些信号处理技术（如低通滤波器）去掉噪声，我们可以把人体呼吸的频率估计出来（见图 13.13 中的虚线）。

作者在最后一句中埋了几个词，包括"幸运的是"和"如果"。读者看到这几个词，再加上从图中直接看到的 RSS 的噪声很大，通常会想到一个问题："如果人不是平稳地呼吸，那该怎么办呢？"

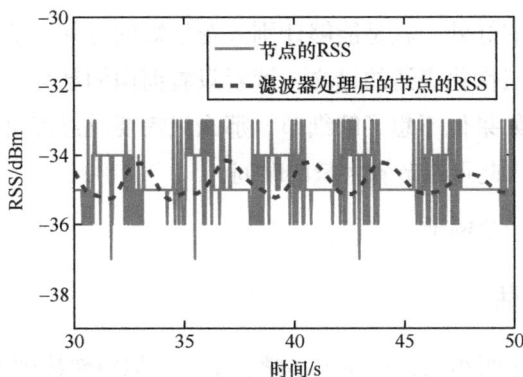

图 13.13　当前的监测人体呼吸的原理[3]

作者立刻就回答了这个问题，在论文中写道："然而，如果人没有做平稳呼吸，例如对于一些有睡眠呼吸暂停综合征的人，上面的方法就失效了。"

读者看到这里，一定会想："那怎么办呢？"

作者仿佛读懂了读者的疑问，立刻写道："我们可以看出，之所以会出现上面的问题，就是因为 RSS 原始信号包含的噪声较大，对人体微小的运动（例如呼吸）不敏感。我们提出一个问题，是否能找到一种比 RSS 噪声更低、对微小运动更敏感的无线特征，从而可以在非平稳呼吸的情况下更准确地监测呼吸呢？"

然后作者立刻给出了回答："答案是肯定的。我们发现无线信道状态信息（CSI）是一个比 RSS 更敏感的呼吸跟踪指标。基于这一发现，我们提出了一种利用 WiFi 设备的新型呼吸监测系统……"

作者不断代替读者提出他们脑子里的问题，然后给出答案，这样的论文读起来会更有代入感。

13.4　科技论文的层次化表达

中国人大概受到了很多小说、散文的写作手法的影响，习惯按照时间顺序、因果顺序来讲述一件事情。但是写在科技论文时，最好的行文顺序是层次化。所谓的层次化，就是把最重要的信息放在最前面，在后面添加细节。这本质上和"金字塔原理"是一致的。

层次化最大的好处，就是能够让别人花最短的时间，清晰了解你要讲的内容。一篇写成层次化表达的论文，读者只看前面的部分，就可以大致了解要表达的重点，如果他不想了解细节，那么只需要跳过即可，完全不耽误他对内容的掌握，因此可以节省大量的时间。

我们先来讲一个例子。

班主任的电话

假设你的孩子叫小明，正在上小学。下午，你突然接到老师打来的电话，老师很激动地和你进行了下面这段对话。

"你是小明的家长吗？我是他的班主任。"

（"是的是的。老师您有什么事儿？"）

"和你说一件事情啊！今天一个孩子过马路时，不小心掉进马路旁边的沟里去了！"

（"啊！！"）

"别着急啊，不是小明！"

（"哦，吓死我了！"）

"小明也跳进去了！"

（"啊！！"）

"但是他是去救那个孩子！"

（"哦。"）

"小明帮助他爬出来了，两个孩子都很安全！"

"他表现太棒了！"

"恭喜你！"

（"……"）

虽然最后的结局很完美，但是班主任的表达方式一定让你感慨万千，你肯定很想问问班主任："你到底是来祝贺我的，还是来吓唬我的！"

上面的班主任是按照时间顺序而非层次化的方式来表达内容的，因此造成了误解。

那么，班主任老师如何更好地表达"你的孩子跳进马路旁边的沟里救出一个孩子"这件事情呢？

第一句话，应该要定基调！基调是对这个事件最浓缩的表达，所以这个老师应该先说"恭喜你！"

第二句话，应该得出事情的结论，如"小明今天救了一个小孩"。

然后再补充细节。因此，连起来应该是下面这样的！

"恭喜你！"

"小明今天救了一个小孩，太棒了！"

"今天有一个小孩，过马路时不小心掉进马路旁边的沟里去了，你的小孩跳进去救，帮助那个孩子爬出来了，两个孩子都很安全。"

科技论文的层次化

层次化落实到科技论文里，就是下面几个原则，我们在之前各个部分的介绍中也有提过，在这里总结一下。

第一，每一段的首句，就是这一段的核心思想。

好的论文，每一段的首句就是这一段的核心思想。这样的话，读者只看每段话的首句，就可以大致知道这段话到底写了什么。如果读者不关心细节，可以直接看下一段，如果想了解具体某个部分的细节，才会去读每一段里面的内容。

第二，介绍系统时，先给出总体，再介绍每个部分。

我们在第 10.1 节中介绍如何写系统设计时，提到了总分形式：先给出系统概述（system overview），然后再详细介绍每个系统的子模块。这样，读者如果不关心细节，可以只看系统设计的整体。

第三，介绍具体设计时，先给出理由（rationale）或思想（intuition），再介绍具体方法。

在很多关于系统的科技论文中，作者会首先介绍目标（objective）或者理由（rationale），然后再具体介绍细节。下面是一个例子：

> 我们系统的设计目标如下：首先，……；其次，……；最后，……。基于以上的目标，我们提出了一个系统，其框架如图……所示。从图中可以看出，系统分为……个部分。首先，……；其次，……；最后，……。我们将在后续的小节中详细介绍每一个部分。

第四，推导公式时，先说证明的思路，再进行推导。

在给出公式来进行证明的时候，最好先给出证明思路，再具体证明。证明思路不仅可以帮助感兴趣的读者理解具体的证明，还可以让有经验的读者不用仔细看证明过程，就可以大致对证明的可靠性做出判断。

例如，发表在 INFOCOM 2020 上的论文"Verifying Policy-based Routing at Internet Scale"[4]中的理论证明部分，就用了这种方式。

其中，对于论文中定理 III.1 的证明，作者先摆出定理。

定理 III.1   如果所有节点都遵循 Gao-Rexford 准则，并且没有"提供商-客户"环，则 biNode 模型是非循环的。

然后给出了证明的思路："我们通过尝试构造一个以变量依赖图（VDG）中的某个节点为起点的有向环（a directed cycle）来证明这个定理。我们将证明构造一个有向环是不可能的。"

后面再给出具体的证明过程。

参考文献

[1] LANDER L J, PARKIN T R. Counterexample to Euler's conjecture on sums of like powers[J]. Bulletin of the American Mathematical Society, 1966, 72(6): 1079.

[2] DIJKSTRA E W. A note on two problems in connexion with graphs[J]. Numerische Mathematik, 1959, 1(1): 269-271.

[3] LIU X, CAO J, TANG S, et al. Contactless respiration monitoring via off-the-shelf WiFi devices[J]. IEEE Transactions on Mobile Computing, 2016, 15(10): 2466-2479.

[4] SHAO X, GAO L. Verifying policy-based routing at internet scale[C]// IEEE INFOCOM 2020-IEEE Conference on Computer Communications. Toronto, Canada: IEEE, 2020: 2293-2302.

第14章

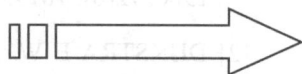

如何读科技论文并找到
自己的创新点

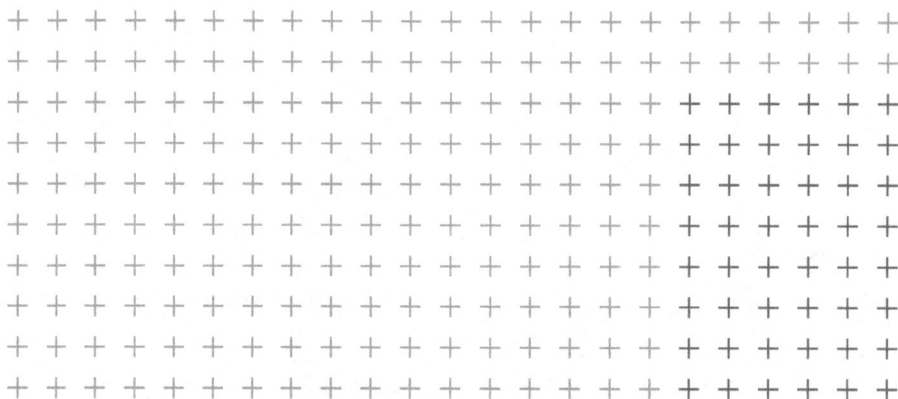

+ +
+ +
+ +
+ +
+ +
+ +
+ +
+ +
+ +
+ +

读科技论文，大量地读科技论文，是一名一线科研人员必须要做的事情。本章将介绍如何找科技论文，如何读科技论文，如何思考才能找到自己的创新点，以及如何写出有影响力的科技论文。

14.1　找科技论文的 3 种方法

我们先来谈谈如何从网上找科技论文。找科技论文有 3 种方法，这 3 种方法往往需要结合起来用。

通过关键词、时间跨度和论文质量

第一种方法，是通过"关键词"找到一些备选，然后通过"时间跨度"和"论文质量"，从中筛出重要的论文。

找科技论文，首选学术搜索引擎，例如谷歌学术、必应学术等。下文以谷歌学术为例。如果想找到用红外传感器做定位的论文，那么关键词应该是 PIR（红外传感器）和 localization（定位）。我们把这两个关键词输入谷歌学术的搜索栏中，如图 14.1 所示。

图 14.1　用谷歌学术来搜索论文

搜索出来的结果如图 14.2 所示。注意，你可以看到，现在排在前面的两篇论文是 2015 年的，已经很早了。我们看科技论文，一定要看比较新的，通常是近 3 年的论文。在搜索引擎左侧有两个可以让我们定义时间范围的文本框，我们可以设置时间段来进一步缩小选定的论文范围。

假若我们把时间跨度定在 2019—2022 年，那么搜索出来的结果如图 14.3 所示。

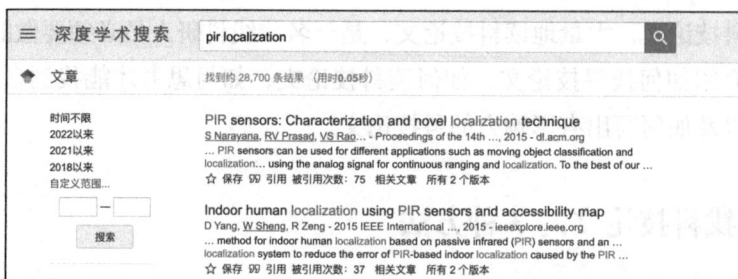

图 14.2 用"关键词"搜索出来的结果

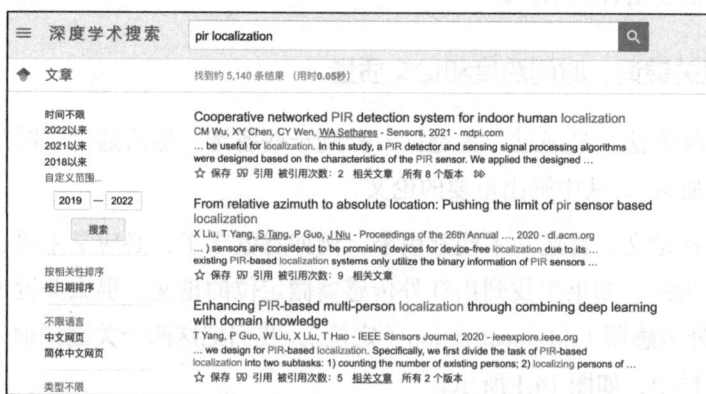

图 14.3 设置时间段，进一步缩小范围

通过"关键词+时间跨度"，我们已经能够找到很多论文了。但是还不够，我们需要进一步筛选。筛选的原则，就是"论文质量"。

论文的质量和所发表的会议、期刊的质量密切相关。每个做科研的人，都应该知道自己领域的高水平会议和期刊，发表在这些会议和期刊上的论文通常质量都很高，因为苛刻的审稿人已经帮你做过一次筛选了。

我们来看看图 14.3 中学术引擎帮我们找到的论文。第一篇论文发表在 *Sensors* 上。这个期刊是一个开源期刊，论文质量高低不齐，所以这篇论文暂且先不看。第二篇是发表在 MobiCom 2020 上的，这毫无疑问是移动计算领域的顶级会议，这篇应该仔细看。第三篇是发表在 *IEEE Sensor Journal* 上的，这个期刊尚可，所以也可以作为备选读一下。依此类推，你可以找到很多这个领域新的、比较好的论文。

但是，这种找论文的方式也存在一个缺点，就是比较"散"。这种方式找到的很多论文之间并没有密切联系。因此当深入阅读某篇论文的时候，你还需要另一种找论文的方式，我把它通俗地称为"拔出萝卜带着泥"。

"拔出萝卜带着泥"

一篇科技论文中一定会有"相关工作"，也就是其他研究者是如何解决该论文所针对的问题的。因此相关工作中列出来的论文会和你读的这篇论文有着更紧密、更系统的联系。

我们还拿图 14.3 中的论文举例。首先看看发表在 MobiCom 2020 上的论文"From Relative Azimuth to Absolute Location: Pushing the Limit of PIR Sensor based Localization"[1]。下载并打开这篇论文，找到"相关工作"这一小节（见图 14.4）。

可以发现，这一小节不仅介绍了相关工作，还对相关工作进行了分类。例如，相关工作有"binary indicator"（二进制指示器）和"raw output data"（原始输出数据）这两类。我们就可以选择相关工作中更重要的文献进行阅读（选择的原则仍然是"时间+质量"）。

> Many PIR-based localization systems have been designed [13–18, 30–32]. Most of them take a PIR sensor as a 'binary' indicator. In addition, the works [13, 30, 31] introduced how to determine a single person's real-time location while the works in [14, 15] introduced how to track multiple persons. Note that although the localization method proposed in [32] utilizes the positive and negative peaks in the raw output of PIR detectors, it still belongs to the traditional 'binary-based' approach, as the peaks are only utilized to determine the presence of a person in different detection zones. Recently, there are a few related works which utilize the raw output data of PIR sensors for localization [17, 18]. However, these systems are data-driven and require abundant training data to be collected. In addition, in the presence of different environments and different types of PIR sensors, the data usually need to be re-collected.

图 14.4　相关工作截图[1]

一篇论文中的相关工作一定是发表在这篇论文之前的。我们还需要看一下，有没有其他人针对这篇论文进行了"后续工作"。我们还以上面的论文为例。在图 14.3 中，这篇论文的下方显示"被引用次数：9"，说明这篇论文发表以后，有 9 篇论文引用它。点击这个链接，你就可以看到所有引用这篇论文的论文了。图 14.5 展示了其中 3 篇。

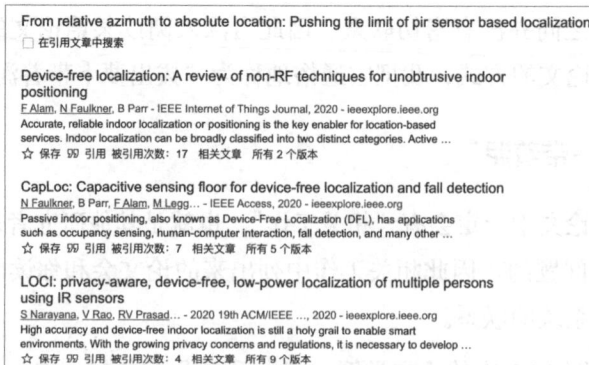

图 14.5   引用这篇论文的部分"后续工作"

此外，不管是"相关工作"，还是"后续工作"，我们都可以找到它们的"相关工作"和"后续工作"。这样不断"拔出萝卜带出泥"，最终几乎可以覆盖你想要研究的领域的所有重要工作。

关注重点会议/期刊以及重点团队

每个领域都有自己的若干旗舰会议或期刊。以会议为例，计算机网络领域的旗舰会议包括 MobiCom、SIGCOMM[①]等，人工智能领域的顶级会议包括 NeurIPS[②]、ICLR[③]等。每年这些会议召开后，都可以在网络上找到发表在这些会议上的论文。你只需要筛选出与你的研究领域相关的论文即可。

此外，对于国内外与你的研究领域相关的重要研究团队，你也要持续跟踪，其成果和研究方向值得重点关注。

除手动搜索外，现在互联网上已经有很多 AI 工具能帮助我们搜索并整理相关工作。例如，Perplexity 就是一个很好用的工具。在使用时，你可以输入自己研究领域的一个问题，或者一个关键词，它就会把从互联网上搜索到的结果综合起来反馈给你。最关键的是，这个工具会确保关键事实是从有据可查的文献中得到的。

---

① 全称为 Special Interest Group on Data Communication，即美国计算机协会的数据通信专业组，此处指该专业组举办的国际顶级学术会议。
② 全称为 Annual Conference on Neural Information Processing Systems，即神经信息处理系统年会。
③ 全称为 International Conference on Learning Representations，即国际表征学习大会。

　　如何使用 AI 工具来整理你的知识库，并且给你启发，是一个非常有意义的话题，这里就不详细阐述了。

14.2　如何速读科技论文并获得启发?

　　我经常对新进组的硕士生和博士生说，做科研需要坚持不懈地多读论文、读好论文。可是，几乎所有的同学都有这个苦恼:"老师，我看了那么多论文，看别人的每篇论文都觉得挺好，可是到自己这里，却什么想法都没有。"

　　这有点像"听了那么多道理，仍然过不好这一生"。要解决这个问题，不仅需要掌握方法，也需要转变观念。在这一节里，我们就来谈谈如何正确地读科技论文。

　　在介绍如何正确地读论文之前，我们首先需要明确读论文的目的。读科技论文和我们平常读小说、散文等文学读物不同。后者通常是为了"体验"和"享受"，你会被作者带入他所设定的场景中，跟着作者的笔触起伏，体验作品带来的美感、震撼和冲击。

　　然而，读科技论文的目的则完全不同。读科技论文通常有两个目的:一是为了获得这个领域的前沿知识;二是为了给自己启发，从而获得创新点。第二点尤为重要。

　　很多初涉科研的学生往往没有意识到读文学作品和读科技论文的区别。即使有人意识到了区别，在读科技论文时也往往片面地认为读科技论文的目的就是为了"获取前沿知识"，而忽视了更重要的目的——"获得创新点"。

　　很多学生是这样读论文的。对于大部分论文，尤其是发表在顶级期刊或会议上的论文，他们是用"仰视"的态度来阅读的。他们对论文提出的方法部分特别重视，往往逐字逐句地从头读到尾，试图读懂方法中的每一个细节。每次读到精彩的地方，心里就会涌现出一种崇拜之情:哇，这么好的想法是怎么想出来的? 这个实验效果竟然这么好! 用这种方式读论文，花费的时间必然很长，我甚至见过有的学生花了一两周时间才读完一篇论文。

　　读完一篇论文之后，他们通常开始思考:针对论文提出的方法，我有什么可以改进的地方呢?

可是，思来想去，好像没什么可以做的了，大部分的问题已经被这篇论文解决了，改进的空间似乎很小。思考了很久，觉得有个地方似乎可以改进，然后兴冲冲地开始设计相应实验，最后拿着实验结果兴冲冲地找导师说："老师，您看一下我的这个点子怎么样？"可是，有经验的导师看一眼就会说："你这有什么创新点？不就是在他的方案之上进行一个小的改进吗？这就是一个增量式的工作，很难发论文的。"

这种"仔细读别人方法细节，并且试图改进方法细节"的方式，在大部分情况下是很难帮助自己想到创新点的。这不是读科技论文的正确方法。

读科技论文的方式：快速主动地在论文中找到 4 个问题的答案

要达到"帮助自己找到创新点"的目的，我们读论文时，就不能把重点放在"别人方法的细节"上。

正确读科技论文的方式是**快速主动地在论文中找下面 4 个问题的答案**。

- **这篇论文要解决什么问题（problem）？**
- **已有工作的思路以及不足之处（existing work）有哪些？**
- **作者的洞见（insight）是什么？**
- **解决问题的方法的基本思想（basic idea）是什么？**

注意，上面 4 个问题在论文中通常是按照图 14.6 的顺序依次出现的。

相对于方法的具体细节，这 4 个问题都处于比较高的层次，包括"待解决的问题""已有工作及缺点""作者的洞见"，以及"方法的基本思想"。我们之所以需要关注这 4 个问题而不是方法的细节，是因为**我们最容易从这些问题的答案中得到创新点**。关于这一点，我们将会在后面具体介绍。

不过，我们通常不会一次性找到所有问题的答案。对于某个问题的答案，会在从前往后看的过程中不断丰富和更新。

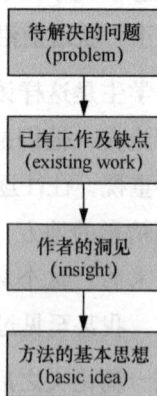

图 14.6   科技论文中的几个重要的问题

接下来谈谈如何找到这 4 个问题的答案。

我读论文的顺序一般是从前往后，依次阅读标题、摘要、引言和正文。

首先，**标题需要一个字一个字地看，并且多读两遍**。我们至少可以通过标题知道这篇论文是研究什么问题的。有时候，也能看出方法的大致思路及亮点。

然后，**摘要也需要逐字逐句地读**。很多初涉科研的同学摘要读得太快甚至略过不读，这是不对的。摘要是一个让你对整篇论文有一个整体画面（big picture）的最好机会。**在读摘要时，你要时刻寻找上面这 4 个问题的答案。**

写得好的摘要，应该会包含这 4 个问题的基本答案。但即使写得很好的摘要，也往往因为字数有限，得到的答案比较模糊。不过不要紧，我们只需要先对这些问题的答案建立起一个大致的框架，然后在往后读的过程中不断丰富即可。

读引言时，就不用再逐字逐句地读了。首先，**读每一段的首句**。好的科技论文，每段的首句通常就是这一段的核心思想。所以你往往可以通过一段话的首句了解到这段话在说什么。所以这里也给我们提示，当我们自己写论文的时候，最好把核心思想放在首句，而不要藏在后面。

在读完某一段的首句后，为了避免这一段的后面部分藏着一些重要信息，**还应该迅速扫一眼这段有没有出现某些关键词。这些关键词的后面通常都包含重要信息。这些信息往往和这 4 个问题的答案有关系，所以需要认真看。**

有的关键词是"转折词"。例如，"however""nevertheless"（然而）等后面通常接的话是重点。

有的关键词直接提示后面的内容是重点，包括"surprisingly"（令人吃惊的是）、"It should be noted that"（需要注意的是）等。

此外，"idea"（思想）、"crux"（核心）、"insight"（洞见）、"observation"（观察）、"rationale"（原理）等关键词也要特别注意，通常这些词会出现在下面的句子中。

"The **key/main idea** of this method is …"（这个方法的**核心/主要思想**是……）

"The **crux** of this approach is …"（这个方案的**核心**是……）

"Our **insight** is that …"（我们的**洞见**在于……）

"Our work is inspired by the following **observation** …"（这个工作受到以下观察的启发……）

"The **rationale** behind is …"（这背后的原理在于……）

遇到这些关键词，要立刻放慢速度，认真看完整句话，因为这些关键词的后面，往往会包含上面 4 个问题的答案。

快速读论文的例子

我们以论文"Diagnose like a Radiologist: Attention Guided Convolutional Neural Network for Thorax Disease Classification"[2]为例，介绍如何快速读论文。图 14.7 中的高亮部分，就是我在阅读这篇论文时重点读的句子。可以看到，除了标题、摘要是逐字逐句读之外，引言也只读了很少一部分。下面来具体介绍。

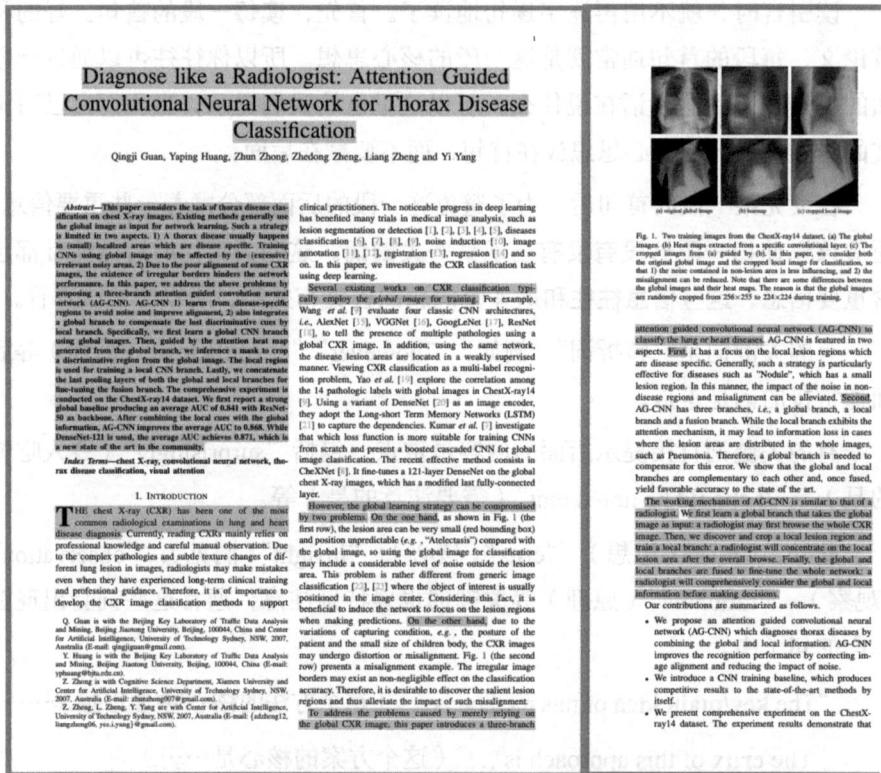

图 14.7　我是如何读一篇科技论文的（高亮部分是我重点读的句子）[2]

首先，标题要逐字读。

"Diagnose like a Radiologist: Attention Guided Convolutional Neural Network for Thorax Disease Classification"

读完以后，我们可以知道一些问题的答案。

- 这篇论文研究什么问题？→胸部疾病分类（Thorax Disease Classification）。
- 当前的工作是如何解决该问题的？存在什么不足？→没有信息。
- 作者有什么发现？解决问题的基本思路是什么？→很可能和"像放射科医生一样诊断"（Diagnose like a Radiologist）有关系，但是不太明确。此外，"注意力引导"（Attention Guided）可能也是一个亮点，但同样也不太清楚。

没关系，我们接着看摘要。摘要也要逐字读。为了方便，我们将摘要分为几段。

"This paper considers the task of thorax disease classification on chest X-ray images."

这句话是回答"这篇论文要解决什么问题"的。我们从标题中知道了这是一篇研究胸部疾病分类的论文。在摘要中，补充了一个细节，这篇论文是用胸部 X 线检查（chest X-ray）来做胸部疾病分类的。

"Existing methods generally use the global image as input for network learning."

这是讲已有工作的。这句话总结了已有工作的特点：用整张图像（global image）作为输入来训练网络模型。

"Such a strategy is limited in two aspects. 1) A thorax disease usually happens in (small) localized areas which are disease specific. Training CNNs using global image may be affected by the (excessive) irrelevant noisy areas. 2) Due to the poor alignment of some CXR images, the existence of irregular borders hinders the network performance."

这几句话介绍的是已有工作的缺点。这里提到了两个缺点，第一个缺点似乎和病变局部区域比较小（small localized area）有关。第二个缺点似乎和胸部 X 线检查本身的不良对准（poor alignment）有关。但是这里没有写得太清楚。

"In this paper, we address the above problems by proposing a three-branch attention guided convolution neural network (AG-CNN)."

这里提到了作者提出的方法，一个三分支（three-branch）、注意力引导（attention guided）的神经网络。这里再次提到了"attention guided"。

"AG-CNN 1) learns from disease-specific regions to avoid noise and improve alignment, 2) also integrates a global branch to compensate the lost discriminative cues by local branch. Specifically, we first learn a global CNN branch using global images. Then, guided by the attention heat map generated from the global branch, we inference a mask to crop a discriminative region from the global image. The local region is used for training a local CNN branch. Lastly, we concatenate the last pooling layers of both the global and local branches for fine-tuning the fusion branch."

这里详细地介绍了方法的细节。注意，并不推荐这种写摘要的方法（摘要通常不需要展示全部细节，只需要突出亮点）。我们看完以后，对方法有了更进一步的认识。从关键词"Specifically"开始，依次提到了全局分支（global branch）、局部分支（local branch）、融合分支（fusion branch），这应该就对应上面的三分支结构。

"The comprehensive experiment is conducted on the ChestX-ray14 dataset. We first report a strong global baseline producing an average AUC of 0.841 with ResNet-50 as backbone. After combining the local cues with the global information, AG-CNN improves the average AUC to 0.868. While DenseNet-121 is used, the average AUC achieves 0.871, which is a new state of the art in the community."

这里说明了方法的效果。

看完摘要之后，我们可以对上述问题的答案进行更新。

- 这篇论文研究什么问题？→利用胸部 X 线检查进行胸部疾病分类。

- 已有工作是如何解决该问题的？存在什么不足？→当前工作通常将整张图像作为输入来训练模型，但是会因为病变区域比较小，以及胸部 X 线检查本身的不良对准导致性能下降。

- 作者有什么发现？解决问题的基本思路是什么？→作者使用了一个三分支网络，该网络有注意力机制，并且融入了全局和局部信息。但作者的洞见，以及洞见是否与"像放射科医生一样诊断"有关，这两个问题仍然不明确。

于是，我们接着来看引言。我们之前讲过，引言是可以跳着看的，我们从图 14.7 中也可以看出，引言中的高亮部分，绝大多数是每段的首句。

我先把这篇论文引言中每段的首句摘出来。后面的黑体部分，是我阅读时的思考内容。

"The chest X-ray (CXR) has been one of the most common radiological examinations in lung and heart disease diagnosis."

这句话是介绍背景的，是关于利用胸部 X 线检查来进行诊断的，因为我已经了解了，所以这段话的后半部分可以略过不看。

"Several existing works on CXR classification typically employ the global image for training."

这句话一看就是相关工作。这句话再次提到了摘要中提到的一个概念——全局图像（global image），就是使用整个胸部 X 线检查图像来作为输入进行诊断。后面扫了一眼没有看到关键词，直接略过不看。

"However, the global learning strategy can be compromised by two problems."

一看到句首的"However"（然而）就知道这句话是关于已有工作的缺点的。作者在后面明确说明了两个缺点的，这是和摘要对应的，可以迅速看一下。

从本段的内容中，我们可以很容易找到这两个缺点。作者还很贴心地用了"On the one hand"（一方面）和"On the other hand"（另一方面）作为开头。第一个缺点是，病变部位在整个胸部 X 线检查图像中所占的比例很小，位置也不确定（On the one hand ... the lesion area can be very small and position unpredictable compared with the global image）。这里的论述比摘要更清楚。第二个缺点是，由于拍摄胸部 X 线检查图像时的一些扰动，CXR 图像可能会发生畸变或错位（On the other hand, due to the variations of capturing condition …the CXR images may undergo distortion or misalignment）。这个论述也比摘要中的"不良对准"更清楚。

"To address the problems caused by merely relying on the global CXR image, this paper introduces a three-branch attention guided convolutional neural network (AG-CNN) to classify the lung or heart diseases."

这句话介绍了这篇论文的核心：三分支注意力模型。这个关键词和摘要中是一样的。

立刻在本段的后面找到对应的内容，一个是全局分支，一个是局部分支，还有一个是融合分支（AG-CNN has three branches, i.e., a global branch, a local branch and a fusion branch）。这和我们通过阅读摘要理解的一样。扫一眼这一段的后续内容，没有关键词，于是迅速略过。

"The working mechanism of AG-CNN is similar to that of a radiologist."

注意，这里有关键词"working mechanism"，所以下面的句子非常重要。这句话告诉我们，作者提出的网络架构和医学影像学医生有类似之处！我们之前在标题、摘要中不理解的问题，就是方法的洞见，以及背后的原理，这句话直接给出了解答。这一段非常重要，于是开始逐字逐句地读。

"We first learn a global branch that takes the global image as input: a radiologist may first browse the whole CXR image."

这句话的含义是，网络模型的全局分支（global branch）输入的是整张图像，这正好和医学影像学医生开始诊断时总是先浏览整张图像一样。

"Then, we discover and crop a local lesion region and train a local branch: a radiologist will concentrate on the local lesion area after the overall browse."

这句话的意思是，网络模型的局部分支（local branch）输入的是病变区域，这正好和医学影像学医生会接着仔细看病灶部位一样。

"Finally, the global and local branches are fused to fine-tune the whole network: a radiologist will comprehensively consider the global and local information before making decisions."

这句话的意思是，网络模型的全局分支和局部分支会融合各自的信息，就像医学影像学医生会结合整体和局部综合做出判断一样。

我们终于知道了之前一直未能理解的这篇论文的洞见：**网络模型的架构模仿了医学影像学医生的诊断模式**。我们也理解了标题中"Diagnose like a Radiologist"的含义，这就是整篇论文的核心。

至此，我们几乎已经把上面的 4 个问题回答清楚了。

- 这篇论文研究什么问题？→利用胸部 X 线检查进行胸部疾病分类。

- 当前的工作是如何解决该问题的？存在什么不足？→当前的相关工作基于整体图像进行判断，但是存在两个问题（病变区域小且位置不固定，图像存在畸变和错位）。

- 作者有什么发现？解决问题的基本思路是什么？→将医生的知识融入神经网络，可以让神经网络做出更好的诊断。作者首先观察了医生的诊断模式，然后模拟医生的诊断模式对网络架构进行设计，提出了一个三分支注意力网络。

到现在，我们看完了标题、摘要，以及有选择性地看完了引言，其实这篇论文就差不多读完了。如果我们好奇的话，可以翻一下后面系统设计中的系统结构图，看看这个三分支注意力网络的设计大体是怎样的。这样，我们就读完了一篇论文。我统计了一下，一般人可以在 10～20 分钟内读完。

14.3　读完科技论文后如何思考创新点？

前面介绍了读一篇论文要快速地找到 4 个问题的答案。接下来，我们来看看如何针对这 4 个问题的答案来思考，从而找到自己的创新点。

针对问题进行思考

第一种方式，是针对问题进行思考。注意，对问题进行思考时，我们甚至不需要读懂这篇论文提出了什么方法，只需要把问题弄清楚就可以了。

当看懂要研究的问题后，你首先要意识到——这篇论文研究的问题比较重要，很可能是一个研究热点。你可以完全脱离手头这篇论文的方法，从问题入手直接解决。

我在做博士后期间，有一位国外的老师来我们课题组里作报告。他每年都在顶级会议和期刊上有稳定的输出。有人问他如何做到这么"高产"的，他提到了自己的一个工作方式。

我们知道，国外每年大概都有一个月的休假。这位老师会在休假之前把当年他所研究的领域的相关学术论文全都打印出来，然后每天在度假村里研读打印出来的论文。

关键来了：他读论文时，并不是从头到尾把论文读完，而是看到了这个论文要解决的问题之后，就立刻把论文扔到一边。他会拿一张白纸，开始思考这个问题，并把自己的解决方案、推导过程写下来。

最后，他把自己的解决方案和论文中给出的方案进行比较，从而获得灵感和启发。很多时候，他给出的方案甚至比手头的论文还要好，这时候他就把这个想法整理为论文发表。

针对问题，还有一种寻找创新点的方式，就是**改变问题的目标与限制条件**。

我们从小做数学题的时候，都是根据某个已经出好的题目来做题，题目定下来之后，条件、假设、目标都是定好的，我们也只能规规矩矩地在别人定好的框架下开始答题。

如果你在别人的框架下做科研，那么必然像图 14.8 所示的那样，"自古华山一条路"，越走越窄。

然而，做科研和做题不同，我们完全没必要给自己加上这些限制。哪怕是同一个主题，我们完全可以在这个主题下自己定义目标、假设、条件等（见图 14.9 ）。只要你的设定在现实中有意义，那么就能站得住脚，也很容易发现新的研究点。

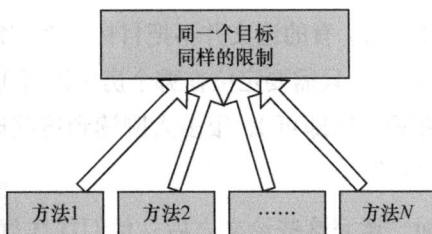

图 14.8　在别人的框架下做科研，容易越走越窄

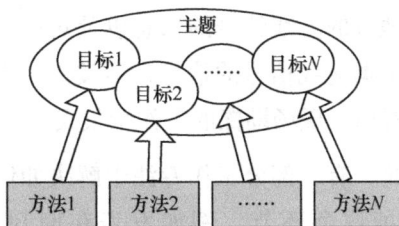

图 14.9　主动寻找不同的目标、条件、假设

我们来举个室内定位的例子。室内定位是近十年无线网络领域非常火热的一个主题，它的目标是要确定一个移动的人的具体位置。

大多数关于室内定位的科技论文都是用一个随身的移动设备（手机、Zigbee 接收器等）和多个固定在某些地方的设备（WiFi 路由器、Zigbee 发射器等），通过设备之间的交互，得到一些信息（例如两者的距离、角度等），再利用这些信息来定位。这些论文的目标几乎都是追求更高的定位精度。很多论文提出的系统都可以达到米级甚至亚米级的定位精度。

很多同学在读这些关于室内定位的论文时找不到自己的思路。他们会说："哎呀，别人的定位精度已经那么高了，我们怎么做也做不过他们啊！"

这很正常。因为这些同学把别人的假设、条件、目标等都固定了。在一个固定的框架下"做题"，除非你发现了一些深层次的规律，否则做出的答案很难比别人的更好。

但为什么仍然源源不断地有室内定位相关的论文发表出来呢？很大一部分原因在于它们打破了之前论文的框架。

具体而言，有的论文并不把目标放在"定位精度"上，他们实现的是"房间级的定位"（只需要定位在哪个房间即可），甚至是"楼层级的定位"（只需要定位在哪一层即可）。很多人刚读到这些论文时大为惊诧："这样的精度也能发论文？"

然而，读完这些论文之后，他们往往就会沉默了：虽然这些系统的定位精度不高，但在其他方面的性能相比之前的系统有大幅的提高。

例如，很多室内定位系统都需要在定位前进行现场勘验（site survey）环节。在这个环节中，需要一个人拿着设备在现场不同的地方走动，不断记录在各个地方的无线信号的信息以及对应的位置。这样在后续的定位环节中，就可以根据无线信号的信息，用类似"查表"的方法来找到对应的位置。我们可以看出，现场勘探的工作量很大。

因此，有一部分工作专注于解决如何降低现场勘探的工作量，甚至能够直接去掉这个环节。例如发表在期刊 IEEE Transactions on Parallel and Distributed Systems 上的论文，"WILL: Wireless Indoor Localization without Site Survey"[3]，巧妙地利用了大楼中房间的布置图，以及不同房间信号连通性的差别，实现了无须进行现场勘探的房间级别定位。虽然定位精度没有之前的米级、亚米级高，但是因为无须进行现场勘探，所以论文的创新度很高。

除此之外，很多高精度的室内定位都需要提前在很多固定地方安装无线信号发射器，这也是一个较大的负担。发表在 PerCom① 上的论文 "FTrack: Infrastructure-Free Floor Localization via Mobile Phone Sensing"[4]，实现了一个无须布置额外设备的定位系统。注意，这个系统只能实现楼层的定位，但是因为它无须事先在现场布置任何额外定位设备，只利用手机自带的加速度传感器信息，以及手机之间的蓝牙连接信息就可以实现定位，这也有很强的创新性。

因此，对一个定位系统而言，除了定位精度、现场勘测的负担大小、布置设

---

① 全称为 IEEE International Conference on Pervasive Computing and Communications，即 IEEE 普适计算与通信国际会议，是 IEEE 在普适计算与通信领域的年度学术会议。

备的数量之外，还有很多因素可以作为目标，包括抗干扰程度、耗电量、系统计算量、所需的通信量、实时性、成本等因素，如图 14.10 所示。不同的场景，对这些目标的需求往往是不同的。我们可以找到一个合理的场景，然后针对这个场景的特点，设计有针对性的定位系统，而不是紧盯着定位精度不放。

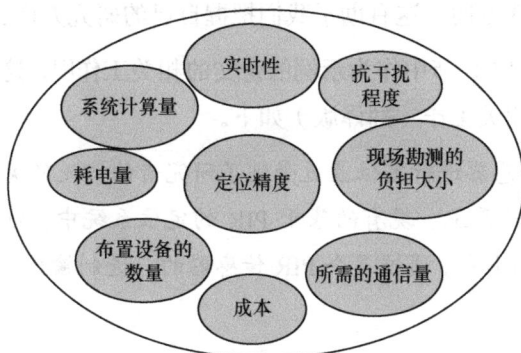

图 14.10　定位系统的目标有多个

最近几年联邦学习很热门。联邦学习是一种分布式的机器学习训练架构，让分布在不同地理位置上的多个客户端，在不交流本地数据的情况下共同训练一个模型。大部分联邦学习算法的目标在于训练出精度尽可能高的模型。

然而，联邦学习的性能指标远远不止精度。例如，有的联邦学习算法训练出来的模型虽然精度还可以，但是需要消耗的计算资源太大。要知道在联邦学习场景下，如果终端是手机，那么几乎不太可能有用户愿意用自己手机的计算资源和电量帮助远程服务器训练模型，从而帮助自己使用的软件提高1%的精度。在这种情况下，如何让客户端的计算资源、通信开销和能耗降到一个较低的程度，比提高一点点精度重要得多。

因此，改变问题的目标与条件，是启发新思路的一个重要方式。

针对相关工作进行思考

通过对相关工作进行思考，主要是为了获得某个领域整体的趋势和方向，让自己的研究方向不至于走偏。

一篇好的科技论文总是会对相关工作做一个很好的分类，并在介绍相关工作的同时，深入浅出地说明这些相关工作的优缺点以及不足之处。当我们了解了相关工作之后，往往可以在相关领域获得一些高层次的认识，知道这个领域已有工作的切入角度和各自的优缺点，了解当前的一些趋势。

当我们知道了相关工作的优缺点以及趋势之后，往往可以给我们提供一些该领域的前瞻性方向，这有助于我们把握自己的研究方向。

我们来看第 14.1 节中作为示例的论文的相关工作[1]。这篇关于红外传感器定位的论文的相关工作（翻译版）如下。

利用 PIR 传感器进行定位最近受到了研究者的广泛的关注，也出现了许多基于 PIR 的定位系统。现有的基于 PIR 的定位系统中，红外传感器的输出都是 0/1 的二进制形式。通过多个 PIR 传感器的二进制输出，可以对运动中的人进行跟踪。

上述基于二进制形式的 PIR 定位系统的一个常见限制在于要实现较高的定位精度，需要大量的红外传感器。

使用 PIR 传感器的原始输出数据而不是二进制信息，是 PIR 定位系统的一个新趋势。与 0/1 二进制的输出相比，PIR 传感器的原始输出数据中包含更多的信息。据我们所知，当前只有少量的研究工作利用了 PIR 传感器的原始输出数据。相关参考文献利用 PIR 传感器的原始输出数据对人进行定位。然而，上述两个工作仍存在较大的局限性。首先，它们都是数据驱动的，需要在不同环境和不同类型的 PIR 传感器中收集大量的训练数据。

看完相关工作以后，我们可以获得如下信息。

首先，当前大部分用 PIR 传感器定位的工作，是把 PIR 传感器的 0/1 输出作为信息来实现定位的，这类方法有缺点。

其次，最近直接利用 PIR 传感器的原始输出来实现定位的方法也存在局限性，主要与训练数据相关。

从上面的两个信息中，我们能够看到 PIR 定位系统的一个发展趋势：从利用 0/1 输出到利用原始输出。这个趋势的原因很明显：原始数据比 0/1 数据包含更多的信息。在这篇论文里，作者的方法也是利用原始输出，但是针对之前系统的缺点（对训练数据依赖性较强）进行了改进。

我们可以由这个趋势得到一些启发。如果自己要在这个领域有所创新的话,应该要基于原始输出而不是 0/1 输出。但是具体如何更好地利用原始输出,就需要深入研究,例如,发现之前没有利用的规律或者信息等。

针对洞见或观察进行思考

针对作者提出的洞见或观察进行思考,我们往往很容易产生新想法。一篇科技论文往往先提出一个洞见,然后再根据这个洞见设计具体的方法。注意,“具体的方法”往往是“洞见”的某个具体实现或应用。

那么,我们要思考的第一个问题就是:**这个洞见,能否引申出其他方法呢?**

我们以论文“Diagnose like a Radiologist: Attention Guided Convolutional Neural Network for Thorax Disease Classification”[2]为例。作者的洞见是:将医生的知识融入神经网络,可以让神经网络做出更好的诊断。因此作者提出的方法是,将医生对胸部 X 线检查图像的诊断方式(先看总体,再看局部,最后综合判断)融入神经网络架构的设计中,从而得到了更好的结果。

从这个洞见出发进行延伸,我们可以找到很多新的思考点。

医生的知识有很多种,当前的工作只不过把医生对胸部 X 线检查图像的诊断方式融入了神经网络。那么很自然的一个问题是:有没有别的医学知识,可以帮助神经网络提高性能呢?

通过和医生的讨论,我们可以总结出一些医生在诊断时的规则。例如,医生在看乳腺肿瘤超声图像时,会重点看肿瘤的边缘是否模糊、肿瘤的纵横比等关键信息。这些信息如果能够融入深度神经网络,就有可能提高神经网络的性能。

此外,医生还会在诊断时了解病人的情况,例如年龄、家族病史等。这些信息也可能有助于神经网络做出更准确的判断。

以上就是从某篇论文的洞见出发进行思考的例子。

我们需要注意的一点是,如果作者在某篇论文中并没有直接明白地说出洞见,而是只提供了方法的基本思路,那么我们往往需要首先将方法进行“自下而上的抽象",得到一个洞见,然后再"自上而下的具体化",从而得到新的方法,如图 14.11 所示。

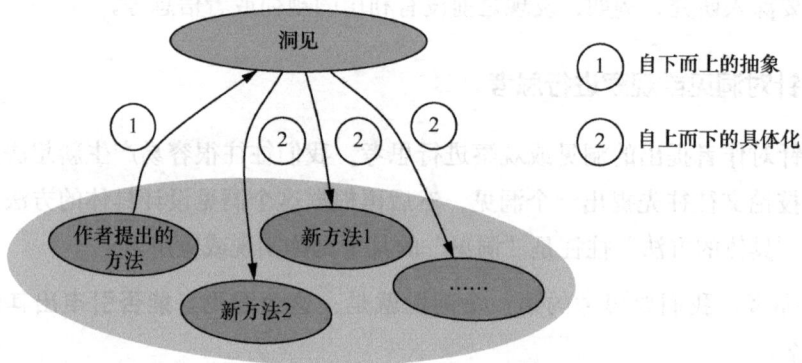

图 14.11　从方法抽象出洞见,再由洞见演绎出新的方法

很多优秀的科技论文会详细地阐述作者的一些观察或发现(observation),并根据这些观察或设计相应的系统等。对于这些观察或发现,我们可以从另一个角度进行思考:**还有其他解释可以阐述作者的观察或发现吗?**

在科学发展的历程中,有非常多这样的例子:某位科研人员公布了自己的某个发现,并给出了自己的解释。但是这个解释并不正确,作者也没有意识到这个发现的重要性。而另外一位敏锐的科研人员看到这个发现后,从另外一个角度解释了这个发现,产生了重要的影响。

我们来说说物理史上中子的发现。中子的概念由英国物理学家卢瑟福于1920 年 6 月提出。那时他对"质子-电子"模型产生了极大的怀疑,他预言:"在某些条件下,一个电子有可能更紧密地同氢核相结合,从而形成一个中性偶极子。"这个"中性偶极子"就是中子。

1930 年,德国物理学家博特和他的学生贝克尔在一篇论文里,展示了他们用钋发射出的 α 粒子去轰击铍、硼、氟和锂时会产生具有强大穿透能力的射线的现象[5]。这实际上是科学家们第一次在实验中产生了卢瑟福所说的"中子"。但是很可惜,博特和贝克尔并没有意识到这一点。根据当时物理界的共识,由被轰击物质产生的各种形式的射线中,具有这种性质的只有 γ射线。因此,他们把观察到的射线解释为 γ 射线。

一年后，法国核物理学家小居里夫妇也得到了类似的结果。他们在研究铍、锂和硼的二次辐射吸收时，发现所产生的射线能够穿过的铅层比 γ 射线能够穿过的铅层厚 3 倍。他们在 1932 年发表了该结果[6]。这是物理史上第二次在有记载的实验中观察到中子的存在。小居里夫妇距离发现中子仅有一步之遥，但是很可惜还是错过了。他们在解释这种效应时，认为这是一种特殊的 γ 射线，具有很高的能量。

英国实验物理学家查德威克，也是卢瑟福的学生，知道了小居里夫妇的实验结果后，开始意识到这个实验的重要性。他用钋加铍作为辐射源再次做了实验，同时还用所得辐射去轰击氢、氦和氮。他没有简单地用 γ 射线来解释实验结果，而是对结果进行了深入分析，结果发现这种辐射含有一种质量同质子相当的中性粒子，他敏锐地认识到这就是寻找已久的、卢瑟福所预言的那种粒子，并把它命名为中子。1932 年 2 月 17 日，也就是小居里夫妇发表实验报告一个月后，查德威克发表了他的研究成果[7]。查德威克因此荣获了 1935 年诺贝尔物理学奖。

对于同一个现象，不是所有人都能给出正确的解释，或者意识到这个现象的重要性。如果你可以从一个新的角度去解释某个观察，你就有可能做出很重大的贡献。

针对方法的基本思想进行思考

我们前面介绍了 3 种思考创新点的方法。现在我们介绍第 4 种，就是针对方法的基本思想进行思考。

当我们了解到方法的基本思想之后，有两种思路：方法是否可以进行迁移；方法有什么底层的问题。

我们先说第一种思路。

这种思路下，你思考的问题应该是：**这篇论文中提出的方法（或者方法中的核心模块），还能用在其他什么地方？**

虽然就创新点的大小而言，这种思路产生的创新点可能没有前几种方法产生的创新点那么大，但往往是最容易的。

我们拿人工智能中的 Transformer 模型举例。谷歌公司在 2017 年发表的一篇里程碑式的论文 "Attention is All You Need" [8] 中提出了 Transformer。作为一个由自注意力（self-attention）机制组成的网络结构，Transformer 一出场就"席卷"了整个自然语言处理领域。

Transformer 在自然语言处理领域中表现出卓越的性能后，人工智能领域的研究人员自然而然产生了这样的疑问：既然 Transformer 在自然语言处理领域的效果这么好，那么它是否也能在计算机视觉领域中大放异彩呢？要知道，计算机视觉领域（包括图像分类、检测等）是深度学习模型应用最广且效果最好的领域之一。

很快论文就出现了，这就是发表于 2021 年的论文 "An Image is Worth 16 × 16 Words: Transformers for Image Recognition at Scale" [9]。视觉 Transformer（ViT）在图像分类任务中取得了惊人的效果。

此后，不少研究人员都开始尝试将具有强大建模能力的 Transformer 应用到更多的计算机视觉领域。除了图像分类之外，在目标检测、图像分割、视频理解、图像生成等任务中，Transformer 都取得了良好的效果。

但是，我们需要注意，当把某篇论文中的方法用到其他领域时，通常情况下都不可以直接照搬，而是针对具体的领域进行有针对性的调整。也就是说，当把某个领域的方法用在另外一个领域时，你思考的第二个问题应该是：**我把这篇论文中提出的方法用在其他的领域中会面临什么难度和挑战？**

还是拿 Transformer 为例。将 Transformer 应用到图像识别领域中，要解决的第一个问题就是如何将一张图像转换为一个序列。要知道 Transformer 本来是针对自然语言处理设计的，而自然语言是以文字序列的形式输入 Transformer 中的。那么，如何把图像转换为序列呢？

解决方法很简单，提出 ViT 的作者直接把输入图像切分成多个小的图像块（patches），然后把这些图像块以及每个图像块对应的位置一起输入 Transformer 中，如图 14.12 所示。

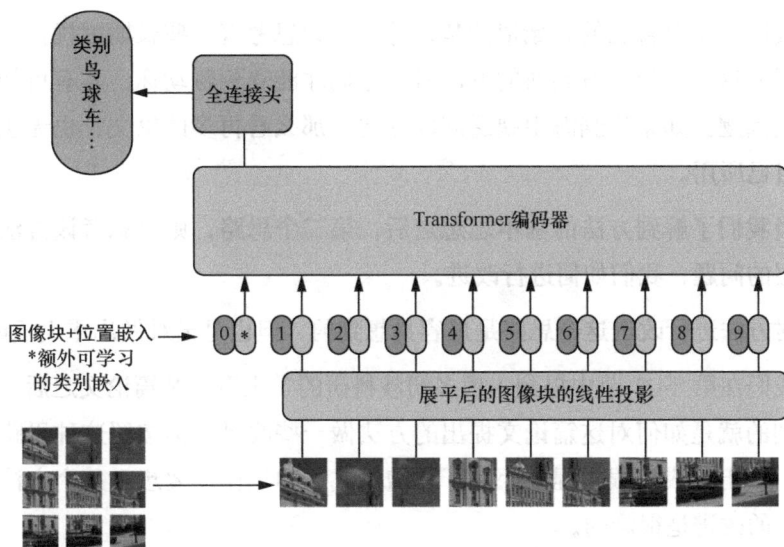

图 14.12　视觉 Transformer[9]

此外，当 Transformer 应用在图像识别领域时，其计算复杂度很高，因此很多工作专注于为图像识别领域设计更高效的 Transformer。有的工作则侧重于提高 Transformer 对图像的表达能力等。

类似的例子在科研领域有很多。例如，在无线定位领域，之前研究人员使用一种叫作 RSS（接收信号强度）的特征来实现对移动物体的定位。后来有一篇论文提到了一种新的无线信号特征，叫作 CSI（信道状态信息）。和 RSS 相比，CSI 提供了更多的信息，因此可以取得更好的定位效果。

很快就有敏锐的科研人员尝试将 CSI 应用于定位之外的领域，如动作识别甚至细粒度的呼吸检测，这些研究催生了一系列论文的发表。

然而，通过将他人的方法迁移到其他领域的方式来发表论文并非一件容易的事，必须要做到以下几点。

首先，需要"快"。一个科研人员，需要时刻了解最新的前沿知识，多读论文，知道和自己研究领域直接相关的小领域，或者间接相关的大领域中有哪些重要的工作。这些工作一出现，就要立刻迅速意识到其重要性，然后应用在自己的领域之中。如果没有这样的敏锐度，等到一项重要的工作被大量、广泛地应用后，那些低垂的果实往往已经被他人摘完了。

其次，要对自己的领域很清楚，并且时刻思考着一些长期困扰自己的问题。只有这样，当你看到新的方法时，它们才能立刻触动你，才有可能帮助你解决问题。如果你脑海中缺乏问题导向，那么看再多的论文，也无法将它们为自己所用。

当我们了解到方法的基本思想之后，第二个思路，则是思考该方法有什么底层的问题，我们如何进行改进。

对方法进行改进这个思路是最容易想到的，但也是最难做出重大贡献的。

我们在第 14.2 节中提到，很多初涉科研的学生看完某篇论文之后，第一个想到的就是如何对这篇论文提出的方法做一些改进。但按照这种思路来做科研，做出的成果很大程度上属于"增量式"的工作，要想对某个方法做出突破性的改进是很难的。

然而，从科研的角度来说，这种在他人的方法上进行改进的科研方式，又是极其重要的，甚至是符合科研规律的。

为什么这样说呢？

科学研究的一大特点在于其研究成果是可积累的。与很多所谓的"民间科学家"总是宣称自己发现了一个全新的理论不同，科学界的研究者总是立足于前人的研究基础，致力于寻找超越前人的方法。

因此，不断在旧的方法上进行改进，才是科学研究的真谛。

科学研究的颠覆性成果很少，绝大部分成果都是在前人的基础上进行改进、不断累积，直到某个关键节点，才会出现大的范式的改变，这种改变通常被称为"颠覆式创新"。

对一般的科研人员而言，且不提颠覆式创新，哪怕在他人的方法上做出一个比较大的改进，也不是一件容易的事情。这往往需要研究者对这个领域有长期的积累，对领域的底层规律有深刻的认识，对方法的底层问题有洞见，有自己独特的视角，甚至需要灵机一动的灵感。

我们来看看冯·诺伊曼的故事。

很多人都说冯·诺伊曼是"现代计算机之父"，但是广为人知的世界上第一台电子计算机——ENIAC（Electronic Numerical Intergrator and Computer，电子数值积分计算机），其实并不是冯·诺伊曼设计的。

ENIAC 是第二次世界大战时美国军方为了计算弹道轨迹开发的项目，于 1943 年正式启动。1944 年夏天，冯·诺伊曼作为顾问加入这个项目时，ENIAC 已经基本设计完毕了。

ENIAC 的计算能力在当时空前强大，计算一条弹道仅需 30 秒，速度是人的 2400 倍。但是 ENIAC 最大的问题在于，每次一个新的计算任务来了以后，都需要人为地改动 ENIAC 上面的旋钮开关和电缆的连接位置，以对该任务进行编程，如图 14.13 所示。这是一个相当费力的过程，需要几天甚至几周时间。这种操作对 ENIAC 的运行效率有非常大的阻碍，成了瓶颈问题。

图 14.13　计算机操作员通过插拔电缆和调整开关来为 ENIAC 编程

冯·诺伊曼成为 ENIAC 的顾问后，凭借自己在相关领域的理解，他意识到，ENIAC 的问题在于其程序与计算部件是分离的。要想解决这个问题，需要把程序编码为数据，并且放在计算机的存储单元中。这样，计算机就可以调用存储器中的程序来处理数据了。

按照这个想法，无论什么程序，最终都会转换为数据的形式存储在存储器中，要执行相应的程序只需要从存储器中依次取出指令再执行就可以了。这样，就可以完全消除掉人调整开关、电缆的麻烦。

1945 年，冯·诺伊曼写过一份著名的"101 页报告"，提出要设计出能够将程序储存在内部的计算机，冯·诺伊曼称之为 EDVAC（Electronic Discrete Variable Auto Computer, EDVAC，意即离散变量自动电子计算机）[10]。EDVAC 不再需要人工调整开关、电缆，而是由计算机自动依次执行程序，后来这种计算机也被称为"冯·诺伊曼机"。

我们今天所使用的计算机也大多属于冯·诺伊曼机的改进型，也就是人所熟知的冯·诺伊曼体系结构。

冯·诺伊曼的工作就是针对 ENIAC 进行改进。这个改进非常重大，直接让他有了"现代计算机之父"的声誉。那么，为什么他能够做出这么重大的改进呢？

原因也很简单，首先他能够洞悉 ENIAC 问题的本质所在。其次，他对计算机的原理非常清楚，知道这个问题该如何解决。最后，冯·诺伊曼是站在了另一位计算机科学家的肩膀之上的。这位科学家在 1936 年发表了论文"On Computer Numbers, with an Application to the Entscheidungsproblem"（《论可计算数及其在判定问题中的应用》）[11]。这篇论文详细阐述了一种由控制器、读写头和一条无限长纸带组成的机器模型，并且证明了这个模型可以从理论上解决计算问题。这位科学家就是图灵。

本节提出了产生创新点的 4 个思路：针对问题、针对相关工作、针对洞见和观察，以及针对方法的基本思想。

第一，理解了一篇论文要解决的问题后，你可以把这篇论文暂时放到一边，对这个问题重新思考，提出自己的方案。另外，我们可以改变问题的目标和限制条件，不必拘泥于论文中的框架。

第二，相关工作为我们展示了这个领域的全貌（whole picture），通过相关工作可以了解这个领域的研究工作的角度和趋势，从而为我们的工作提供有方向性的指导。

第三，针对洞见和观察，你可以思考的问题是"这个洞见，能引申出其他方法吗"，以及"还有别的角度可以解释作者的洞见吗"。

第四，针对方法的基本思想，你可以思考的问题是"能否把这个方法迁移到其他领域"，以及"这个方法的底层问题是什么，如何对其进行改进"。

我们把这个过程展示在图 14.14 中。

这 4 个思考创新点的角度适合于大部分科研人员，尤其是初涉科研的学生，可以帮助他们迅速找到自己的创新点，并在高质量期刊或会议上发表论文。

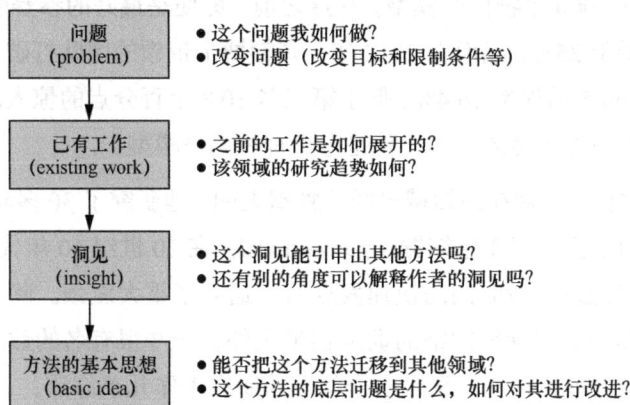

图 14.14　找到创新点的几条思路

然而，如果你想做出开创性、有影响力的工作，恐怕就不能完全按照上面的方法了。我们在下一节聊聊这个话题。

14.4　如何写出有影响力的科技论文？

大家都希望自己的论文有影响力（impact），那么怎样写出有影响力的科技论文呢？有影响力的科技论文，通常被定义为在某个领域有巨大突破，并且带动了整个领域发展的科技论文。

要写出这样的科技论文，通常有 3 个途径。

针对某个公开的问题，十年磨一剑

写有影响力的论文，通常是针对某个公开的问题（open problem）潜心钻研，十年磨一剑。

英国数学家维尔斯（Andrew Wiles）用了近十年时间潜心研究，发表了一系列论文，最终证明了数论中历史悠久的费马大定理。还有著名数学家张益唐，潜心钻研数学多年，2013 年发表论文证明了孪生素数猜想的弱化形式。

他们的工作毫无疑问都是有影响力的。

在人工智能领域中，辛顿被誉为"神经网络之父"。因为神经网络研究呈现爆发式增长的重要节点，就是 2012 年的 ImageNet 挑战赛：挑战团队需要建立一个能识别 1000 个物体的模型。在这之前，即便是最好的参赛团队，Top-5错误率都不低于 25%。然而在 2012 年，辛顿博士带领的团队打破了这个天花板，他们以 Top-5 错误率 16.4%、低于第二名 10.8 个百分点的惊人战绩赢得了比赛。而他们赢得比赛的模型，就是一个神经网络模型。

而在此之前，辛顿在该领域已经"默默无闻"地研究了 30 多年。要知道，最早的神经网络模型叫作感知器（perceptron），在 20 世纪 60 年代就出现了。但是神经网络经过一段时间的快速发展后，遇到了重大瓶颈。除了神经网络的训练，尤其是多层神经网络的训练很难之外，一些很有名的数学家直接指出神经网络存在理论缺陷，导致这个领域的研究工作几乎停滞。

然而，包括辛顿在内的少数人坚持了下来。辛顿在 1986 年取得了突破，他发现反向传播可以用来训练深度神经网络，即多于两层或三层的神经网络。

但是，深度神经网络的效果仍然不如预期。人们后来才知道，深度神经网络的训练，不仅需要合适的方法，还需要海量的训练数据和强大的计算能力，而这些条件在 20 世纪 80 年代都不具备。

直到 2012 年，这些条件都具备了，辛顿对这项技术的坚定信念最终带来了巨大的回报。

这些科学家们都是十年磨一剑，在某个领域中对一个公开的难题潜心研究，终获突破。因此，针对该领域的公开难题进行研究，一旦突破，一定是一个有影响力的工作。

针对实际问题的解决方案进行扩展

除了上述十年磨一剑的方式之外，还有一条路可以做出有影响力的工作，那就是把解决某个具体的实际问题而提出的方法的适用边界进行扩展。

最好的例子莫过于我们在第 14.3 节介绍的 ENIAC。本来 ENIAC 是为了计算弹道轨迹所开发设计的。但是开发人员，包括作为顾问的冯·诺伊曼，敏锐地认识到了这个机器在计算上的巨大潜力。1945 年，冯·诺伊曼提出了一个新的改进方案 EDVAC。和 ENIAC 相比，EDVAC 有两大改进，一是用二进制代替十进制，进一步发挥电子元件的速度潜力；二是将"程序"本身当作数据存储起来，使运算的全过程均由电子自动控制，进一步提高运算速度。这两大改进都是划时代的伟大发明，构成了迄今为止一切电子计算机的原型。

1949 年 5 月，第一台按照冯·诺伊曼设计的计算机 EDSAC（Electronic Delay Storage Automatic Calculator，延迟存储电子自动计算器）在英国剑桥大学试制成功。从此以后，电子计算机进入了工业生产阶段，各国相继推出了自己的电子管计算机。

为某个特定用途所设计的计算工具，通过改进和扩展，变成了通用计算机，这就是一条成就伟大工作的成功之路。

我们再来看一个例子。

美国软件工程师迪安是谷歌大脑（Google Brain）、谷歌机器学习开源系统 Tensorflow 等重要系统的创始人之一。

迪安做了很多颠覆性的工作，大部分是为了解决一个具体的问题而开展的。在解决完这个具体的问题之后，这些工作被广泛应用于更多的领域。

例如，迪安开发的分布式文件系统（Google file system，GSF）[12]，原本是为满足谷歌的网页下载和索引团队存储海量搜索数据的需求而设计的专用文件系统。现在 GFS 已经成为分布式文件系统的标配。

大名鼎鼎的并行计算编程模型 MapReduce[13]，是迪安为了并行化处理谷歌搜索引擎中大规模网页数据而开发的。MapReduce 面世以后，不仅用在谷歌的平台上，也用在世界上绝大多数的大数据平台上。

从这一点来看，迪安不是凭空创造概念的人，但是他为了解决实际问题做的项目和所写的论文，后来反而形成了新概念。

通过介绍电子计算机，以及 GFS 和 MapReduce 的历史，我总结了 3 点经验。

第一，做有影响力的事情，写有影响力的论文，除了盯住一个公开的问题，几十年如一日地持续投入解决它之外，还有一个途径：通过解决实际中存在的一个具体问题，提出一个解决方案。这个方案不仅可以解决这个问题，而且可以推广到实际中的其他问题中。想要做出有影响力的工作，这可能是更为实际的一条路线。

第二，我们不能凭空造概念。有影响力的工作和论文的出发点，一定是解决某个实际问题。

第三，当做完了一个工作，准备把这个工作写成一篇论文时，我们要停下来思考：这个工作是否可以应用到更广的领域？这就是所谓的"拔高"——从具体应用（specific applications）上升到科学问题（scientific problem）。如果能上升到科学问题，你的贡献就可以覆盖一大批的具体应用。这是帮助你的论文提升影响力的一个特别重要的思维习惯。

为什么学了那么多写作技巧，还是写不好科技论文？

经常有学生跟我说："你说的这些写作技巧我都懂，但是为什么自己写的时候仍然会有问题呢？"

最本质的原因，是缺乏练习。

要想练习，先照着一篇好的科技论文模仿，模仿它的句式和内容组织方式。练着练着，你就能慢慢写出与它行文类似的论文了。

此外，还需要多寻求导师的帮助。

最好的方法莫过于先写出初稿，然后让你的导师逐字逐句地告诉你哪里写得好，哪里写得不好，然后再修改不好的地方。反复几次，你可能就知道该怎么写了。网络小说中有一种类型叫"重生流"，说的是上辈子没过好，然后重生了，因为提前知道了自己之前哪里做得不好，因此这辈子就很容易成功。

可是，现实中大多数学生都没有这样的条件。大部分导师会从头到尾翻一遍你的论文，然后皱起眉头对你说："你这篇论文写得逻辑混乱，再好好检查检查，不要出现语法错误啊！"

如果导师对自己的帮助有限，那么我们应该如何提高论文写作水平呢？我认为要注意两点。

首先，是需要提高自己的科研品位。具有好的科研品位的人，对于一篇行文流畅、创新点独特的科技论文，只要看个大概，就能够知道它真的很好；而对于一篇内容和行文上存在漏洞的论文，也只需要看个大概，就能知道它有问题。

做到这一点看起来似乎不难，因为你能看到的大部分论文，尤其是在顶级会议或期刊上发表的论文都不算差，因为审稿人已经帮你筛选过一遍了。然而，现在几乎任何领域的顶级会议或期刊，哪怕是 Nature 和 Science 这样的顶级期刊，也有可能出现论文质量良莠不齐的情况。很多论文"包装"得非常好，但实际上内容的创新性并不高。再加上现在的会议和期刊扩容，接收的论文越来越多，论文质量下降是真实存在的问题，因此科研品位变得尤为重要。

杨振宁先生对科研品位有过非常精彩的论述。他多次说过，做科研，有自己的品位是非常重要的。在一次采访中，他说过下面这段话。

不只是大的科学问题需要品位，即使对于一个研究生，发展自己的品位也很重要，他需要判断哪些关键、哪类问题、哪些研究方法是自己愿意花精力去做的。品位的形成受到很多因素的影响，与个人能力、家庭环境、早期教育、自身性格，还有运气都有关系。

所以，对于一名理工科学生，除了多看顶级会议或期刊的科技论文，还要多与有经验的师长交流，多琢磨，逐步培养自己的科研品位，这样才能辨别科技论文的好坏。

很多学生将他"认认真真"修改后的论文拿给我看，但论文的行文逻辑仍十分混乱且跳跃。我如果问他："你觉得你这篇论文写得怎么样？"他会很自信地说，"我觉得写得挺清楚的"，然后满怀期待地看着我，等待我的表扬。

很多人写不好论文的原因，是不知道自己的论文写得不好。 在写论文之前，他们虽然已经构思了主线，但因为写作时对主线上的内容过于熟悉，往往不能详尽阐述关键点，只触及部分内容，认为剩下的部分读者可以自行"脑补"。

这就是"知识诅咒"：你以为别人能够"脑补"你知道的内容，然而实际上并非如此。

要想克服"知识诅咒",不仅要确保行文逻辑严密无漏洞,还要重视别人通读后的意见。问问别人哪些地方看不太懂,那些别人看不懂的地方,就是你要修改的地方。

其次,你需要不断地调整你的初稿。每次调整后,都要用你的科研品位来判断这篇论文的质量是否有提升。这样经过反复练习和打磨,论文质量就一定不会差了。

此外,在实际操作中,科技论文写作还有一个难点。

我看过一个小品,演的是喜剧演员张小斐和一个"奇葩男"相亲的故事。对话如下。

张小斐:"有句老话说得好:站得高望得远。"

相亲男:"老话不是说:爬得越高,摔得越重吗?"

张小斐:"不是不是,你没明白我的意思,我是说'人定胜天'。"

相亲男:"老话不是说'天意难违'吗?"

张小斐:(怒!)"在天愿作比翼鸟,在地愿为连理枝!"

相亲男:"夫妻本是同林鸟,大难临头各自飞!"

张小斐:"路不平有人管,事不平有人铲!"

相亲男:"大家各扫门前雪,莫管他人瓦上霜!"

张小斐:"……请问您是什么专业的?"

相亲男:"中国正反话文学。"

虽然这是个小品,但是其中蕴含的道理并不简单。中国有很多这样的正反话,说的意思完全相反,但似乎都有道理,那我们到底该听哪句呢?

答案是,具体的场景不同,结论就会不同,"魔鬼在细节里"。科技论文写作也是一样,你需要把握好分寸,比如,什么时候该详细,什么时候该简略,什么时候要引发读者的思考,什么时候用例子说明,等等。

要想做好上面这些,唯有不断地练习、不断地写作,只有经过长期、大量的训练，把这些知识和技巧内化，让它们成为你的"下意识"，才能够"随心所欲不逾矩"。

写在最后的故事

要想做出伟大的工作，我还要强调两个字——热爱。诺贝尔物理学奖获得者费曼，在他的图书《别闹了，费曼先生：科学顽童的故事》[14]中提到了自己的一个经历。

有一次，费曼在食堂看到一个人在玩杂技，往空中扔了一个盘子。盘子在空中往上飞时，他看到盘子在旋转，盘子上印的康奈尔大学的红徽章也在旋转，并且那个徽章看起来转得比盘子快。

他就开始琢磨这旋转着的盘子的运动，并且通过计算，弄清楚了盘子上各质点的运动是怎样的、各加速度是怎么平衡的，最后得出徽章的转速是盘子摇晃速度两倍的结论。

他很开心，拿着结果去找同样是物理学家的好朋友贝特，贝特说："费曼，这个结果很有趣，但它重要吗？为什么弄这个？"费曼回答道："没什么重要的。我弄这个，仅仅是因为它好玩儿。"

费曼在书中说："我继续推导盘子乱转的方程式。然后，我想，在相对论中，电子轨道是怎么开始运动的。然后有了电动力学的狄拉克方程式。然后是量子电动力学。我还来不及意识到（事儿来得太快）我在"玩儿"（实际上是在工作嘛）我如此热衷的相同的一些老问题，那都是我在去洛斯阿拉莫斯的时候耽搁下来的工作：我的那些命题级的问题，所有那些老式的奇妙东西。这不费什么事儿。和那些东西玩儿很容易，就跟开瓶塞子似的：一切都毫不费力就流出来了。我简直不想让它流出来！我做的事儿，没重要性；可到最后，有的。让我得了诺贝尔奖奖金的那些图表以及整个事情，都来自跟那个旋转着的盘子玩儿的那些鸡毛蒜皮的事儿。"

历史上有无数的例子告诉我们，当我们不计较结果、不在乎荣誉，按照本心去做自己真正有热情、感兴趣的事情时，反而可能成就了世人眼中的伟业。

参考文献

[1] LIU X, YANG T, TANG S, et al. From relative azimuth to absolute location: pushing the limit of PIR sensor based localization[C]//Proceedings of the 26th Annual International Conference on Mobile Computing and Networking. London: ACM, 2020: 1-14.

[2] GUAN Q, HUANG Y, ZHONG Z, et al. Diagnose like a radiologist: attention guided convolutional neural network for thorax disease classification[J/OL]. (2018-01-30)[2023-08-30]. arXiv:1801.09927.

[3] WU C, YANG Z, LIU Y, et al. WILL: wireless indoor localization without site survey[J]. IEEE Transactions on Parallel and Distributed Systems, 2012, 24(4): 64-72.

[4] YE H, GU T, ZHU X, et al. FTrack: infrastructure-free floor localization via mobile phone sensing[C]//Proceedings of the 2012 IEEE International Conference on Pervasive Computing and Communications. Lugano, Switzerland: IEEE, 2012: 2-10.

[5] BOTHE W, BECKER H. Künstliche erregung von kern-γ-strahlen[J]. Zeitschrift für Physik, 1930, 66(5): 289-306.

[6] JOLIOT-CURIE I, JOLIOT-CURIE F. Émission de protons de grande vitesse par les substances hydrogénées sous l'influence des rayons [lambda] tres pénétrants[M]. Paris: Gauthier-Villars, 1932.

[7] CHADWICK J. Possible existence of a neutron[J]. Nature, 1932, 129(3252): 312.

[8] VASWANI A, SHAZEER N, PARMAR N, et al. Attention is all you need[C]. Proceedings of 31st Conference on Neural Information Processing Systems. Long Beach, California: Curran Associates Inc., 2017, 30: 5998-6008.

[9] DOSOVITSKIY A, BEYER L, KOLESNIKOV A, et al. An image is worth 16 × 16 words: transformers for image recognition at scale[C]//Proceedings of

the 9th International Conference on Learning Representations. Austria: [S. n.], 2021: 1-14.

[10] VON NEUMANN J. First draft of a report on the EDVAC[J]. IEEE Annals of the History of Computing, 1993, 15(4): 27-25.

[11] TURING A M. On computable numbers, with an application to the entscheidungsproblem[J]. Journal of Mathematics, 1936, 2(42): 230-265.

[12] CHANG F, DEAN J, GHEMAWAT S, et al. Bigtable: a distributed storage system for structured data[J]. ACM Transactions on Computer Systems, 2006, 26(2): 1-26.

[13] DEAN J, GHEMAWAT S. MapReduce: simplified data processing on large clusters[J]. Communications of the ACM, 2008, 51(1): 107-113.

[14] 理查德·费曼. 别闹了, 费曼先生: 科学顽童的故事[M]. 吴程远, 译. 北京: 生活·读书·新知三联书店, 1997.

后记

　　我在这本书中介绍了科技论文写作的原则、技巧和一些注意事项。其实，我一直想说的是，**科技论文的写作技巧固然重要，但是最重要的还是论文的核心贡献，也就是创新点。**

　　评判文学作品的核心，不在于辞藻，而在于立意。《红楼梦》里，林黛玉对香菱说过一个重要的原则："词句究竟还是末事，第一立意要紧。若意趣真了，连词句不用修饰，自是好的，这叫作'不以词害意'。"

　　王国维也在《人间词话》里说过："言气质，言神韵，不如言境界。有境界，本也。气质、神韵，末也。有境界而二者随之矣。"

　　写到这里，我想起一首大家耳熟能详的唐诗，就是李白的《静夜思》。

　　　　　　　床前明月光，疑是地上霜。

　　　　　　　举头望明月，低头思故乡。

　　这首诗里没有华丽的辞藻，但是其中的立意，那种隐藏在字里行间的对故乡和亲人的思念，却让它流传千年，镌刻在了每个中国人的灵魂深处。

　　文学作品中的立意，对应的就是科技论文中的创新点。

　　所以，在这里我想告诉大家，不要过分追求写作技巧，而忘了真正的内核，作为内核的创新点才是一篇科技论文的真正价值。

　　很多重量级的会议，都会有一个叫作"Test of Time Award"的奖项，这个奖项是表彰十至二十年前发表的一些对相关领域产生了重大影响的论文。我看过很多获得这个奖项的论文，它们从写作技巧上来看并不高明，但是其中的创新点和贡献，却让它们能够随着时间的流逝，散发出愈加灿烂的光芒。

好了，这本书到此也就结束了。

这本书脱胎于我2019年在北京航空航天大学开设的一期主题为"学术论文写作和思考"的线上训练营，非常感谢训练营里参与讨论和发言的同学。此外，这本书的很多内容出自学生修改的论文，也对这些学生，包括杨田野、解晓政、陈玮、胡权权、张灿、汪昊霖等，表示感谢。另外，解晓政同学花了大量时间对这本书的初稿进行了认真的校对，发自内心感谢她的付出。

"道由白云尽，春与青溪长。时有落花至，远闻流水香。"唯愿在某个时刻，这本书中的某个章节或者某句话，能对读者的科技论文写作有所启发。

刘雪峰